これだけは知っておきたい日本の政治

国と地方自治体の政治家と官僚

これだけは知っておきたい日本の政治

国と地方自治体の政治家と官僚――目次

はじめに

戦争が終わって僕らは生まれた
戦争を知らずに僕らは育った
おとなになって歩きはじめる
平和の歌をくちずさみながら
僕らの名前を覚えてほしい
戦争を知らない子供たちさ

（『戦争を知らない子供たち』作詞：北山修　作曲：杉田二郎）


これは、一九七〇年のジローズの歌、『戦争を知らない子供たち』の歌詞です。

私の親の世代は戦争の時代に青春を過ごしました。戦後まもなくの日本は連合国に占領され、都市の主要な駅の付近は不法占拠されて闇市がたち、犯罪があっても警察力が弱体化して摘発できず、特に加害者が進駐軍であれば警察は無力でした。

「子どもは親を選べない」という言葉がありますが、「産まれてくる時代、産まれてくる国」も選べません。産まれた時が少し前であったら、軍国少年として教育を受けていやおうなしに徴兵されて戦争に行くか空襲の中で逃げまどい、産まれた場所が戦争や内戦が継続しているところだったら、命をながらえても死ぬまで難民キャンプで暮らさなければならないかもしれません。産まれた時と場所が戦争のない日本であったことは、人生を自分で切り開く機会があるということで、それだけで幸運なことでした。

団塊の世代は「戦争を知らない子供たち」でした。しかし、「戦後」は知っています。だから、日本の独立のための運動や外国の戦争であるベトナム戦争に関心を持ち、沖縄の人々への関心を持ち続けていたのだと思います。その団塊の世代ははや七〇代となりました。二〇二五年には多くは七五歳の後期高齢者になり、日本は経験したことがない高齢化時代に直面します。人生一〇〇年時代とは言われますが、団塊の世代はこれから何をすることができるのでしょうか。

環境省で地球環境審議官の職を辞したのは、六〇歳。その後、一〇年間は体力的にも精神的にも働けると考えていましたが、二〇一九年五月二三日に瑞宝重光章をいただき、もう一〇年が過ぎたのかという気付きと、人生のひと区切りが付いたという気持ちが去来しました。

知事や市長、企業の社長を続けている人は、その先も「顕著な功績」を積み上げていく可能性があり、勲章授与の打診を受けても「まだまだ」ということになるのではないかと思います。勲章をいただくということは、世の中への貢献としては「一区切りついた」ということになります。

環境省を辞してからは、青山学院大学国際政治経済学部教授となり、その間、愛知県立旭丘高校の同級生の河村たかし衆議院議員が名古屋市長選挙に立候補するというのでその選挙を手伝い、国家公務員時代から親交のあった大村秀章衆議院議員も愛知県知事選挙に立候補するというので、知事選挙と市長選挙の同日選挙を手伝いました。また、環境省在職中にクールビズを含む地球温暖化防止の国民運動「チーム・マイナス６％」を行った小池百合子衆議院議員が、「崖から飛び降りて」東京都知事選挙に立候補したので応援に駆け付けました。大学で学生に接し、また、地方政治に接することにより、世の中の仕組みについて、国家公務員として見ていたのとは異なった視座を得ることができました。

この間の一大事は、東日本大震災と原発事故でした。原発のリスクと向き合ってこなかった日本人の一人として大きく反省をし、できる範囲で行動を起こしました。被災地の小中学校には、震災直後は沢山の支援物資がありましたが、二年後には人々の記憶には残っても具体的な支援は激減するだろうと考え、そのタイミングで支援のための組織、「ウェブ・ベルマーク」を立ち上げる一員となりました。

環境省退官時には、「小島さんと愉快な仲間たち」というイベントをしました。そのとき、環境庁・環境省の三五年の仕事を振り返り、『霞が関から三五年を考える』という本にまとめました。

今回、七〇歳になり、叙勲を契機として、「小島さんと愉快な仲間たちパートⅡ」イベントを開催し、この間の一〇年の活動、考えてきたことを気兼ねせずに整理し、本にまとめることにしました。この本では、こうしたら良いということも書いていますが、実現するためには解決すべき障壁もあり、それぞれの人が、力関係やタイミングを考えて、取捨選択して判断しなければなりません。

世の中は順風の時も逆風の時もあります。何をやってもダメな時はいたずらに動き回っても成果を得られず、疲れるだけです。そんな時は、焦らず風が吹くまで待ち、その間に力を蓄えておくことも一つの方法です。しかし、風が吹いてきても、それに気がつかず、タイミングを逃すようなことがあってはいけません。その時は、すかさず帆を揚げて動き出さなければなりません。環境省で環境アセスメント法案の立案作業に携わり、国会提案までは行きましたが、廃案になってしまいました。そして、環境基本法案の立案の時に、再びチャンスが巡ってきたのです。二〇年くらいかかりましたが、時を待ち、実現にこぎつけました。

世の中の仕組みを変えるには、誰かが「変えよう」と言い出さなければなりません。どんなことも最初はごく少数です。実際に世の中の仕組みを変えるには少数派から多数派になっていかなければなりませんし、選挙などの世の中の仕組みを使って平和的手段により変革を実現していかなければなりません。

ところが、世の中には「車は急には止まれない」という「慣性の法則」があり、「急に止まるとけが人が出る」ということもあります。一般的に、改革を目指す人々は、現在の仕組みによって利益を受けている人々の強い抵抗と攻撃を受けます。

また、マスメディアは「事の是非はともかく、火事とケンカは大きければ大きいほど記事が書ける」とばかりに、改革を持ちあげて貶める「一粒で二度おいしい」的な対応をしがちです。改革は簡単には実現できず、ここに記述することも直ぐにできることではなく、粘り強い継続的な努力が必要です。

この本の構成は、第一章から第四章までが、いわば原論的な部分です。そして、第五章から第八章までが、名古屋市、愛知県、東京都で扱った案件に即した記述になっており、原論的部分を念頭において読んでいただければ、それぞれのアクターの動きや、思考方法などを理解していただけるのではないかと思います。

七〇歳からの次の一〇年は、「団塊世代の生前整理」を課題としたいと思っています。様々な分野の方の協力を頂いて成果を出し、八〇歳まで元気でいて「小島さんと愉快な仲間たちパートⅢ」イベントを開催できれば大変幸せです。

第一章　日本の大学教育と生きる力

1 議論する授業

誰もが生きていけるチャンスがある国

環境庁・環境省で三五年働いたのち縁あって青山学院大学の教授となり、教育の現場を体験することができました。知人の紹介で、退官前の二年間、環境省に届け出の上、勤務時間外である土曜日に非常勤講師として環境政策を講義していましたから、勝手はある程度分かっていました。

人には様々な能力があります。試験で良い成績をとるというのも一つの能力です。それだけが生きる道ではありませんが、紆余曲折がありながらも、「母一人子一人」の家庭であっても生きる道が確保できる日本は、良い国です。高校の時の美術科の同級生は、絵の心と技術を持ち、その能力を活かして生きています。生きる道は一つではありません。それぞれがそれぞれの能力を活かして生きていける道を確保できる日本でなければならないと思います。

正解がある試験問題への回答能力

日本の教育は、教える内容が学習指導要領で定められていて、それに習熟しているかどうかを評価します。特に、評価のための試験では、正解が一つとなる試験問題を作成し、点数をつけていきます。青山学院大学の教授となって大学入試問題も作成しましたが、回答が複数ありうる問題や出題範囲が高校で教える範囲を超えているかもしれない問題は、厳しく批判されます。

日本の教育は大学進学で序列がつけられていますから、このような教育を小学校から高校までしていると、子どもたちは、定められた学習内容の範囲内でひたすら「正解は何か」を考える能力で評価されることに馴らされて、考える能力を失っていきます。課題は与えられ、「正解は存在する。その正解は何かを回答する能力」が磨かれていきます。

青山学院大学では、最初は講義形式で授業を進めましたが、途中から議論する授業に切り替えました。議論する授業は、出席は必須、毎回発言しなければならないというもので、単位を稼ぐ学生にとってはハードルが高いものでした。

社会で直面する正解がない課題

社会で起きる問題の多くは正解がありません。直面する問題自体が状況の変化に対応して時々刻々変化しますし、時には「予測していなかった事態」となることもあるので、「想定外の事態の想定」もしなければなりません。戦争や原発事故などの国家や地域に重大な影響をもたらす問題は、その結果の重大性を考えれば、最終的な意思決定権限を有する者にとって「想定外」は許されません。

また、短期的には正解だとして選択した解決方策が、状況の変化によって結果的に正解でなかったということもあります。意思決定が正しかったかどうかの判断は、「その手続の適正さ」と「採用した解決策の結果」によって判断されます。解決策を決定する「手続の適正さ」はコントロールできますが、「結果」は意思決定の段階では保障できません。

大学の多摩地区移転と都心回帰

大学の多摩地区への移転と最近の都心回帰について考えてみます。

現在、お茶の水付近には明治大学の校舎が立ち並んでいます。この付近にはかつて中央大学などの校舎もあって、お茶の水は様々な大学の学生がたむろする学生街でした。

中央大学は、一九七八年（昭和五三年）に法学部をはじめとする文系の経済学部、商学部、文学部の四学部を多摩キャンパスに移転しました。また、その他の大学も都心から郊外へと移転しました。その背景には、東京区部への人口増加を抑制するための首都圏整備法や工場等制限法に示される国の政策がありました。

昭和三四年に制定された工場等制限法の国会の提案理由は次のように述べています。

「東京都を首都として十分にその政治、経済、文化等についての機能を発揮させますためには、重要都市施設の整備を推進する一方、区部及びこれに連なる武蔵野市及び三鷹市の人口を、適正収容と考えられる八八五万人程度に抑制する措置が必要なのであります。このためには市街地開発区域を整備し、ここに産業及び人口を吸収定着させる方策とあいまって、人口増加をもたらす主な原因と考えられる大規模な工場、大学等の施設の新設を制限する措置が必要なのであります。」

工場等制限法は、その後も、昭和三七年、昭和三九年及び昭和四七年に規制強化されました。特に、昭和四七年の規制は厳しく、大学に郊外移転を迫るものとなりました。

その時、中央大学などの大学は、経営方針として合理的な判断を行って都心から郊外への移転を決断しました。しかし、二〇〇二年（平成一四年）に工場等制限法が廃止され、その後の学生の都心志向もあって、郊外に移転した大学の都心回帰が始まりました。

工場等制限法の廃止は、次のように説明されています。

「大学に関しては、地方圏全体における同一地方圏内進学率（各地方圏の高校を卒業して大学に進学した者のうち、出身高校と同一圏にある大学に入学した者の割合）が、昭和四六年から平成一二年までの間に一六ポイント上昇しており、個別地方圏における同一圏内進学率を見ても約一五ポイント～三〇ポイント程度上昇しており、地方における地元大学への進学傾向の高まりが顕著である。地方圏における大学の充実や、少子化という実態を踏まえると、工場等制限制度の廃止によりこの傾向が大きく変化することは考えにくい」

都心を動かなかった明治大学はお茶の水付近に校舎を拡大し、今やお茶の水は明治大学の街になっていて、受験生も飛躍的に増加させています。国の政策に従って郊外移転をした中央大学と比べると方針を決められなかった明治大学でしたが、状況が変化した現在となっては、動かなかった明治大学は勢いを増し、中央大学は都心回帰で失地回復の努力をしているという構図になっています。大学が、国の政策に翻弄された様子が分かります。

ところが、政府は、二〇〇二年の工場等制限法の廃止、二〇〇六年の工場再配置法の廃止などの首都圏への集中抑制策を廃止したにもかかわらず、再び、東京一極集中是正方策と称して、二〇一八年に、東京二三区で今後一〇年間は大学の新規学部の設置と定員増を認めないとする「地域における大学の振興及び若者の雇用機会の創出による若者の修学及び就業の促進に関する法律（地域大学振興法）」を制定しました。

これは、大学の都心回帰の傾向を政策で無理やり抑えようとするものです。また、大学への管理を事前規制から事後規制へと転換して、大学間の競争を促し、質の向上を図るという「民間活力」を活かす政策にも逆行しています。施設設置は大学にとっても巨額の資金計画が必要であり、朝令暮改的な「猫の目政策」では長期的な経営計画を立てられません。大学の立地規制を行ったり、やめたりを繰り返すよりも、国際的な視野で、凋落の一途をたどっている日本の大学の評価を向上させる努力をする方が喫緊の課題です。

アジェンダ設定能力

学生は、社会に出ると、大学とは全く勝手が違う環境に置かれます。大学生にとって授業は苦痛なのかもしれませんが、勉強さえしていれば誰からも文句を言われない環境は、社会に出てからはありません。社会に出てから自らことを成し遂げようとすれば、これまでしてこなかった勉強の必要性を痛感することになりますが、今度は勉強する時間がありません。人生という長期スパンでの時間のマネジメントが不可欠です。

国家公務員は、法律や予算、税などの制度を作る側にいます。良くも悪くも、国家公務員は世の中を変えることができる集団の一員です。

現状がうまくいっていれば、そのまま巡航速度で進めば良く、前例踏襲主義、可もなく不可もなくの「お役所仕事」でかまいません。

しかし、変化が必要な時代はそうは行きません。変化の中で、必要なことは、「何がアジェンダか」を明確に設定することです。この設定が明確でないと、何を解決すれば良いのか分かりませんし、政策手段も不明確になり、その効果の判定もできません。また、最初に「アジェンダ設定」が誤っていると、一生懸命努力すればするほど政策が的外れの方向に行ってしまい、多くの人が迷惑します。

日本の教育システムでは、与えられた課題を解く力、それもあらかじめ用意された正解を見つけようとする力を養っています。実際の社会では、何が課題かを正しく、明確に設定することが、極めて大切です。

ケーススタディを用い、意見を表明し、議論する授業は効果的ですが、そのためには予習が不可欠ですし、学生は必ず出席しなければなりません。これは、卒業のためにたくさんの単位を取らなければならない学生には不評です。また、文部科学省が求める単位設定は、学生が予習をし、授業に出席していることを前提としていますが、現実には全くのフィクションです。仮に、予習・復習の時間も授業に組み込み、実際に出席しているとすれば、学生はほぼ朝から晩まで大学に居なければならないことになります。アルバイトをする時間はありません。これは、非現実的です。

世の中に出ても、生きていける力をつけるにはどうしたらよいか、教育の原点に立ち返るべきでしょう。

ツイッター時代の議論・ワンフレーズ思考

スマートフォンが日常的なツールになり、電車にのると座席に座っている人も立っている人もほぼ全員がスマートフォンを見ています。他者とのコミュニケーションも短い文章のやり取りが通常となっており、長い文章を書く機会も習慣も失われつつあります。

思考を整理する方法として、短い単語や文章を書き出して、カテゴリー別にまとめたり、順序をつけたりして、体系的に整理する方法はあります。ですから、言葉を抽出することは思考を整理するための一つの過程として有効であり、また、適切な言葉を選ぶことは思考を整理した後のまとめとしても有効です。

しかし、ツイッター時代のコミュニケーションでは、単語の羅列で何かを語ったかのような錯覚が起こります。それは、政治家の側からすれば、分かりやすい一言で聴衆に語り掛けるワンフレーズ・ポリティクスであり、メディアの側からすれば言葉の切り取りで記事を書いていくことと同質の傾向です。

学生自らが考え、意見を取りまとめ、発表する能力は、その機会を多く持ち、自ら鍛錬することで育まれます。ツイッターの多用は、日本の未来を担う学生をワンフレーズ思考へと導きます。留意が必要です。

言論誌の劣化

ワンフレーズによる世論への訴えかけは、言論誌の装いをしている雑誌や本でも見られます。雑誌や本を読んでもらうよりも、雑誌や本での主張を刺激的なワンフレーズで見出しにして、新聞やつり革広告に掲載して世論操作をすることが目的のような雑誌もみられます。資金力さえあれば、特定の政治勢力を支援し又は批判するために、本や雑誌の広告と称してその見出しを大々的に露出して宣伝するという広報戦略が可能です。その域に達すれば、もはや言論誌と言うに値しません。

世の中の議論が、見出しだけで売る夕刊紙やスポーツ新聞のようになっていくと、討論は、アジェンダを設定して、より良い解決方法を見いだしていくプロセスではなく、批判の投げ合い、罵詈雑言のやり取りに堕してしまいます。これでは、民主主義は機能しません。

インターネット時代の「借り物」思考

スマートフォン時代では、情報は、真偽は別として、インターネットを通じて得られます。インターネット空間では、証拠の裏付けがある事実も何らの裏付けもない事実も、価値づけがなされないまま並列して存在しています。

学生の多くは、図書館の書物からではなく、インターネットから手軽に情報を得て、ケーススタディの授業に参加しています。価値づけのない情報の氾濫の中で情報の選択をしていかなければなりませんが、それは容易なことではありません。

例えば、「原発に反対するのは、左翼である」と、ある学生が発言します。明らかに、インターネットでの情報の受け売りです。そこで、「では、原発を無くそうと主張している小泉純一郎元総理大臣は左翼か、小沢一郎氏は左翼か」という問いを発すると、そこで議論は止まってしまいます。また、「南京事件は、アメリカが原爆を落としたことを隠す陰謀だ」という発言もあります。その根拠は、インターネットでそう言っていたというだけです。その意見がインターネット上にあるのは事実ですが、学生自らの検証がなければ、それは借り物の意見のままです。「借り物」の発言の延長上に、インターネット記事のカット・アンド・ペーストのオンパレードのレポート提出があります。

「借り物の思想」では、自ら責任を持った発言をし、その結果を自らが受け容れることもできません。余りにも軽すぎるからです。これは大学教育で留意しなければならないことです。

メディア・リテラシー

かつては、紙媒体や電波が、情報を伝えるメディアでした。クーデタでも、クーデタ軍は新聞社やテレビ局を抑えます。映画で描かれるレジスタンスも、アジトでビラを印刷し、それを配っていました。しかし、今や、誰もがインターネットを通して情報を不特定多数に発信でき、実際に多くの情報が氾濫しています。ここでは、既存メディアもインターネットメディアも、さらに、個人が発信する情報も、同列に置かれて評価されます。

原発事故や戦争など政府が情報管理をしなければならないと考える事案では、政府の見解を基礎に情報を流す新聞やテレビが、「真実を報道していない」として国民の批判にさらされました。その経験を逆手に取って、今度は、政府が批判勢力を抑える手法として、政府を批判する新聞やテレビ局を「真実を伝えていない」、「フェイクニュース」だと断罪することが行われるようになりました。まさに、ルールなきバトルロワイヤルの様相を呈しています。

戦争などの非常事態では「政府はうそをつく」ことは知れ渡っていますが、昨今では「政府はうそをつく」ということが恒常化しつつあるきらいもあります。一時的には政府には好都合でも、長い目で見れば政府への信頼は崩壊します。かつては、「国家公務員はうそをついてはいけない」というのが国家公務員の最低限の倫理でしたが、それも揺らいでいます。

国民にとって、ニュースの真偽を自らの力で判断することが必要な時代になっています。その力を養う「メディア・リテラシー」の授業も一般教養として必須ですが、大学の授業はそれに追いついていません。

2　大学の改革

就職先と就職率に規定される大学の評価

日本の大学では、国内での評価基準と国際的な評価基準との乖離が大きくなっています。

日本では、経営面的見地から、大学は受験生や受験生の親の信頼を勝ち得なければなりません。受験生の親にしてみれば、卒業生の就職先や就職率が最も気になります。就職活動をする学生も、最初は商社が良いだの銀行が良いだのと「何をしたいか」が選択の基準となっていますが、しばらくすると希望する業界の中で企業を探すのではなく、業界を水平にスライドして「一流企業の正社員」が目標になります。学生の親も「子どもが何をしたいか」ではなく、「一流企業の正社員」であれば満足します。そして、どの企業に何人就職しているか、就職率は何パーセントかが大学選択の基準となってきます。

そのため、どの大学でも学生の就職支援に力を入れていて、就職活動シーズンになれば、大学の授業が入っている時間に就職セミナーを開催することもしています。就活で授業を休むので公欠扱いにならないか、と言う学生もいます。

就職が内定した学生が卒業できないと、多くの場合、その内定は翌年に引き継がれず、リセットされます。そこで、就職が内定したけれども単位が厳しい学生は、何とか卒業できないか必死になります。そんな学生を前にすると、自分の成績評価で卒業できなくすることに躊躇を覚えますし、卒業できない学生が多いということになると、卒業生の就職率にも影響してきます。

多くの学生や学生の親にとって大学は、日本の受験システムの最終段階であり、かつ、就職のための通過点として位置づけられており、大学もそれに深くコミットしています。

学問の自由、学問の質はどこへ

大学には様々な種類の教授がいます。アカデミックな業績のある人、教え方が上手な人、実務経験があり世の中に詳しい人、マスコミ受けして弁が立つ人などです。大学は研究機関でもあり、教育機関でもありますから、それぞれの分野で成果を挙げるには、質の高さと多様性が必要です。

研究の質については、国際政治経済の分野では、「蛸壺的研究」よりも「現実の事象の研究」が一般的であり、国際的な相場観を持ったうえでの新たな視点や発見が求められます。ヨーロッパの会議は、どんな会議でも国際会議になります。国際会議を大げさに考えるのは、日本がまだ明治以来の「文明開化」意識から抜け出ていないからです。大学の研究に、国際会議や国際的な共同研究が日常茶飯事にこなせる態勢は欠かせません。しかし、それは余りにも不十分です。

また、大学間競争もありますから先生の流動性も必要です。野球やサッカーと同じで、優秀な先生や補強をしたい分野の先生を他の大学からスカウトしたり、新人を発掘して採用したりすることが大切です。他方で、先生に辞めてもらうことは極めて困難であり、一旦、教授に採用されれば不祥事でもない限り定年までいることができます。このようなシステムの中で、少子化に伴って学生を獲得するための大学間競争が進めば、大学の教授陣の質においても大学間格差が拡大します。

一部では、大学は学問の自由を謳い学問の質を高める場というよりも、教授が生活の糧を得るための場所になっています。他方で、能力がありながら臨時講師の職に甘んじている人もおり、大学の質を高めるためにも、契約制や教員の評価システムを導入するなど大学教員の流動化の改革や、研究実績のある教員は研究所でアカデミックな業績を競うなどの教員の人事システムの改革も必要になります。

私学助成と憲法第八九条

私立大学には、日本私立学校振興・共済事業団を通じて、国から私学助成金が交付されています。日本国憲法の財政の章に置かれている第八九条は、「公金その他の公の財産は、宗教上の組織若しくは団体の使用、便益若しくは維持のため、又は公の支配に属しない慈善、教育若しくは博愛の事業に対し、これを支出し、又はその利用に供してはならない。」と規定しています。

憲法第八九条によれば、「公金は、公の支配に属している教育の事業に対してのみ、支出できる」というように読めます。素直に考えれば、国公立の学校は「公の支配に属している」が、私立の学校は「公の支配に属していない」ということになります。

この条文は、「財政」の章に置かれており、日本国憲法を審議した帝国議会でも「公費濫用の防止」の趣旨である旨の答弁がなされているので、「公費濫用の防止」のための条文であるという説が有力です。

また、「公の支配」については、昭和二四年に「私立学校法」が、昭和五〇年に「私立学校振興助成法」が成立し、「人事、予算等に直接のコントロール権は及ばない」ものであっても、「業務・会計報告を求め、予算の変更を勧告する」などのことがあれば、「公の支配に属する事業」として、公金支出は合憲であるとしています。

○帝国議会での金森国務大臣の答弁
「この財政に関する憲法の規定は、国費が濫費せられる危険がないようにということに非常に重点を置いているのであります。ところが教育というものは、その言葉が美しく、名前が華やかであるために、さような口実の下に国費が濫費せられる虞が多いのであります」、「(公の支配は)一般監督とは違って、特殊監督を加えるということで、国がその博愛、教育、慈善等の事業に対して発言権と監督権を持っている。」
○昭和二四年二月一一日法務庁調査二発八号法務調査意見長回答
「公の支配に属しない事業とは、その構成、人事、内容および財政などについて公の機関から具体的に発言、指導または干渉されることなく事業者が自らこれを行うものをいう。」
○新潟地方裁判所平成四年一一月二六日判決
「教育の事業が憲法八九条後段の『公の支配』に属しているというためには、国又は地方公共団体等の公の権力が当該教育事業の運営、存立に影響を及ぼすことにより、当該事業が公の利益に沿わない場合にはこれを是正し得る方途が確保され、公の財産が濫費されることを防止し得ることをもって足り、必ずしも、当該事業の人事、予算等に公権力が直接的に関与することを要するものではない。」

私立学校への公費助成の経緯

憲法第八九条の規定については「公費濫用防止」にあるとの国会答弁がありますが、戦後、「高校全入」が進み、大学進学率も飛躍的に上昇し、また、その受け皿を私立の高校や大学が引き受けることになって、私立学校から経営面の公的補助の要請が強く出されるようになりました。

昭和五〇年に私立学校振興助成法が成立し、「国は、大学又は高等専門学校を設置する学校法人に対し、当該学校における教育又は研究に係る経常的経費について、その二分の一以内を補助することができる。」（第四条）との規定が置かれ、高等教育（大学、高等専門学校、専門学校（二年・三年制））について、国が経常的経費を補助する仕組みができました。

また、初等教育（幼稚園、小学校等）及び中等教育（中学校、高等学校等）については、「都道府県が、その区域内にある幼稚園、小学校、中学校、義務教育学校、高等学校、中等教育学校、特別支援学校又は幼保連携型認定こども園を設置する学校法人に対し、当該学校における教育に係る経常的経費について補助する場合には、国は、都道府県に対し、政令で定めるところにより、その一部を補助することができる。」（第九条）との規定が置かれ、助成は都道府県が行うこととされました。

初等中等教育については、原則として、小中学校は区市町村が、高等学校は都道府県が担っています。初等中等教育への補助は、都道府県の管轄とされており、その補助割合は都道府県の財政力によって区々となっています。

例えば、東京都では、保護者が負担する授業料は、「保護者の教育費を無償化」するという教育無償化の流れに沿って、国の助成金と合わせて都の就学支援金と授業料軽減助成金とで、年収七六〇万円以下の世帯に対して、国の支給総額（最大軽減額）と合わせて四五万六〇〇〇円を助成することにしています。また、私立学校を運営していくために必要な人件費や教材費等の経常費の補助は、平成二七年度で、私立学校一校あたりで、高校二億七〇〇〇万円、中学校一億四〇〇〇万円、小学校一億二〇〇〇万円、幼稚園四〇〇〇万円となっています。経常費補助は、各私立学校の運営に必要な経費を算出し、この経費の二分の一を補助することを目標としています。

「保護者負担の軽減」は国も都道府県も歩調を合わせて軽減に努めています。他方、「私立学校への経営に要する費用への支援」は、大学の経常費に対する私学助成が約一割に比べると、都道府県の助成額はかなり高く設定されており、東京都では、小学校で約二割、高校で約三・五割になっています。私立の小中学校、高等学校は都市部に多く、私学経営者による要望も強力であるばかりでなく、都市部はその声を受け止めるだけの財政力があるからだと考えます。

収入の一割程度の私学助成金で管理される私立大学

私学助成金は、概ね大学の収入の一割程度ですが、大学では、私学助成金をもらうことに多くの経営資源が割かれ、教授陣もそれに駆り出されています。

私学助成金は、文部科学省の大学へのコントロールの手段として機能しており、逆説的に言えば、文部科学省の大学への統制手段が緩和されてきた現在、助成金をもらわなければ大学はかなり自由な教育ができる仕組みになっています。ですから、「建学の精神」に立ち返って、私学助成金をもらわない経営をして、大学での教育の質を高めるという選択肢もありえます。

他方、都道府県の私学助成は、「地方公共団体等の公の権力が当該教育事業の運営、存立に影響を及ぼすことにより、当該事業が公の利益に沿わない場合にはこれを是正し得る方途が確保され、公の財産が濫費されることを防止し得ることをもって足り」る（新潟地方裁判所平成四年一一月二六日判決）という私学へのコントロールが住民から見えない不透明な状態にあり、これも問題です。

新設学部の理不尽さとの戦い

青山学院大学において、新しい学部構想の提案をしたことがあります。経営的には、都心回帰政策により、文系学部を淵野辺キャンパスから青山キャンパスに移転させたため、淵野辺の空いた校舎を使って理系または文理系の新設学部を作ることが急がれていました。

新しい学部は、時代のニーズを先取りする形で、自分で情報を集め、自分で考え、自分で意見をまとめて表現する能力を養うことを評価基準とし、その評価基準に達していない学生は卒業できないということを徹底し、質の高い教育を提供することを旨としたいと思いました。慶應義塾大学湘南藤沢キャンパスを先行事例とし、さらにブラッシュアップした学部です。

日本の大学は、欧米の有名大学のようには学生を厳しく評価していません。それが、教育を提供する側からも、教育を受ける学生の側からも、日本の大学の質を落としている原因になっています。大学のあり方は多様ですから、ところてん方式で学生を就職できるように送りだす学部も、質の高い教育を提供して厳格な評価を行って質の高い学生を世に送り出す学部もあって良く、そうすれば学生や親も選択肢が広がって、大学の評価も高めていくことができます。しかし、質の高い学部は、大学経営とはなかなか相いれません。これは、できませんでした。

結局、大学が選択したのは、文系学部を青山キャンパスに集めたにもかかわらず、文系学部を作ることでした。

英語は外部の英語学校に丸投げですが、文部科学省への書類では、一人の常勤の先生が鵜飼の鵜匠のように講師を率いて同時に複数の教室で授業を行っているというものでした。学生にとっては、英語学校で学ぶのと同じ授業を大学で学べるのでそれの方が良いということもあると思いますが、それなら「大学の外国語授業とは何か」を文部科学省は明確にしなければなりません。英語学校の講師がわざわざ大学のキャンパスに来て教えなくても英語学校に通えば単位が取れるようにすれば良く、また、英語は英語学校に、スポーツ実技はアスレチックジムに、簿記や会計は専門学校にそれぞれ授業を委託して、プロデューサーの役割を果たすだけで「大学」が成立するなら、文部科学省はそのように明言すべきです。また、新設学部の教授は、教授会での審査を経ることなく、新設学部設立準備のプロセスで学長や理事長がその気になれば誰でもなれます。実績や能力がなくても、このシステムの中では情実や資金協力で教授になることが可能なのです。

この新設学部は余りにも理不尽で、青山学院でも複数の学部教授会がこの新設学部の設置に反対をしました。国際政治経済学部の教授会も議論をしましたが、教授会で必ずしも理知的な議論がなされるわけではありません。理知的な議論ができるのは自分の学問領域だけで、それ以外は「町内会の議論」と同じです。教授会を公開して、さらにインターネット中継で学生が見られるようにする措置をとれば、学生にとっても教授会にとっても、大きな改革のきっかけとなったことでしょう。公の会議は、個人情報などの秘匿すべき情報を除いては、原則公開とすべきです。

青山学院大学での二つの訴訟

この新設学部に対して、無効確認訴訟を提起しました。学長が学内の反対を押し切って学部新設を強行しようとしたため、通常は法人を被告とするのですが、学長を被告としました。他にも原告に加わりたいという先生がいましたが、内部告発者に対する圧力は十分予想されましたから、アカデミックな世界で生きている先生方には遠慮していただきました。この訴訟進行と並行して学長選挙が行われ、現職学長を破って新しい学長が選出され、また、労働組合との間の不手際があって経営陣も刷新されたため、大学の改革を期待して訴訟を取り下げることにしました。

青山学院大学の奉職中に、期末手当をめぐって大学の経営陣と労働組合の間で争いが生じました。経営陣の対応は理不尽なものでしたので、今まで入っていなかった労働組合に加入して、交渉、調停、訴訟に臨みました。弁護士の相場観としても、大学の経営陣の主張にはかなりの無理がありましたが、組合執行部も粘り強く組合員をまとめあげ、実質勝利の和解を勝ち取ることができました。

二つの訴訟を通じて、経営者を相手に戦うことは様々な誹謗中傷や圧力がかかり、その中で働く者にとっては大変なことだということを学びました。

急がれる大学の改革

文部科学省は「予測困難な時代において、生涯学び続け、主体的に考える力を育成する大学へ（審議まとめ）」（平成二四年三月二六日中央教育審議会大学分科会大学教育部会）以来、「考える力」を重視した大学教育を模索してきました。

二〇二〇年の入試改革では、「考える力・表現する力」を重視する記述式の試験が導入されることになっていますが、問題は、採点する大学教員の能力と負担です。司法試験のように、試験官もその道の専門家であれば採点に信頼が置けますが、大学の限られた分野の専門家である教授が高校生の「考える力・表現する力」を評価できるかは疑問ですし、複数の教授が採点すると採点基準の公平性に疑問が出てきます。また、当落線上に並ぶ受験生の優劣をどう判断するのか、客観的な基準で判断することが難しいのが記述式です。模擬試験のように、試験する側が採点基準を予め設定しておけば公平性が担保できますが、果たしてそれが「考える力・表現する力」を判定するのに適当かという問題が出てきます。

こう考えると、入学は学ぶ意欲があれば良く、大学は、「考える力・表現する力」を養い質の高い教育を提供して、それをクリアできなければ進級も卒業もできないというシステムに変えていくのが適当ではないかと考えます。あわせて、就職機会も四月一斉入社制度を改め、「考える力・表現する力」を備え、卒業能力に達した学生を随時採用するシステムに変更することも必要になります。

これを学生の立場から言えば、「アジェンダ設定」ができ、「正解がない課題」について「考える力・表現する力」をつけて世の中で生きていく意欲を高め、さらに、「専門的な知識」という生きていくための道具・武器を身に付けるようになる、ということではないでしょうか。

学生が生きる力をつける教育

学生には、高い授業料ほども稼げないのにアルバイトという名の非正規労働者になっている者もいますが、卒業すればイヤというほど働くことになります。人生の中で「勉強さえしていれば文句を言われない時期」は他にありません。

これからの社会は、卒業時に「一流企業の正社員」になれば将来も安泰という時代ではありません。出来が良い子も出来が悪い子も、教え子は気になります。社会を生きていく力は「偏差値」ではありません。生きていくためのスキルと意思、そして困難にチャレンジをする意欲を身に付けること、そして、一人ではプロジェクトはできないことを知り、仲間との共同作業の経験を積むことが大切です。

第二章　国家はなぜ人々を統治できるのか

1　国家による権力の独占

国家はなぜ国民を命令に従わせることができるのか

Tomorrow is Sunday,
Monday is the day
That your Captain will call you
And you must obey.
Your captain will call you
It grieves my heart so,
Won't you let me go with you?
No, my love, no.

（『The Cruel War』作詞・作曲：Peter Yarrow）

これは、ＰＰＭ（Peter, Paul & Mary）の歌『The Cruel War』（悲惨な戦争）の一節です。キャプテンが召集すれば、恋人のジョニーはそれに従って戦争に行かなければならないという嘆きが謳われています。どうして、国家権力に従って、行きたくもない戦争に行かなければならないのか。どうして面識もない人を敵として殺さなければならないのか。どうして命の危険のある場所に行かなければならないのか。

死んで国立墓地や靖国神社に祀られても少しも嬉しくありません。国家の国民に対する強制力はどのような正統性を持ち、なぜ国民は従わなければならないのかについて考えたことがあるでしょうか。

これは、国家公務員となる者にとっては、なぜ、自分に国民に対して命令し従わせる権限が与えられるのか、という問です。その権限の強大さ、権限のよって来る所以も理解せずに国家権力を行使すれば、傲慢不遜な勘違い官僚になるおそれがあります。

その顕著な例が、大日本帝国憲法下での軍隊です。大日本帝国憲法下の日本では、「天皇は陸海軍を統帥す」（同憲法第一一条）、「天皇は陸海軍の編制及常備兵額を定む」（同憲法第一二条）の規定を根拠として、陸海軍の組織・編制などの制度や勤務規則、人事や職務などの軍の行政事務である「軍政権」、及び、出兵・撤兵、戦略、軍事作戦の立案や指揮命令などの「軍令権」は、天皇の大権であるとして、政府や議会の干渉を排除する考えが軍部を中心に主張され、政党や国民を巻き込みました。「統帥権」論争です。天皇の大権は、陸軍では陸軍大臣と参謀総長が、海軍では海軍大臣と軍令部総長が行使し、さらに下位の将校、下士官も「天皇の名の下に」兵卒に命令し、国民を徴兵しました。軍の中ではそもそも人権など顧慮されず、軍の中でのしごきやいじめは当たり前のことのように行われました。

国家はなぜ国民を命令に従わせることができるのか。これは素朴な疑問であり、人々が納得する分かりやすい答えがあるのだろうかというのが、ここでのアジェンダです。

明治維新後の戦争の歴史と総力戦時代の悲惨な戦争

明治維新以後、日本は戦争の連続でした。一八九四年（明治二七年）には日清戦争、一九〇四年（明治三七年）には日露戦争、一九一四年（大正三年）には第一次世界大戦に参戦、一九三一年（昭和六年）には柳条湖事件・満州事変、一九三七年（昭和一二年）には盧溝橋事件・日中戦争、一九四一年（昭和一六年）には太平洋戦争・第二次世界大戦に参戦、そして、一九四五年（昭和二〇年）に敗戦を迎えます。この間、明治維新を国家改造運動の手本とし、天皇を戴いて革命を行おうという「昭和維新」を唱えて、一九三二年（昭和七年）には五・一五事件、一九三六年（昭和一一年）には二・二六事件が起きています。

第一次世界大戦後の戦争は、軍事力だけでなく、経済力や技術力、科学力、政治力、思想面の力をすべて動員して戦う「総力戦」です。ハーグ陸戦条約以来積み重ねられてきた民間人への攻撃禁止の努力にもかかわらず、攻撃対象も軍事施設だけに限られず、民生物資の供給を枯渇させ人的資源を抹殺する無差別爆撃作戦も取られるようになりました。日本軍も中国で重慶への絨毯爆撃を行いましたが、アメリカ軍も漢口爆撃を行い、これがＢ二九爆撃機と焼夷弾による東京大空襲などの無差別絨毯爆撃、原子爆弾の投下とつながっていきます。連合軍は、ドイツでもドレスデンへの無差別爆撃を行っており、民間人を標的としないという国際戦時法は、枢軸国、連合国のいずれの側においても遵守されませんでした。また、捕虜への扱いについても、『私は貝になりたい』という映画に描かれたように日本の兵士は戦争犯罪人として処罰されました。これに比べて、ソ連は日本人捕虜を労働力として酷使し、多くの人が終戦後も命を落としましたが、その罪は問われていません。

総力戦の時代では、戦争は、国際法規にもかかわらず、宣戦布告をして戦争を仕掛けた国だけでなく応戦した国にとっても、兵士だけでなく民間人も攻撃の対象となる「悲惨な戦争」になります。理性的に対処することができるなら、敗戦国の戦争犯罪だけではなく、戦勝国の戦争犯罪も許さないという「公平・平等な対応」をすべきです。

ことの重大性は比較にならないとしても、卑近な例で言えば、「どうしてうちの軽自動車だけ取り締まるのか。なぜ、他のベンツやBMWの自動車も取り締まらないのか。」と、取り締まりの警察官にオバちゃんが詰め寄る駐車違反のCMのように「不公平な扱い」は不満を呼びますが、かといってオバちゃんの駐車違反が免責されるわけではありません。

内輪のルール、社会のルール、国家のルール

私たちは、社会で生きていくうえでのルールを決めています。

まず、一定の集団内部での「内輪のルール」があります。

自分が属する任意の集団の中で守るべきルールです。家族は任意の集団ではないかもしれませんが、家庭については、「法は家庭に入らず」という言葉があるように、「子どもが家のお金をくすねた」という場合も、窃盗罪で罰せられることはなく、刑法的には家族間の「財産」の問題については基本的に家族の判断に任せることとしています。他方で、親の子どもに対する「懲戒権」が民法に規定されていますが、子どもの健康を害したり、傷害を与えたり、まして命を奪うような「生命・身体の侵害」については、家庭の中でも許されることではありません。

現代も尊重されている内輪のルールは、「大学の自治」と「宗教団体の自治」です。それぞれ、日本国憲法の学問・教育の自由と宗教・信仰の自由との関係から尊重されています。しかし、大学や宗教法人内での金銭の横領や暴力事件は、憲法が保障する基本的人権とは関係がありませんので、「団体の自治」

に委ねられるものではありません。

次に、社会規範と言われる「社会のルール」があります。

私たちが属している集団は、その集団が持っている価値にしたがって、一定の行動をすべきである（作為）、すべきではない（不作為、禁止）というルールがあります。作為・不作為のルールを導き出す源泉が宗教であったり、その集団で共有されてきた考え、思想、道徳であったりします。

これらは、社会として共有されているルールですので、これを守らない場合の強制力は仲間として認めない「村八分」等の共同体の対応として行われ、社会のルールを守らない人は集団で生活することに困難をきたすことになります。共同体は、その属する個人に対して「同調圧力」をかけることによって、その社会のルールを遵守させ、社会の安定を図ります。

さらに、国家権力によって定められる「国家のルール」があります。

法治国家では、国家のルールは「法律」という形で国民に示されます。法治国家であるといえるためには、法律を定める権限を有する権力者も定められた法律に従うことが確保されていなければなりません。「法の下の平等」は日本国憲法の基本的人権の一つとして掲げられていますが、相手によって法律を厳しく適用したり、手心を加えたりする恣意的な運用を行うこと、特に、権力者には法律を適用せず、統治対象である人々に対してだけ厳しく法律を適用するということでは、法治国家とは言えません。

国家による権力の独占

近代国家は、歴史的に、宗教勢力や地方の勢力が持っていた権力を、国家が一元的に掌握することによって成立してきました。

人を殺したり、他人の財産を取ったりすることは、「社会のルール」としても認められませんし、人々の間でそのような行為を行うことを「国家のルール」としても禁止しています。自分の持ち物を取り返すとか、かたき討ちをするという「自力救済」は、小説などの題材では出てきますが、近代国家では、法律で認められていません。

では、「人を殺してはいけない」にもかかわらず、なぜ、国家が執行する「死刑」は、許されるのでしょうか。「人の財産をとってはいけない」にもかかわらず、なぜ、国家が強制的に税金を徴収することは許されるのでしょうか。さらに、私人が人を殺せば殺人罪に問われるのに、国家が戦争で人を殺しても殺人罪に問われないのはなぜでしょうか。そして、そのようなことは、なぜ、国家だけに許されるのでしょうか。

国家は、「領土・領海・領空」という地理的な範囲内において、「主権」という他国に従属しない独立した統治権力を有し、「国民」という統治権力による保護と統治を受ける人々によって成り立っているとされています。そして、国家は、国家統治のために、国民の財産を「税」という形で強制的に徴収し、法を犯す人を裁き、「懲役」という形で身体的自由を強制的に拘束し、「死刑」という形で命を奪う権限を独占しています。このような強制力を行使する権限を国家が独占していなければ、国は混乱し、国家の統治はできません。

かつて、民主党政権の仙谷由人官房長官が「自衛隊は国家の暴力装置である」という趣旨の発言をし、それを批判する議論がありましたが、「軍隊や警察は国家の暴力装置である」ということは、学術的にも政治的にも当然のことです。だからこそ、世界の国々でクーデタ事件が起きたときに、軍がどのような行動をとるか注目されるのです。「権力は銃口から生まれる」という毛沢東の言葉もありますが、権力闘争とは、究極的には、国家統治のための強制力を持つ組織である軍や警察をどのような勢力が、誰が握るのかということなのです。

2　権力の正統性

権力の正統性の類型

国民は、国家権力が定める法律に従って、税を払い、裁判にかけられ、有罪になれば自由や命を奪われます。国民は、なぜ、国家による強制力を甘んじて受けなければならないのでしょうか。国民が支配を受け入れるという国家権力の正統性は、どこに由来するのでしょうか。

ドイツの社会学者のマックス・ウェーバーは、『支配の社会学』という著作で、「伝統的支配」、「カリスマ的支配」、「合法的支配」の三類型を、支配の正統性として提示しています。

学校の教科書で紹介されている「王による支配」やそれを理論化した「王権神授説」などは、「伝統的支配」に分類されます。大日本帝国憲法第一条の「大日本帝国ハ万世一系ノ天皇之ヲ統治ス」という思想も、「伝統的支配」の考えに属します。

「カリスマ的支配」は、マックス・ウェーバーによれば、「支配者の人（ペルゾーン）と、この人（ペルゾーン）の持つ天与の資質（カリスマ）、とりわけ呪術的能力、啓示や英雄性、精神や弁舌の力に対する情緒的帰依によって成立する」とし、「最も純粋な型は、予言者、軍事的英雄、偉大なデマゴーグの支配である」としています。預言者には、イエス・キリスト、ムハンマドなどがあり、軍事的英雄にはカエサルやナポレオン、そしてデマゴーグには、ヒトラーやレーニンなどを挙げることができます。

「合法的支配」は、正しい手続で定められた制定法によって支配するというもので、定められた法律は、同様の正しい手続を踏んで変更することができます。その法律を執行する機関が「官僚制」であり、マックス・ウェーバーは、権力を掌握することとなる政治家と権力を継続的に執行する官僚との関係が、近代政治の大きな課題であると指摘しています。

軍事政権

権力の交代は、歴史的には戦によって、従来の政権に就いていた人々が殺され、または追放されることによって起きています。

歴史に関する書物は、教科書を含めて国や権力者の興亡を軸に記述されており、歴史書は戦争の記録のようです。歴史では、戦いの連続の上に国家が成立し、安定期を迎えて成熟した文化が栄え、そして、新たな挑戦者が現れて権力者や支配者が交代します。いずれも、国家や権力者が交代する当初においては「軍事政権」としての性格を有しています。「軍事政権」は、武力による国内統治を行う側面と、対外政策において武力による領土拡大という成功物語を実現し続けるという側面の二つがあります。いずれも、「権力者が権力者の座についていること」を、「支配されている人々に納得させる」ために重要なことです。

明治維新と支配の正統性

日本の歴史を振り返れば、織田信長の「天下布武」から豊臣秀吉、徳川家康に至る過程は武力による国内統一、現代風に言えば「軍事政権」樹立の過程でした。武力による統治だけでは人々の積極的服従が得られないため、江戸幕府は、軍事政権を確立した後は、文治主義的な支配を行うようになりました。そして、支配の正統性を天皇に求めるという「伝統的支配」に回帰したことにより、幕末期の「尊王思想」に基づく幕府崩壊の原因を自ら醸成することになりました。

明治維新は、下級武士らを中心とする勢力による幕府に対する暗殺、放火、略奪などの破壊活動を含むテロ行動から始まって、軍事的衝突による幕府打倒に至る一連の政権奪取のための行動でした。維新政府による統治の正統性は「天皇」に依拠していましたが、維新政府は伝統的な「征夷大将軍」等の正統性を持たなかったため、「天皇親政」を標榜せざるを得ませんでした。しかし、維新政府の実態は「天皇親政」とはかけ離れた「薩長藩閥政府」であったため、安定的・継続的な支配の正統性はありませんでした。

このような観点からみれば、大日本帝国憲法の制定や議会開設を通じて、維新政府はようやく曲がりなりにも合法的支配の正統性を獲得することができたといえます。ただし、軍事の指揮権を、統帥権と称して政府の統制が効かない軍という集団が握ってしまったことが、日本を第二次世界大戦へと導く原因になりました。

天、宗教、思想に由来する支配の正統性

政権を正当化し、人々の服従を導くために、支配の正統性を説明する理論が生み出されました。

中国の「孟子」では、先の権力者を軍事的に打倒して樹立する政権の正統性を「易姓革命」で説明しました。中国古代の伝説の王である堯が舜に、そして舜が禹に、権力を世襲せずに「徳」のある人物に譲る「禅譲」に対して、禹以降の世襲王朝である「夏」の桀王を、「殷」の湯王が武力で滅ぼして権力を獲得したことについて、徳をなくし人心の離反した天子を武力で打ち滅ぼす「放伐《ほうばつ》」による権力の奪取は、その王を「天が選んだのだ」というのです。これを「易姓革命」と呼びます。

国家と宗教が結びつく場合には、宗教の創始者、その正当な継承者が権力支配者であることが、正統性を付与します。キリスト教国家がローマ・カソリック教皇の世俗的支配を認め、あるいはイスラム国家が創始者ムハンマドの後継者であるカリフの世俗的支配を認める例が、それに該当します。現代では、イラン・イスラム共和国も、これに分類することができます。

特定の思想が権力者の支配の正統性を提供する場合もあります。その例が、プロレタリアート独裁を経て共産主義の社会を建設するという共産主義思想と、それを実現する政党である共産党による支配です。一九二二年から一九九一年まで存在したソビエト社会主義共和国連邦は、共産主義思想を世界に拡大すべくコミンテルンなどを通じて革命を輸出し、世界革命の実現を目指すという建前でした。また、経済的に資本主義経済システムを導入し、共産主義思想が国の指導方針としては明確でなくなった中華人民共和国においては、今なお中国共産党一党による国家の統治が継続しています。中華人民共和国憲法では国家は中国共産党によって指導され、人民解放軍は国軍ではあるものの、「シビリアンコントロー

ル」の下におかれているのではなく、中国共産党の「パーティコントロール」のもとにおかれています。

これらの国では、国家機能である立法、行政、司法、警察・軍隊などは、機関としては分かれてはいますが、権力の行使は最終的には最高権力者に一元化されており、機関相互の抑制関係は限定的であると言えます。

血統・宗教・思想による権力の承継

人間の命には限りがあります。人は、いつかは必ず死にます。ですから、独裁政権では権力の継承をどのように行うかが大問題になります。

権力継承の方法の一つは、血統による継承です。

これは、伝統的な支配においては定番の権力継承の方式でした。血統による権力承継は、後継者の能力とは全く別の原理ですから、後継者が幼子であったり、無能であったりすることも想定内です。その場合、それを支える勢力が不可欠になります。王位の承継者は「おみこし」であって、権力の実権は「担ぎ手」に委ねられます。そして、「おみこし」が自分の意思を持ち、自らが権力を行使しようとするときは、「担ぎ手」から「おみこし」に平和裏に権限が移行する場合と、両者の間に確執が生じる場合とがあります。

このような現象は、今日でも、「オーナー企業」と言われる企業において「創業家」と番頭役として会社を仕切ってきた「経営陣」との間のコンフリクトに見られます。

また、日本には多くの、二世、三世、四世議員がいますが、政治家を家業としている場合には、それを支える番頭さんらがいて、血統によって議員の座を承継する政治家を支えています。中選挙区制度の下では、「地盤（ジバン）、看板（カンバン）、鞄（カバン）」を持っている世襲議員が当選しやすいと言われていました。「地盤」とは、選挙区内の支持者の組織である後援会組織で、投票してくれる人の名簿が積み重ねられます。「看板」は、知名度で、親の代から選挙をしているので、その苗字が浸透しており、選挙区の有権者が名前を知っていることが有利に働きます。そして「鞄」とは、高額の供託金を含む選挙資金や日常的な地元との接触のための集会や後援会員をバス旅行に連れていくなどの政治活動資金のお金のことです。「家業」となっている場合には、お金の扱いに習熟した「金庫番」がいます。

権力継承のもう一つの方法は、宗教や思想を権力の源泉として、それを最も良く体現する者を次の権力者に選ぶ方式です。

宗教団体の宗教指導者の後継者を選ぶ場合にも血統が重んじられることはあります。しかし、血統よりも教義への理解などが尊重される場合の方が一般的です。宗教団体といえども、歴史的には、領地を持ち、徴税を行い、武力を持ち、宗教裁判などの司法権限を持って死刑を執行することもありました。俗世間とのかかわり合いにおいては、統治権力そのものです。宗教の戒律による統治を行う国では、宗教の最高指導者が国家統治の最高指導者です。

二〇世紀に登場した社会主義国家では、マルクス・レーニン主義や毛沢東主義などの思想を権力の源泉とし、共産党という政党を組織して、それが国を統治するという形式が用いられました。共産党の最高指導者の権力継承の場合、粛清を伴う権力闘争が行われるか、あるいは平和裏に行われるかは別にして、共産党の中で最高指導者が選ばれ、その人が国家の最高権力者になります。ソビエト連邦は七四年続きました。中国共産党も長期間続いていますが、歴史的に見て宗教団体による支配の長さには遠く及びません。中国は既に「社会主義」とは程遠い経済形態となっており、思想という道具による権力の維持・継承システムの有効性について、歴史上の実験が続いているといえます。

江戸幕府の武断政治から文治政治への転換

内戦や革命の混乱の中で軍事的な勝利を得た者が国の支配権を握りますが、「軍事政権」スタイルの統治は多大なコストがかかります。

そこで、軍事政権の下でも統治のための法令が整備されます。江戸幕府でも、豊臣政権を滅ぼして徳川政権を樹立した後、武家諸法度や禁中並公家諸法度が整備され、さらに農民や町人に対して御触書《おふれがき》が発せられています。

人々は、なぜ、「法度やお触書を守らないといけない」のでしょうか。それは、違反した時の処罰に対する「恐怖」によるものでしょうか。

取り締まりのためには、人々を監視し、情報収集するための諜報機関や取り締まり機関など大規模な機関が必要になり、行政コストが増加します。その行政コストを削減するためには、国家に代わって治安維持を担当する組織を社会組織としてビルトインする方法があります。

江戸時代、江戸の治安は北と南の奉行所が担当し、それぞれ二五人、計五〇人の「与力」がおり、各与力の下に二人から三人の「同心」が付き、北・南各約一〇〇人、合計約二〇〇人が配置されていました。与力、大岡越前シリーズの村上源次郎や必殺シリーズの中村主水は同心で、同心が捕り物の主力でした。与力、同心は、八丁堀に屋敷を与えられていたので、「八丁堀の旦那」などと呼ばれていました。与力、同心が配下として使ったのが「岡っ引」です。銭形平次、人形佐七などが小説で活躍しますが、こちらは奉行所から手当てが出る公務員ではなく、同心から手当てをもらって活動していました。

現代の警視庁の警察官の人数は四万六〇〇〇人を越えていることと比べると、たったこれだけの人数で江戸の治安にあたっていたことは驚きです。それでも、江戸の治安が保たれたのは、自警団組織がしっかり作られ、そこかしこに現在の交番の原型となる「番屋（自身番）」が置かれていたからです。このように、少ない行政コストで治安を保つには、法律による威嚇よりも、人々が納得し、進んでその支配を受け入れるようにすることが必要です。

AIによる監視統治

世界には、今なお軍事力によって政権を奪取し、国家を運営している国が存在します。しかし、それらの国においても、統治コストを削減し、安定的な統治を継続するには、その国の国民が納得し、支配を受け入れる根拠となる政権の正統性が必要となります。軍事政権が、民主的選挙の実施を約束することがあるのは、国内的にも国際的にも政権の正統性を確保しようとするからです。

独裁政権にとっては、「自らの政権維持」が最優先課題であり、至上命題です。しかし、強権的な支配を続けることは容易ではありません。軍事力・警察力の維持・運営のコストが膨大となり、民生に投入する予算が減少していけば、国民の不満がつのって暴動が起き、政権を覆す力になりかねないからです。

独裁政権を維持するために、独裁者は秘密警察と密告制度を整備してきました。今日では、キャッシュレス経済の進展により、誰がいつ何を購入しているか、どのような嗜好を持っているか、どのような本を読んでいるかのビッグデータを企業が入手しており、それを国家に提供させ、あるいは国家がその情報を直接入手して、一人一人を監視することが可能になりました。人々がキャシュレスでの商品購入を好むことにより、国民が自発的に国家や共産党に対して個人データを提供するシステムができつつあるのです。また、人工衛星や街のいたるところに張り巡らされる監視カメラによる監視、画像識別技術による分析、携帯電話の盗聴やメールデータの収集、ＡＩによるビッグデータの解析などによって、国民の監視、抵抗の防止のための統治システムがより緻密に構築されつつあります。

５Ｇ技術の導入と国境を超える情報流通によって、個人情報保護よりも政権の維持に高い優先度が置かれる国の権力による監視網は、その国内にとどまらず世界的に張り巡らされます。これによって、中国共産党が、中国国民だけでなく日本人や他の国の人々についても、キャッシュレス決済のデータやスマートフォンによる通信データを入手して監視したり、様々な情報を発信して世論操作や選挙キャンペーンへの介入をしたりすることも可能となります。その可能性について言えば、民主主義の国でも同じで、独裁政権であればより容易であるということにすぎません。

ジョージ・オーエルの小説『一九八四年』の世界がより洗練された形で完成するのです。しかし、そうだとしても、『一九八四年』に描かれたように、権力が人々の内面に立ち入って完全にマインドコントロールすることは、できないのです。

核開発競争に代わるＡＩ軍事技術競争

軍事政権では、武力による領土拡大によって国民の政権への支持を高め、または武力の誇示による政権への畏怖を高めることが、支配を継続する方法の一つです。

第二次世界大戦後は、世界の覇権を握ろうとする大国は、核兵器の開発に邁進しました。核開発競争により、今では、人類を何回でも全滅させるだけの核兵器が貯蔵されています。幸いなことに、広島・長崎の後、核兵器はその強力すぎる破壊力がゆえに使用されてきませんでしたが、世界で戦争や内戦が絶えることなく続き、そのたびに新しい兵器が開発され、使用されてきました。

そして、兵器が情報通信技術によってコントロールされるようになってくると、その命令系統を攻撃するＡＩ軍事技術の開発が重要になってきます。さらに、ＧＰＳ衛星によって全世界を把握でき、自動運転技術が実用化されるようになるにつれて、戦争はＡＩを搭載した無人飛行機や無人戦車などによる戦争へと移行していきます。

かつての核開発競争に代わって、今後は５Ｇ技術、さらに高速大容量の通信技術によるＡＩ軍事技術競争が激しくなり、それらの軍事技術で優位に立った国が軍事的覇権を握ることができるようになります。もともとインターネット技術は軍事技術でしたから、ＡＩ軍事技術競争が激しくなることは容易に想像できます。

ＡＩ時代の非対称の戦い

二〇〇一年の九・一一のアメリカ同時多発テロを契機として、アフガニスタン、イラク、その他の地域において戦争が拡大しました。国際テロ組織は、インターネットを駆使して、憎悪を拡大し、兵士をリクルートし、テロの成果を世界に発信してきました。まさに、現代の国際テロ組織は、情報通信技術革命の時代の申し子です。

アフガニスタンやイラクでは「領土」をどの勢力が支配するかという伝統的な戦争の様相もありますが、アルカイダなどの勢力との「テロとの闘い」は国家対国家の戦いではなく、国家と戦闘集団との闘いという「非対称の戦い」と言われてきました。「テロとの闘い」は様々な形のテロが拡大するにつれて、多くの難民を産みだし、EUという統合体の結束を揺るがしています。

大国による覇権争いは、世界的な覇権をめぐるアメリカ、中国、ロシアの争いだけではありません。地域的な覇権をめぐるイランとサウジアラビアの争いなど実際の軍事行動に発展しかねない危険がありますが、大国間の覇権争いと「テロとの闘い」という非対称の戦いが関連し合う複雑な様相を呈しています。

3　民主主義国家と独裁国家

帝国の興亡と米中貿易

世界史の教科書は、地域的または世界的な覇権国家の推移を説明する文書となっています。また、ローマ、中国、トルコ、スペイン、イギリスなどの覇権国家の興亡についてもたくさんの歴史書や著作があります。帝国は興り、そして衰退していきます。その経過を研究した著作は、現在の覇権国家や覇権国家となる意思を明確にしている国にとっても重要な示唆を与えます。

第二次世界大戦は、イギリスをはじめとするヨーロッパの国々による世界の覇権を打ち砕きました。それにとって代わったのが、アメリカとソ連でした。二つの超大国の争いは、経済ブロックを形成し、分かりやすい覇権争いの構図でした。そして、ソ連は覇権争いに敗れ、冷戦終結後アメリカは唯一の超大国となりました。しかし、その超大国の座は、アフガニスタンでの戦争やイスラムテロ組織との非対称の戦争を通じて崩れていきました。

現在、ソ連に代わってアメリカの覇権を脅かしている国が中国です。中国は、資本主義経済ブロックの中に入ってアメリカから富を吸い上げ、それを原資にして途上国に資金を貸し付け、借金のかたに港や鉱山の権益を獲得し、軍事力を増強しています。ソ連がアメリカと正面から対決して敗北したのに対して、中国はアメリカの力を自らの力に変えて世界第二位の経済力をつけ、軍事的にもアメリカを凌ぐ力をつけようとしています。中国はアメリカを圧倒する世界的パワーを獲得する野心を隠しておらず、国際機構として「上海協力機構」を拡大し、また、ロシアの「ユーラシア経済連合」との連携を深め、ロシアとの軍事協力も進めています。

米中の貿易摩擦と情報をめぐる争いは、「帝国の興亡」の観点から見ると、アメリカが中国の覇権を認めるのかどうかという争いの一環と捉えることができます。アメリカが現在の米中の貿易不均衡を座視するならば、いずれ近いうちに中国はアメリカを凌ぐ超大国となるでしょう。一方、アメリカが世界の超大国であり続けようとするなら、米中貿易摩擦は一時的に小康状態になっても、長期化することになります。

アメリカは選挙で大統領が交代し、交代後に監獄に入れられるような国ではありません。中国は、国家の上に中国共産党が位置する党支配の国です。伝統的な官僚制度による支配が行われている国であり、掲げるものが皇帝であれ、思想であれ、統治構造は同じです。アメリカと中国、どちらが世界の覇権を握るかにより、世界の人権意識も大きく変化します。

一帯一路の中華帝国

かつての東アジア秩序は、中華帝国とその冊封国である朝鮮半島の国や周辺国があり、その外に日本や北方の国があるという構図でした。習近平国家主席の「中華民族復興の夢」とは、「中華帝国秩序の構築」にほかなりません。「一帯一路」はその世界戦略です。「一帯」とはシルクロード経済ベルト、「一路」とは二一世紀海洋シルクロードです。「一帯」は「漢帝国」の西域経営を、「一路」は「明帝国」の永楽帝治世下の鄭和艦隊の大遠征による朝貢貿易の拡大を思い起こさせます。中華帝国の軍事拠点の構築と経済力を武器とした朝貢国化による経済圏の拡大がその手段でした。「一帯一路」は、これを南アメリカ大陸、アフリカ大陸まで広げて、現代の中華帝国を実現しようとしているのです。

朝貢貿易は、「中華帝国」が「蛮夷」に対する朝貢品と下賜品の交換という貿易形態であり、巨大な中国市場を中華秩序形成のために使う中国の伝統的な政策です。二〇一〇年九月の尖閣諸島沖での中国漁船と海上保安庁の船との衝突事件後に起きた中国による日本へのレアアースの禁輸措置や、中国とフィリピンとの間の南シナ海をめぐる領土と貿易の交換の実態を見れば、中国の権威に逆らう国に対して中国からの輸出や中国への輸入を恣意的にコントロールして経済的打撃を与える政策は、現代中国でも常套手段であることが分かります。

現代の「一帯一路」実現の政策手段は、アジアインフラ投資銀行（ＡＩＩＢ）と中国政府による政府開発援助、そして大きな中国市場であり、その原資は主として「自由貿易体制」の下でのアメリカからの巨大貿易黒字です。二〇一七年のアメリカの中国への輸出は一三〇八億ドル、輸入は五〇六五億ドルで、一年間でアメリカから中国に三七五七億ドル（一ドル一〇七円換算で約四〇兆円）の富が移転していきます。これが毎年続くのですから、中国の軍事力の拡大や世界の独裁政権へ融資は盤石です。

中国の対外援助に関する情報は不透明ですが、自由主義諸国が躊躇する独裁的支配を行う政府への影響力拡大政策、中国の資源獲得政策、さらに軍事拠点獲得政策と分かちがたく結びついているため、国際社会の警戒を引き起こしています。これが進めば、世界は独裁国家グループと民主主義国家グループへの対立構造、新たな冷戦へと発展する可能性もあります。

共産党官僚国家としての中華帝国

戦後世界は、アメリカ・西ヨーロッパを中心とする自由主義経済を標榜する国による経済圏と共産主義を標榜する国による経済圏とに分かれて冷戦を戦ってきました。ソ連が崩壊しロシアになり、中国が改革開放路線に転換しても、世界は、依然として共産主義の亡霊を見続けているように思えます。

中国は、中国共産党が支配する国ですが、現代中国に共産主義を拡大しようとする国際主義は微塵も見られません。中国が帝国である所以は、科挙制度以来の巨大な官僚機構を整備した独裁的政治体制と、他民族の中国文化への感化、民族自治区への漢民族の入植による漢民族の支配地域の拡大の政策にあります。帝国支配の正統性が毛沢東思想や共産主義思想にあるとしても、それは神棚に備えられた国家統治のための権威であって、中国共産党の官僚制度による支配の使い勝手の良い道具にすぎません。例えて言えば「共産主義思想機関説」とも言うべきものであって、政権の正統性の源泉は「共産主義思想、毛沢東思想」でも「天命による皇帝」でも変わらないのです。

現在の世界は、共産主義の脅威という幻を相手にしているわけではありません。中国は、「民意」による正統性を持たない、伝統的な科挙制度に代わる中国共産党内の選抜による「官僚統治の国」です。その政権の正統性は、「共産主義」ではなく、「中華民族復興」という民族主義、ナショナリズムです。

核武装した統一朝鮮の可能性

韓国の文在寅《ムン・ジェイン》大統領の「二度と日本に負けない」とか「南北協力で日本に対抗」という発言は、北朝鮮の非核化よりも日本に勝つことを優先する大統領の優先順位が問わず語りに明確にされたものです。北朝鮮の非核化をないがしろにしたまま南北融和、南北統一を進めたいという文政権の政策の延長線上には、本気で「核武装した統一朝鮮を樹立して日本に対抗する」ことを考えているのではないかとも思えます。

「核武装した統一朝鮮」はアメリカと同盟関係になることは考えにくく、伝統的な中国の朝貢国的な国となり、東アジアは昔ながらの中華帝国による秩序が形成されることになります。しかも、日本は、ロシア、中国、そして統一朝鮮という三つの核武装国家に接することとなり、日本を取り巻く安全保障状況は、一変することになります。

中国の習近平主席の「中華民族復興の夢」や中国による台湾の武力併合の可能性への言及、韓国の文在寅大統領の「二度と日本に負けない」などの国家指導者の発言、さらには、ヨーロッパにおけるロシアの武力によるクリミア併合やウクライナでの武力衝突などを踏まえると、時代は一九世紀に戻りつつあるのではないかと錯覚に陥ります。日本の政治も「維新」とか「新選組」とか一九世紀の事象や集団を名乗る人々が国民の一定の支持を得ていますから、一九世紀への回帰もあながち錯覚ではないのかもしれません。

しかし、日本は白村江の時代から様々な王朝の中華帝国と向き合ってきました。中国や朝鮮半島の政権といたずらに敵対することなく、冷静に互恵の精神で適度な距離感をもって平和的に付き合っていかなければなりません。

国際社会における独裁政権国家グループの形成と人権

第二次世界大戦は、全体主義国家と民主主義国家との戦争という言われ方をします。しかし、連合国には独裁国家のソ連が属していました。そのために東ヨーロッパは、戦後、ソ連の衛星国としての歴史を歩まなければならなくなり、東アジアでも日ソ不可侵条約を破棄してソ連の満州、朝鮮、千島・樺太への侵攻があり、中国や北朝鮮に共産主義国家が成立しました。中国共産党との内戦に敗れて台湾に逃れた国民党政権も、国内統治は一党独裁でした。

第二次世界大戦後に国際連合ができましたが、ソ連と中国という二つの独裁国家が常任理事国の地位を占めていました。それでも、国連においては人権の尊重のための条約が合意されてきましたが、その適用に当たっては、独裁国家の国内における人権問題については遡上に上らず、民主主義国家における人間問題だけが議論されてきたきらいがあります。

日本国内では、これまで従軍慰安婦や徴用工など日本による人権侵害についての議論だけが行われてきました。大統領や地方自治体の長が、親日であるというだけで売国奴呼ばわりをして言論を封殺する韓国と比べれば、日本はまだまだ言論の自由が確保されている国です。また、中国におけるチベットやウイグル民族に対する国家による迫害や、国内の人権侵害についても国際的に放置されている状態もあります。中国は「国内問題」と言いますが、カンボジアでは、中国が支援したポルポト政権により、「国内問題」としての国民の大虐殺が行われました。放置して良い問題ではありません。

人権に関する問題は、先入観にとらわれず、事実関係や時代背景、それぞれの国の制度などを理解して、時代とともに変わる人権意識の変化に対応して、議論されなければなりません。そして、それは、自国の振る舞いを棚上げにして他国を非難するだけの姿勢ではいけません。これは、日本についても、韓国や中国、その他の国についても同様です。そうでなければ、人権問題を取り上げているのは人権を尊重するためではなく、国内での政権維持のため、外交上の手練手管としての道具に過ぎないと喝破され、まともに取り上げるに値しなくなります。

世界の国々は、基本的人権の保障の上に立つ民主主義的価値観を共有しているとは限りません。しかし、その中にあっても、ハンナ・アーレントらが説いたように、自分が賛成しない考え又は自分の考えと対立する考えであっても、それらの考えを披歴できる「自由な議論の場」を保障し、その上で各人が熟慮する材料を得て価値判断を含む意思決定をし、行動することは、全体主義とは異なる民主主義の基本です。ハンナ・アーレントは、決してナチスを許しませんし、ヒトラーの「我が闘争」を肯定することはありません。しかし、ナチスが再び政治の表舞台に登場して人権侵害を引き起こすことがないようにすることと、それへの批判を明確にしつつ議論する場を確保することを区別して、自由な議論の場を確保することの意義を認めたのではないかと考えます。

日本での自由な議論の場を保障することと同じくらいに、他の国においても同様の自由な議論の場を求め、世界に広げていくことが大切です。世界は再び独裁的な全体主義国家群と民主主義国家群とのせめぎ合いの時代に入っているように思えます。

過去の栄光の歴史を追求するには狭すぎる地球

国の歴史にはかつて繁栄を築いた時代があり、最大の領土を獲得していた過去があります。地域的又は世界的に覇権を獲得しようとする国が、自らの歴史を顧みて「ローマ帝国の栄光」や「ドイツ第三帝国の樹立」、「偉大なる中華民族の復興」、「大トルコの形成」などと主張すれば、地球は一つだけでは足りません。世界は、全ての国の歴史を現代によみがえらせることはできないのです。

軍事力によって領土を拡大することは、国際社会における緊張をもたらし、地域の安定や世界経済に対して負の影響をもたらします。軍事力が外交交渉の背景にあるのは政治の現実ですが、それを実際に発動すれば世界は混乱し、多くの人々が苦難に直面します。

条約は正義ではなく、力関係の中での合意

二つの世界大戦を経験し、戦争は軍隊だけが戦うのではなく、国民を総動員しての「総力戦」へと変化していきました。その中で無差別絨毯爆撃や原爆投下などによる大量殺戮や、捕虜を労働力として使

役し死に至ら占めるなどの捕虜虐待が、戦勝国・敗戦国を問わず行われました。

戦争はスポーツと違います。スポーツでは第三者的見地で公平な判断をする役割の審判もいてフェアプレーが奨励されます。勝負に勝ったチームが、負けたチームのプレーが反則かどうかを判断して罰金を課することなどありえません。しかし、戦争には中立的な審判はいません。戦勝国が敗戦国を裁き、敗戦国の行為だけが裁かれ、戦勝国の行為は裁かれないことは不公平です。その不公平を敗戦国は戦争の結果として受忍しているのが現実であり、それが歴史ですが、そのことが戦勝国である独裁国家のその後の国内での人権侵害が国際的には不問に付されたままになっているという状況をもたらしています。

国際条約が「平等な立場」で締結されるかどうかは議論があるところですが、およそ条約は締結時のそれぞれの国のニーズや力関係を勘案して合意に至るものです。

例えば、戦時損害賠償に関する条約は、戦勝国と敗戦国との間に圧倒的な力関係の差があることは容易に想定でき、「平等な立場」で締結されることはありません。第一次世界大戦後のドイツに対する過酷な戦後賠償はナチスを台頭させる原因の一つになりました。

日本は約七年間の連合国による占領統治の後、一九五二年四月にサンフランシスコ平和条約（昭和二七年四月二八日条約第五号）を締結しました。締結しなければ日本は占領下に置かれたままになり独立を達成できないのですから、この条約によって財産を放棄させられることとなった日本人や日本企業には不満があるでしょうが、独立を優先することが国民の願いにかなうものであるという政府の判断は支持できます。

ある国が領土を拡大する方法には、軍事的占領だけでなく、法的な手続を採ることがあります。併合される側が喜んで併合されることはなく、併合する側と併合される側が対等の立場で条約を締結することもありません。ロシアのクリミア併合もそうです。領土を失ったウクライナからすれば、これは「正義」ではありません。当然反対をし、ヨーロッパの国々もウクライナを支持しています。

歴史を振り返れば、ナチスドイツのオーストリア併合はどうだったでしょうか。オーストリアは国際連盟の加盟国でしたが、国際連盟はこれを非難しませんでした。一九一〇年の日韓併合条約についてはどうでしょうか。その時、当時の有力な国々は、ロシアによるクリミア併合のように、日本が李氏朝鮮を併合したことに対して反対をしたでしょうか。そうではありませんでした。しかし、満州国については、有力な国々は反対し、国際連盟はこれを支持しました。これらは「正義の問題」ではなく、国際政治の「力学の問題」です。

国による私人の権利放棄とその補償

植民地であった朝鮮に日本企業は多くの投資を行い、財産を持っていました。日本が戦争に敗れたからと言って日本企業の財産権が直ちに消滅するわけではありません。戦後処理としての私有財産の扱いは、国と国の間の約束事で決まるのです。

日本の戦後処理は、サンフランシスコ平和条約によって整理されました。この条約によって、日本企業や日本人は多くの海外資産を放棄することとなりましたし、捕虜として使役されたことを正当化するような条項を入れさせられました。戦勝国の敗戦国に対する損害賠償は戦争の常として行われてきましたが、国が私人である国民の権利を放棄することは「正義の問題」ではありません。戦争に敗れたことによる国際政治の「力学の問題」です。条約により日本人や日本企業の権利を放棄した日本国政府は、それらの方々に対する補償責任を負うことになります。

沖縄返還の際に活躍した人として若泉敬氏がいますが、外務省の担当者として交渉に当たった千葉一夫氏を取材した宮川徹志氏の著作『僕は沖縄を取り戻したい　異色の外交官・千葉一夫』では、沖縄返還後、米軍に土地を接収されたままの沖縄の人々に対して、返還請求権は消滅していないという言葉が述べられています。

日本にとっての戦後、米軍基地と日米地位協定

日本にとっての戦後の最大の課題は、連合軍の占領から脱し、日本の主権を回復することでした。サンフランシスコ条約による主権回復と日米安保条約、そして同条約の改定、小笠原諸島の返還、沖縄の返還などがありましたが、日米安保条約に基づく日米地位協定における日本の主権回復は極めて不十分です。アメリカ軍基地の中は治外法権であることは是認できますが、基地外の犯罪や事故などについて日本の捜査権が及ばないことや、基地に起因する環境汚染についても手が出せないということは、日米安保条約が相互防衛条約となっているかどうかとは全く別個の「日本の主権」の問題です。

沖縄で起きたように、首都圏で飛行機が大学構内に墜落して学生らが死傷した場合であっても、それがアメリカ軍機であれば、日本の警察は現場に立ち入ることさえできない現実を、日本人はどう認識すれば良いでしょうか。過去を振り返ってみれば、同じ水質汚濁による公害事件でも、昭和三三年の本州製紙江戸川工場汚水放流事件において漁業者が工場に押し掛け、国や地方自治体に対して強力な要請行

動を行ったことに対して、千葉県、東京都及び国が迅速に行動して本州製紙の排水を停止させるとともに、水質保全法及び工場排水規制法の水質二法を成立させるに至りました。他方、死者も出した熊本水俣病事件では、国が対策を講じることはありませんでした。同じような事件が起きてもそれが首都圏で起きるのと沖縄で起きるのとでは、国民の関心も国の対応も異なってくるのは、残念ながら今も昔も変わらないのかもしれません。

日米安全保障条約を維持しつつ日米地位協定を改定することは、憲法改正より優先順位が高い課題です。そして、米軍基地を縮小する努力も続けるべきです。首都圏では横田基地と厚木基地の返還、特に広大な横田空域の返還は、首都東京の発展にとって大きな課題です。世界の都市間競争では交通アクセスの良さが一つの要素ですが、東京は羽田空港と千葉県の東京国際空港の二つしかなく、プライベートジェットの乗り入れも限定されています。これに横田空港、厚木空港が加わり、アメリカ軍によって管制されている横田空域を日本が使うことができるようになれば、羽田空港の騒音問題も緩和することができるようになり、世界の都市と互角に競争することができます。

4　国民による国家権力の統制

合法的支配における国民の自由を拘束する権限

内閣は、なぜ、税金を徴収したり、人を刑務所に入れたりする正当な権限があるのでしょうか。

日本国憲法では、選挙で選ばれた国会議員によって衆議院と参議院が構成され、国会で選ばれた内閣総理大臣が行政権を行使する内閣を組織することになっています。これが、民主主義による支配の正統性であり、これを「議院内閣制」と称しています。

また、地方の行政組織も、その長である知事や市長などの首長は有権者の直接選挙で選ばれることになっており、選挙が民主主義による支配の正統性を付与しています。地方自治体では首長も議員も直接選挙で選ばれるので、これを「二元代表制」と称しています。なお、国レベルでは、首長も議員も直接選挙で選ばれる仕組みを、議院内閣制に対して「大統領制」と言います。

内閣や首長は選挙による「民主主義の正統性」を有していますが、法律を直接執行する国家公務員や地方公務員は、主として試験によって採用され、その限りでは公務員による行政行為は民主主義による正統性を有していません。官僚が行使する公権力の正統性は、国会や地方議会で決定された法律や条例という民主主義的手続によるルールの正統性と、選挙で選ばれた内閣や首長の指揮監督に服していることにあります。

選挙による正統性の付与

近代の国民国家では、国民の選挙によって選ばれた人が政権を担当し、法を制定して、法に従った統治を行っています。政権の正統性は「合法的支配」にあります。選挙が、国民国家の正当性支配の根拠となり、「国民の代表による統治」という評価に値するためには、普通選挙の実施が必要です。

フランスでは、フランス革命後の一七九二年に男子普通選挙が行われました。これは一七九五年に選挙人を制限する選挙となりましたが、一八四八年の二月革命で復活しました。女性参政権は、一八七一年のパリ・コンミューンで導入されましたが短期間に終わり、本格的に導入されたのは第二次世界大戦後の一九四五年でした。

イギリスでは議会政治が行われていましたが、第一次世界大戦後の一九一八年に二一歳以上の戸主及び三〇歳以上の妻に選挙権が認められ、二一歳以上の男女に普通選挙権が認められたのは一九二八年でした。

日本では、大正デモクラシーの一九二五年に二五歳以上の男子に普通選挙権が付与されました。この時、無産勢力が議会に進出することに対する対策として治安維持法があわせて制定され、やがて、この治安維持法が、国民の自由な活動を奪い、民主主義を窒息させていきました。日本の女性参政権は、第二次大戦後の一九四五年に実現し、これにより二〇歳以上の男女による平等な選挙が行われるようになりました。

民主主義は手続正統性を付与するが、政策の妥当性は保障しない

日本国憲法の前文は、こう書かれています。

「日本国民は、正当に選挙された国会における代表者を通じて行動し、われらとわれらの子孫のために、諸国民との協和による成果と、わが国全土にわたつて自由のもたらす恵沢を確保し、政府の行為によって再び戦争の惨禍が起ることのないようにすることを決意し、ここに主権が国民に存することを宣言し、この憲法を確定する。そもそも国政は、国民の厳粛な信託によるものであつて、その権威は国民に由来

し、その権力は国民の代表者がこれを行使し、その福利は国民がこれを享受する。これは人類普遍の原理であり、この憲法は、かかる原理に基くものである。われらは、これに反する一切の憲法、法令及び詔勅を排除する。

日本国民は、恒久の平和を念願し、人間相互の関係を支配する崇高な理想を深く自覚するのであつて、平和を愛する諸国民の公正と信義に信頼して、われらの安全と生存を保持しようと決意した。われらは、平和を維持し、専制と隷従、圧迫と偏狭を地上から永遠に除去しようと努めてゐる国際社会において、名誉ある地位を占めたいと思ふ。われらは、全世界の国民が、ひとしく恐怖と欠乏から免かれ、平和のうちに生存する権利を有することを確認する。

われらは、いづれの国家も、自国のことのみに専念して他国を無視してはならないのであつて、政治道徳の法則は、普遍的なものであり、この法則に従ふことは、自国の主権を維持し、他国と対等関係に立たうとする各国の責務であると信ずる。

日本国民は、国家の名誉にかけ、全力をあげてこの崇高な理想と目的を達成することを誓ふ。」

民主主義の基本は、「正当に選挙された国会における代表者」を選出することにあります。そして、国政の「権威は国民に由来し、その権力は国民の代表者がこれを行使し、その福利は国民がこれを享受する」とあり、「これに反する一切の憲法、法令及び詔勅を排除する」とされていますから、この事項については憲法改正の枠外にあるということになります。

民主主義については、リンカーンの「人民の人民による人民のための政治（政府）」（government of the people, by the people, for the people）という言葉が有名です。これを、「合法的支配」の観点から、「人民自らによって、自らのために、自らを統治する政府」と考えると、「人民自らを統治する政府(government of the people)」という言葉は、「その福利は国民がこれを享受する」に対応すると理解できます。国民は自分で自分を統治するが、それは自分のためであるということです。

日本国憲法は、基本的人権に関する規定を置いていますが、憲法の範囲内でどのような具体的な政策を策定し、執行するかについて全く触れていません。それは、国民が「正当に選挙された国会における代表者を通じて」決定することとされています。

民主主義は「手続的な正統性」を付与しているにとどまり、「政策の妥当性」を保障するものではありません。国民が選んだ代表者が国会で定め、内閣が執行する政策が、ある有権者にとって好ましいものであり他の有権者にとって好ましくなくても、また、政策の結果が大多数の人々にとって許容しがたいものとなったとしても、それは国民が選択した結果として、国民が受け止めなければならないのです。

選挙制度と国民による統治

日本国憲法前文にあるように、国会議員は「正当に選挙された国会における代表者」ですが、そのことが国民に受容されることが、「合法的支配」の根本です。

これは、選挙が公職選挙法に即して適法に選挙が行われること、すなわち「不正選挙」が行われていないことが大前提です。また、公職選挙法で選ばれた国会議員が国民の代表であると言えること、例えば普通選挙の趣旨が生かされて「一票の格差」がないことなども必要です。さらに、投票率や得票率の課題もあります。

二〇一七年一〇月に行われた政権選択選挙である衆議院選挙について、衆議院議員定数四六五人、比例区一七六人を除く小選挙区二八九人をみると、小選挙区では、有権者のうち四分の一の支持で議席の四分の三を獲得していることが分かります。これが恒常化すれば、「少数者による多数支配」ということになり、支配の正統性が揺るぎます。

○二〇一七年一〇月の衆議院選挙の小選挙区結果

自民党の小選挙区の議席占有率は、七五・四％

自民党の小選挙区での得票率は、〇・五三六八（投票率）×〇・四八二（自民党得票率）＝〇・二五八七（自民得票率／有権者総数）

被選挙権の保障と選挙の供託金

「合法的支配」としての「正当に選挙された国会における代表者」という概念には、選挙を行う「選挙権」と、代表者となる「被選挙権」の両方があります。

日本では、国政選挙については、現在、「日本国民で満一八歳以上であること」が選挙権の要件です。また、被選挙権については、次のようになっており、衆議院議員は「日本国民で満二五歳以上であること」、参議院議員は「日本国民で満三〇歳以上であること。」とされています。

衆議院議員	日本国民で満二十五歳以上であること。
参議院議員	日本国民で満三十歳以上であること。
都道府県知事	日本国民で満三十歳以上であること。
市区町村長	日本国民で満二十五歳以上であること。
都道府県議会議員	日本国民で満二十五歳以上であること。その都道府県議会議員の選挙権を持っていること。
市区町村議会議員	日本国民で満二十五歳以上であること。その市区町村議会議員の選挙権を持っていること。

国政選挙では、衆議院の小選挙区・参議院の選挙区に立候補するには三〇〇万円、衆議院議員の比例区・参議院の全国区に立候補するには六〇〇万円の供託金が必要です。厚生労働省による「平成二八年国民生活基礎調査の概況」によれば、全世帯の平均年収は五四五万八〇〇〇円であることを考えると、現行の供託金制度とその額の設定は、普通の人が立候補することを阻み、被選挙権を制限する機能を果たしています。

憲法第四四条「両議院の議員及びその選挙人の資格は、法律でこれを定める。但し、人種、信条、性別、社会的身分、門地、教育、財産又は収入によって差別してはならない。」と定めており、憲法違反の疑いがあります。しかし、裁判所の判決は、供託金制度は、「不正な目的を持つものが選挙に立候補して、この目的に基づく行為をすることを防止する効果は容易に認められる」（大阪高裁一九九七年三月一八日判決）、「真に当選を争う意思を有しない者を公職の候補者から排除することを目的とした制度であり、

供託金の国際比較

<table>
<tr><th colspan="2"></th><th>金額</th></tr>
<tr><td rowspan="4">日本</td><td>参院選挙区</td><td>300万円</td></tr>
<tr><td>参院比例区</td><td>名簿登録者数×600万円</td></tr>
<tr><td>衆院選挙区</td><td>300万円</td></tr>
<tr><td>衆院比例区</td><td>名簿単独登録者数×600万円＋
重複立候補者数×300万円</td></tr>
<tr><td colspan="2">韓国</td><td>約135万円</td></tr>
<tr><td rowspan="2">香港</td><td>直接選挙</td><td>約65万円</td></tr>
<tr><td>職能団体別</td><td>約32万円</td></tr>
<tr><td colspan="2">台湾</td><td>約67万円</td></tr>
<tr><td colspan="2">マレーシア　下院</td><td>約31万円</td></tr>
<tr><td colspan="2">シンガポール</td><td>約125万7,000円</td></tr>
<tr><td rowspan="2">インド</td><td>上院</td><td>約1万7,000円</td></tr>
<tr><td>下院</td><td>約4万2,000円</td></tr>
<tr><td colspan="2">トルコ</td><td>約45万5,000円</td></tr>
<tr><td colspan="2">ロシア</td><td>各政党の選挙基金の15％又は一定数署名</td></tr>
<tr><td rowspan="2">ウクライナ</td><td>選挙区</td><td>約16万円</td></tr>
<tr><td>比例代表</td><td>1政党約2,700万円</td></tr>
<tr><td rowspan="2">オーストラリア</td><td>上院</td><td>約18万4,000円</td></tr>
<tr><td>下院</td><td>約9万2,000円</td></tr>
<tr><td rowspan="2">ニュージーランド</td><td>選挙区</td><td>約2万4,000円</td></tr>
<tr><td>比例代表</td><td>1政党約8万円</td></tr>
<tr><td colspan="2">イギリス</td><td>約8万円</td></tr>
<tr><td colspan="2">カナダ</td><td>約10万円</td></tr>
<tr><td colspan="2">アイルランド</td><td>約6万5,000円</td></tr>
<tr><td colspan="2">オランダ</td><td>1政党約150万円</td></tr>
<tr><td colspan="2">フランス</td><td>約2万円（1995年に廃止し現在は無い）</td></tr>
</table>

アメリカ・ドイツ・イタリアには供託金制度が無い。

出典：列国議会同盟ウェブサイト、各国選挙管理委員会ウェブサイト

所得によって立候補届出の扱いに差異を設けることを目的としたものではない。このことは、供託金を立候補者自らが出費することまで要求されていないことからも明らかである」（横浜地裁二〇〇七年五月一六日判決）とし、現行の供託金制度は憲法違反ではないとしています。

しかし、現実には、世帯年収に相当する高額な供託金を自ら、または寄附で賄える候補者は極めて稀です。また、諸外国では供託金制度を廃止しているか、日本と比べて極めて低額になっています。これらを考慮すれば、現行の日本の供託金制度は、被選挙権を不当に制限するものです。

さらに、地方自治体では、議員のなり手がいないことが問題になっています。市町村議会議員の立候補の際の供託金は三〇万円ですが、立候補を促すためにも、少なくともこの供託金は廃止すべきです。

5　熟慮の民主主義

ワイマール憲法とナチスの台頭

民主主義は、手続的保障にとどまり、国民が選ぶ政権やその政権による政策が国民にとって良いものであることを保障するものではありません。第一次世界大戦後、世界で最も民主的な憲法の一つであったワイマール憲法体制の下で、全体主義政党のナチスが生まれ、政権を取り、そして独裁的な支配を実施しました。なぜ、民主的憲法の下で全体主義政権ができたのかは、今なお民主主義を考える上で、重要な課題です。

ドイツも日本も、勤勉でまじめな国民性があります。しかし、勤勉さ・真面目さだけでは、Conformist（順応主義者）になってしまいます。国が全体主義化する過程では、国民は、「同調圧力」に抗することも、また「付和雷同」もしていません。むしろ積極的に同調する姿勢を示します。これを称して「下からのファシズム」ということもありますが、それが問題なのです。

全体主義をうまない熟慮の民主主義

ワイマール憲法体制の下でナチスの政権奪取を許した反省に立って、ドイツでは、Conformistになることなく、自由な意思による自己決定ができ、その責任を国民一人一人が負える教育を目指す動きが生まれました。

そのために必要なことは、第一に自分で情報を収集することです。その情報の出処に当たり、情報の信頼性を判断して、情報を使うことです。第二に自分の頭で考えることです。出所不明の匿名の情報をうのみにして右往左往すること無く、かつ、権威だけに頼ることなく、政府の情報と分析も批判的に受け止め、自ら判断することです。特に、戦争や武力衝突等の場合、当事国政府の主張が食い違うことがありますが、事実は一つだとすれば、どちらかが嘘をついているということになります。第二次世界大戦の日本の「大本営発表」は、日本が戦闘で敗北しているのに戦果を上げているかのような発表をしていました。「政府も嘘をつく」のです。第三に「借り物の判断」をすることなく、自分で判断することです。そして、自分で判断したことを、他人の責任に転嫁しないことが大切です。

これを可能にするためには、政府として、情報を隠すことなく公開すること、人々が議論する場と時間を確保すること、そして、意見を表明し、意思決定に参加する手段を保障することが必要となります。ですから、民主主義を妨害しようとする政府は、情報を隠蔽し、改ざんし、政府に都合の良い情報しか人々に伝わらないよう情報手段を統制し、人々が議論するためのリアルな場である集会を禁止し、パーソナルなメディアによる意見交換の場も遮断し、人々を意思決定に参加させないようなシステムを作り上げるのです。そして、人々の考える時間を与えず、既成事実を先行させていきます。

熟慮の民主主義を作り上げるための努力は容易ではありません。世界には、情報を制限し、集会を禁止し、多様な価値が選挙で競い合う仕組みを「非効率」であると考える政権もあります。特に、社会が不安定になると、人々は「愚民の民主政治より、賢者の独裁政治」を望むこともあります。しかし、「独裁者の利益の最大化」は「独裁者が永久に独裁者の地位にとどまること」であり、それと「社会全体の利益の最大化」は同じである保障はありません。独裁政権は、「人民の人民による人民のための政治(政府)」の対極にある政権です。

決断する政治・決められない政治

民主主義では、情報を公開して、理性的に議論をし、方針を出していくというプロセスが奨励され、時間と費用というコストがかかります。いつまでも議論をしていると「決められない政治」という批判が浴びせられ、一定の時間議論したら合意や妥協点が見いだせていなくても、議論を打ち切って意思決定権者が結論を出す「積極果敢に決める政治」を求める動きが出てきます。

「決められない政治」にも「積極果敢に決める政治」にも、メリットとデメリットがあります。災害対策等の時間的な制約の下でタイミングよく決定しなければならない場合は、誤りを恐れず積極果敢に決めなければならないでしょうし、年金など長期的な事項を議論する場合は、拙速に決めることは避けなければなりません。しかし、これらは、いずれも、国会や内閣などの意思決定権者が、議論を踏まえて明確な意思決定をする場合です。

思考停止させる「事実の積み重ねによるなし崩し意思決定」

行政の意思決定の方法には、事実を積み重ねて後戻りできない状況を作り出し、理性的な議論を封じ込めてしまう方法があります。

古くは満州事変のように現場の軍の独断でことを起こし、後戻りできない戦闘状態を作り出して、首都の意思決定権者に行動を追認させるようなことが起こっています。そして、「戦いに倒れた兵士の死を無駄にするな」と言って、さらに多くの兵士や国民を死に追いやり、ついには、戦争に敗れ、外国の占領支配に至ってしまった軍部独走の歴史もあります。

また、現代でも、ダム建設や道路建設のように、三〇年も四〇年も昔に決定した事業を少しずつ実施して、「今更後には戻れない」という状況を作り出して、「今更、議論をしてもシカタガナイ」と人々に思わせることがあります。これは、「行政の連続性」という言葉で正当化されるものではありません。「小さく産んで、大きく育てる」という言葉のように、事業の開始当初はそれほど予算がかからないと説明し、いざ事業が開始され後戻りができない状況を作り出してから、あれも必要、これも必要と言って予算を膨らましていくこともあります。

「シカタガナイ」、「既定路線だから」、「今更議論してどうなる」などは、人々の思考を停止させる「マジックワード」です。その場合、「ちょっと待て」、「本当にそうなのか」など自分が納得できているか考えてみること、「考えることをやめる（stop thinking）」ではなく、「立ち止まって考える（stop to think）」が大切なのです。

いじめをやめさせる勇気・不正を告発する勇気

立ち止まって考える（stop to think）こと、「ちょっと待てよ」ということは、事柄が進んでいる時は容易ではありません。

ちょっと変わった転校生が入ってきて、同じクラスの人が転校生をいじめていたというケースを想定します。そのとき、その現場を見た生徒は、どういう行動をとるでしょうか。いじめている同級生に対して「やめろ！」と言って止めに入る、知らん顔をする、自分がいじめられないためいじめる側になる、というような選択肢があります。

自分がいじめられないためいじめる側になるという行動は、大人にもあります。

第二次世界大戦中、国民は、鬼畜米英のスローガンを是とする忠君愛国者でなければ生きていけませんでした。作家や映画監督、画家などの文化人も戦意高揚に駆り出されました。ところが、日本が戦争に負け、占領軍がやってきて戦争協力者の摘発が始まると、昨日までの忠君愛国者は民主主義者へと大転換をします。そして、自らが戦争協力者としての批判を免れるために、誰かをスケープゴートにして、批判し、いじめる側に回りました。その一つの例が、藤田嗣治氏を戦争協力者に仕立て上げ、いじめに回った画壇の人々です。藤田嗣治氏は、昭和一八年五月のアリューシャン列島アッツ島の日本軍が全滅した事件を『アッツ島玉砕』として描きました。敗戦後、戦犯追放が吹き荒れる中、多かれ少なかれ戦争に協力していた画家は、藤田嗣治氏をスケープゴートに仕立て、戦争協力者と強く批判することによって、自らは戦争協力者としての追及を逃れようとしました。

また、実際の社会では、違法な行為を知っても、個々人がそれをやめさせる行動をとることは容易ではありません。

企業の中で不正・違法な行為が行われており、それをやめさせることが法にかなった行為であっても、身内の利益が優先され、告発者に不利益を強いることがあります。企業経営者からだけでなく、同僚からも「身内の恥をさらすな」、「会社がつぶれたらどうするのだ」という圧力がかかり、「村八分」状態になることもあります。さらに、会社から、懲戒処分、就業規則違反、名誉棄損、損害賠償請求という攻撃がかけられることもあります。公益通報者保護法がありますが、特に、企業ぐるみの不正や、経営者の不正を告発する場合は、十分機能しているとは言えません。また、従業員だけでなく、役員として出向した先の会社で不正経理を見つけてしまい、自分も株主代表訴訟の対象となって破産の憂き目にあうかもしれないというリスクに直面した役員も、会社の不正・違法な行為を告発することに躊躇があるでしょう。

自分を危険に晒してまで、人を助けることができるでしょうか。

二〇〇一年一月二六日、新大久保駅で酔っ払って線路に転落した人を助けようとしたカメラマン、韓国人留学生を含め三人が死亡した事件がありました。これは美談ではありますが、リスクが現実となった事例です。映画『タイタニック』では、レオナルド・ディカプリオが愛するケイト・ウィンスレットを助けるため、自ら海に沈んでいくシーンがありました。そのような献身的な行動は、普通の人にはできない、特別な行為です。

いじめの現場を見た生徒が、「『やめろ！』と言って止めに入る」選択肢が望ましいことは論を待ちません。しかし、大人の世界でも、「知らん顔をする」とか、「自分がいじめられないためいじめる側になる」ということが行われており、子どもたちに対してだけ「いじめている同級生に対して『やめろ！』と言って止めに入るべきだ」というだけでは、ことは済みません。一部の勇気ある人だけでなく、普通の人が、不正を糺す選択ができるような環境や条件を整える、常日頃からの努力が大切です。

「心を一つに」と同調の違い

チャップリンの映画『独裁者』の最後の演説シーンは、人々の感動を呼びます。その最後の部分で、チャップリンは次のように呼び掛けています。

Now let us fight to fulfil that promise. Let us fight to free the world, to do away with national barriers, do away with greed, with hate and intolerance. Let us fight for a world of reason, a world where science and progress will lead to all men' s happiness. Soldiers - in the name of democracy, let us all unite!

（今こそ、約束を実現させるために闘おう。世界を自由にするために、国境のバリアを失くすために、憎しみと耐え切れない苦しみと一緒に貪欲を失くすために闘おう。理性のある世界のために、科学と進歩が全人類の幸福へと導いてくれる世界のために闘おう。兵士たちよ。民主国家の名のもとに、皆でひとつになろう。）（https://blog.goo.ne.jp/raymiyatake/e/d11bf8370657a8c6a160324c447c7ab1より）

人はそれぞれ違います。一人として自分と同じ人はいません。ところが全体主義国家では、人々は権力者を支持することを強要され、または自発的に支持し、さらに同調圧力の中で考えることをやめて、個性を失っていきます。チャップリンは、「You are men. You have the love of humanity in your hearts.」と兵士に呼びかけ、一人一人の自由意志を呼び覚まそうとした上で、「unite」と呼びかけています。これは、当時の左右の全体主義、ナチスやスターリンが「権力者への同調」を促すために呼びかける「団結」とは全く内容を異にするものです。民主主義の最も重要な価値は、「自分のことを自分で決められること」にあり、その条件としては、情報へのアクセス、意見交換・交流、意見表明などの「自由」が保障されていなければなりません。

国の強靭性、多様性と単一性

強い国とは、国民が同じ方向を向いて力を集中している国、「一致団結、金太郎飴の国民」の国でしょうか。それとも、「人生いろいろ、人もいろいろ」の国でしょうか。

自然界で、生物多様性が重要だとされるのは、「単一相」の自然では疫病や環境変化が起きたときに全滅してしまうからです。多様な遺伝子、多様な生物種があれば、災害や環境変化の適応する種がその都度生き残り、長く存続することができるのです。

人類は、米、トウモロコシ、小麦、ジャガイモの四種類の穀物から多くのカロリーを摂取しています。ごく限られた種類の穀物に食料を依存することは、食料安全保障や栄養バランスの観点からもリスクがあります。また、バナナ生産の経済合理性を追求した結果、キャベンディッシュ種という特定の種のバナナが大規模に栽培されるようになりましたが、特定の菌に弱く、それが世界に広がれば被害も大規模になります。「バナナが消える日」という懸念もあります。

政治の世界では、戦後の「五五年体制」といわれた自民党・社会党の体制下では、多様な意見を持つ派閥を包摂した自民党の中で、総理大臣を輩出する派閥が交代することによって「疑似政権交代」を演出し、国民の支持を得続けるという現象がありました。しかし、自民党が、単一の考えに統一され、純化していけば、自民党の中での「疑似政権交代」ができなくなり、国民が政権交代を望めば、それは政権につく政党の交代を意味するようになります。

戦争末期の日本のように、「最後の一兵まで戦う」ということで凝り固まり、それを実行すれば、国民が全滅し、国が滅んでしまいます。近代の戦争は総力戦であることを考慮すると、死ぬのは兵だけではありません。国民も死にます。日本人が玉砕して日本という国も日本民族もこの世界から消えても仕方がないなどというのは、軍による日本民族の「無理心中」です。軍とは異なる意見、様々な意見が許容される日本でなければ、日本という国も立ちゆきません。

自然界と同じく、社会においても、多様性に富んだ社会や国の方が、短期的には効率がよさそうに見える単一の考えで統一された社会や国よりも、「強靭性」に富んでいるといえます。この観点からも、異なった様々な意見を尊重する多様性に富んだ社会を育む「民主主義」は大切です。

個性を育てるための学校での政治教育

イギリスの教育制度は、日本が中央集権的であるのとは異なり、地方自治体が、更に具体的には各学校が、教育内容に責任を持っています。このことは校舎の作りにも表れていて、日本の小中学校の校舎が画一的なのに比べて、イギリスの校舎は地方によってユニークです。また、義務教育段階から、政治的な課題についてのディスカッションが行われ、民主主義的な思考を身に着けることができるようになっています。

ブレア政権下で、イラクを巡る状況が緊迫化し、イギリス国内では「イラク・クライシス」から「イラク・ウォー」へと展開する中で、ロンドンでイギリスのイラク参戦に反対する数十万人規模のデモがありました。そのデモに義務教育年齢の子どもも参加していました。イギリスでは、子どもを一人の人間としてその意思表示を認め、メディアは子どもたちの意見もインタビューしていました。

日本で同じようなことがあったら、メディアはどう対応するでしょうか。

そもそも、日本ではこのようなデモすら見かけることはありませんが、「子どもたちは教師に扇動されている」とか、「親が無理やり連れてきている」というような批判が浴びせられることが容易に想像できます。日本では、子どもに対して自立した意思を認めていないのです。子どもは、庇護し、監護する対象でしかなく、「子どもの人権」を認めることに対しても反対が多いのが実情です。選挙権が二〇歳から一八歳に引き下げられ、十代の若者も選挙で自らの政治的意思を表明できるようになりました。しかし、一七歳から一八歳になれば、いきなり政治的な意見を持てるようになるわけではありません。教育の現場で、子どもときから政治的トピックについての学びや議論を行う習慣が必要です。

論語に曰く「和して同ぜず」。協調して行動すべき時は協調するが、決して同調圧力にとらわれることなく、自分の意見を確立していくことが、民主主義の基礎です。

水戸黄門と七人の侍

日本人が好きなドラマとして『水戸黄門』があります。ストーリーは定型的で安心してみていられます。善良な町民が、悪徳商人らに苦しめられ、行政をつかさどるお代官様に訴えるのですが、お代官様は悪徳商人の越後屋さんの仲間で、町民は救われません。お代官様は越後屋さんから賄賂をもらい「お前も悪よのう」と言い、越後屋さんは「いえいえ、お代官様ほどでは」と言います。そこへ、町民から助けを求められた水戸黄門が現れて、ひとしきり殺陣をしてから、助さんが「静まれ、静まれ」と叫び、静まったところで、格さんが葵の御紋の印籠を見せて、「ここにおわす方をどなたと心得る、先の副将軍水戸光圀公なるぞ、頭が高い、控えおろう！」と口上を述べて、越後屋も代官様もひれ伏します。そして、最後の殺陣があって、めでたし、めでたしという筋書きです。

水戸黄門の物語では、日本人が「お上」にいじめられ、抵抗しますが、自分の力ではどうしようもない。それを更に上位の権力である水戸黄門が、お代官様を懲らしめます。町民の抵抗は何ら奏功せず、問題の解決は「お上」によってなされ、町民の「お上」に対する依存度は強化されるという話になっています。

このようなストーリーを現代に焼き直すと、自分が抱えている問題の解決を国会議員に頼んでおけば自分の要求の実現を拒んでいる役人を叱ってくれて要求を実現してくれるという、議員任せや「お上」への依存が強化されることになります。

黒澤明監督の『七人の侍』はこれと異なり、野武士の略奪に対抗して百姓自らが用心棒をリクルートし、用心棒とともに野武士と戦ってこれを撃退する物語です。百姓が、金も出し、汗も流して、自らの村を守り抜くのです。このストーリーの場合は、自分が抱えている問題の解決を国会議員にも頼むけれども、自らも世論を喚起し、運動をおこし、国会議員との協働作業を通じて、問題を解決することとなります。自主独立の気概が漂うこの物語が、日本人だけでなく、世界の人々も魅了したことに、自立自尊の日本人を見ることができます。

権力の正統性を付与する民主主義の条件

権力の正統性は、普段は考えることのないテーマです。このテーマを繰り返し考えたのは、試験に合格した一介の国家公務員が、法律を立案し、成立した法律を執行し、それを国民に遵守させるという権力を付与される根拠はなぜかという「官僚制度」の所以についての関心があったからです。

現在では日本国憲法が統治の根本法となっていますが、その正統性を付与する民主主義は、手続的価値であり、全体主義や独裁政治をも産みだすことができる代物であることも理解しておかなければなりません。

他方で、民主主義の下では、平和的手段で政策変更が可能であり、国民が政策を選択できる仕組みとなっています。そのためには、熟慮の民主主義が必要であり、自由な情報空間、自由な意見交換の場、考える時間が保障されなければなりません。気に入らない議論でもしっかり聞き、冷静に議論する寛容さを身に付ける能力は子どもの時から涵養しなければなりませんが、今の日本ではそれが皆無に近いことは気になります。

また、問題はあるにしても「国民の代表」または「多数による少数支配」という選挙制度の根幹が、低投票率、小選挙区制度、多額の供託金制度、「べからず集」的な公職選挙法によって揺らいでいます。選挙制度の改革も必要でしょう。

第三章　国を運営する政治家と官僚、そして国民

1 内閣と国会

統治機構の三権分立

日本国憲法では、立法権は国会に（憲法第四一条）、行政権は内閣に（憲法第六五条）、司法権は裁判所に（憲法第七六条）属するとされ、それぞれの機関が独立にその権限を行使し、相互に牽制し合うように組み立てられています。これを「三権分立」と教科書では教えています。三権の中でも、国会は「国権の最高機関であって、国の唯一の立法機関」とされています。

しかし、実際には、立法の最重要部分である法律案の多くは、行政官庁が立案し、内閣法制局の審査を経て、内閣が法案を閣議決定し、国会の審議に供しています。内閣の議案提出権は、憲法第七二条で定められ、内閣法第五条でも規定しています。

成立した法律は官報に掲載されます。多くの国民は官報を見ることはありませんが、「法の不知はこれを許さず」（ignorance of the law is no defense）で、官報掲載により全国民が法律の存在を知るという擬制、フィクションが成立し、この擬制に基づいて法律が執行されます。この趣旨は、刑法第三八条第三項で「法律を知らなかったとしても、そのことによって、罪を犯す意思がなかったとすることはできない。ただし、情状により、その刑を減軽することができる。」という規定にも表れています。

三権分立の理由

権力を行使する機関を、立法機関・司法機関・行政機関に分け、相互に牽制関係におき、権力の集中を避ける三権分立の仕組みは、独裁的権力をもつ絶対的な王権に対する民主的統制手段として制度化されてきました。日本では、「三権分立」の制度は、国においては憲法及び法律に、地方自治体においては地方自治法等の実定法に定められています。

「三権分立」は、あくまでも「統治機構」の仕組みです。立法機関・司法機関・行政機関などの権力機構を誰が運営するかは、国民が「選挙」を通じて選びます。

日本では、国政を担当する行政機関である内閣の長である内閣総理大臣は「国会議員の中から国会の議決で、これを指名する。」、立法を担当する両議院は「全国民を代表する選挙された議員でこれを組織する。」とされています。選挙は、公職選挙法に基づき実施されます。

総理大臣の指名に当たっては衆議院の議決が優先するので、衆議院選挙は「政権選択選挙」と呼ばれます。参議院の多数派政党と衆議院の多数派政党とが異なる場合、「ねじれ国会」となります。内閣は、衆議院の多数派から選ばれた内閣総理大臣が組織しますので、内閣と「与党」が多数を占める衆議院と、「野党」が多数を占める参議院が「ねじれ」ていることになります。

「ねじれ」状態の国会では、与党が衆議院の三分の二以上の議席を獲得し、衆議院の参議院に対する優越についての権限を行使できなければ、内閣の政策は進みません。良く言えば与野党の合意を目指す政策決定となり、「国民合意による政治」がなされます。悪く言えば迅速な政策決定が損なわれることになり、「決められない政治」となります。

また、司法機関は、立法機関及び行政機関から独立してその権限を行使するために、裁判官の任命等の人事は最高裁判所が行いますが、その最高裁判所の長官は「天皇は、内閣の指名に基いて、最高裁判所の長たる裁判官を任命する。」（憲法第六条第二項）とされ、「その長たる裁判官以外の裁判官は、内閣でこれを任命する。」（憲法七九条第一項）とされています。民主的統制は、最高裁長官を指名し、その他の最高裁判事を任命する内閣は直接選挙で選ばれた国会議員で構成される国会の議決で指名されること、及び最高裁判所裁判官国民審査（憲法第七九条第二項）によって保障されています。最高裁判所裁判官国民審査の趣旨については、「憲法七九条による最高裁判所裁判官の任命に関する国民審査の制度は、その実質において、いわゆる解職の制度であるが、任命後最初に行なわれる国民審査においては、任命後の解職の可否いかんという形式のもとで、任命についての審査が行なわれるという実質をもち、右審査の制度を解職制度と解したからといつて、なんら最高裁判所の裁判官の任命に国民の意見を反映せしめるという趣旨が失われることにはならない。」（昭和四七年七月二〇日最高裁判所第一小法廷判決）とされています。

政党の役割と議院内閣制・二元代表制

行政権を行使する大統領と、議会をそれぞれ直接選挙によって選ぶ仕組みを「大統領制」、日本の地方自治制度では「二元代表制」と言います。

「大統領制」を採用しているフランスやアメリカでは、統治機構は、「三権分立」に基づいて、大統領権限と議会権限は明確に区別され、大統領と議会との関係も、憲法や法律で定められています。アメリカでもフランスでも、大統領選挙も議会議員選挙も「政党」を介して行われているのが通常で、議院内閣制における と同じように、「大統領与党」、「大統領野党」が強く意識されています。

行政機関と立法機関との間の「ねじれ」は、行政機関の長と議会議員とが独立した選挙によって選ばれる「大統領制」においても生じます。フランスでは、大統領与党の政党と議会の多数派政党が異なる場合、議会多数派から首相を指名することが慣例となっています。これを「コアビタシオン Cohabitation」と呼びます。また、アメリカでも、大統領与党と議会多数派政党が同じ場合の政府を「unified party government　統一政党政治」、異なる場合の政府を「divided party government　分割政党政治」と呼ぶことがあります。

日本は「議院内閣制」を採用していますが、内閣総理大臣の指名では衆議院が優先するため、内閣総理大臣と参議院は一種の疑似的「二元代表制」的な立場に立つと考えることができます。そのように考え、かつて「参議院は良識の府である」として、政党に属さないで選挙を戦った無所属議員によって「緑風会」が結成されたことがあります。

選挙は立法機関や行政機関を平和的に奪取するための政治闘争であって、政党はそのための組織です。政党は、政党が掲げる政策を実現するために必然的に「統一政党政治unified party government」を目指す運動体であり、その組織力は個々バラバラの無所属議員の力を上回る強力なものです。「緑風会」の理念が現実政治で意味を持つには「緑風会が参議院の多数派であること」が条件となりますが、「統一政党政治unified party government」の実現を目指す「政党」の伸長により、「緑風会」は消滅していきました。国政では、さらに選挙制度も「政党中心」の制度へと変化していきました。

ところで、日本では、地方自治制度が二元代表制を採用していることに関連して、「二元代表制においては制度的には与野党関係は発生しない」と主張する理論があります。

では、二元代表制である「大統領制」を採用している国では、議会は大統領と対立しているのでしょうか。フランスやアメリカでは、大統領と議会議員が直接選挙で選ばれる「二元代表制」を採用していますが、これを根拠として、「二元代表制においては制度的には与野党関係は発生しない」など主張する人は皆無です。日本の地方自治制度における二元代表制論が、現実の政治状況を踏まえないフィクションにすぎないことは明白です。

2　政党政治における「党高政低」と「政高党低」

政党

選挙で重要な役割を果たすのが、「政党」です。

政党については、「会社法」のような「政党法」はありません。政治権力を奪取する戦いをする組織に対して、法律で、政党の意思決定のための組織を決めたり、役員は選挙で選ぶべきという規定を置いたり、党員の権利を定めたり、政党の会議の議事録は公開すべきだというようなことはしていません。

公職選挙法第八六条では、「政党」の要件を、国会議員が五人以上いること、または前回の衆院選または参院選で有効投票の二％以上を得ていることのどちらかを満たすことと規定しています。また、政党助成法では、政党要件について、得票率の対象となる参院選を前々回のものも含むなど公職選挙法と異なる定義をしています。政党交付金を受けることができる政党は、政党法人格付与法（「政党交付金の交付を受ける政党等に対する法人格の付与に関する法律」）によって、法人格が付与されます。

このように、現在の法制度では、「政党」は国政選挙に着目して規定されており、国政選挙を行う政治集団だけが「政党」と規定されているのが実情です。他方、地方選挙に着目した「政党」要件はありません。地方選挙だけに候補者を出している集団は、政治資金規正法の規制を受ける「政治団体」として法律に規定されています。

有権者に対する政党の約束の実現

政党にとって、「政策は商品」、「投票呼びかけは営業」、「政策の実現は実績」です。選挙の際、政党は有権者に売り込みをかけます。政党は、同業他社（他の政党）に勝ち抜く良い商品と優れた営業活動の両方がなければ、選挙に勝ち抜けません。マーケティング的に言えば、政党政治においては、「政党の政策であるマニフェスト」は、「有権者である顧客」に対する商品リストであり、投票行動を通じて商品を購入していただくことによって議会の多数派を獲得し、「政策を実現」して「顧客満足度」を高めていくのです。

議員が有権者に対する責任を果たすには、良い政策づくりが大切であることは言うまでもありません。「マニフェスト」は、政党間競争を「政策競争」とすることを目指して奨励されるようになりました。しかし、現実の選挙では、「政策で議員を選ぶ」よりも、「候補者が有名だ」とか、「地元の頼みごとを聞いてくれた」とか、読むのに時間がかかる「マニフェスト」を見ることなく、投票する有権者も多いのです。これは、「読売と名が付けば白紙でも売ってみせる」という、「紙面の良し悪し」よりも「販売力」が読者の新聞購読選択の決め手であるというのに似ています。

ですから、現状では、選挙に勝ち抜いて政策を実現するには、選挙で政策を唱えるだけでは決定的に不十分です。レストランで言えば、良い料理のアイデアや料理を作る腕があるだけでは決定的に不十分で、客に料理を食べてもらうための営業活動が不可欠です。営業活動を怠って、「うちの料理はおいしいのに客が来ないのは、客が悪いのだ」というレストランは、客の支持を得られず、早晩つぶれてしまいます。

政党の有権者への責任とは、政策を実現する手段を含めた政策を練り上げ（商品開発）、議会の過半数の賛成を得て（議会内での営業）、政策を実現し（実績）、さらに、政策の執行過程を監視し、適正な執行を確保（商品のアフターケア）することです。

政策の実現は、議会での「過半数の賛成」が必要です。政党に属さず、あるいは少数会派で、自分が主張したいことを言っていれば議員個人にとっては満足でしょう。しかし、議会の多数派を形成する努力を放棄していては、有権者に説いた政策は実現できず、自らの主張を聴衆に聞いてほしいという「弁論大会」にとどまってしまいます。世の中を変えることはできません。

有権者が望む政策もさまざまですが、政策を実現して世の中を変えていくためには、「議会での過半数」が必要です。そのために政党が存在します。そして、議会での多数派形成のためには、政党には「相手を打ち負かす技術」だけでなく、合意を得るための「妥協の技術」も必要です。

これは多国間の国際交渉では顕著です。それぞれの国は不満であれば条約に参加しませんから、多くの国の参加を得て国際条約を成立させるには、ディベートで勝つだけでは不十分であって、各国が許容できる幅を探り、各国が賛成できるような合意案を作る「妥協の技術」が不可欠なのです。「妥協しないで頑張れ」という人もいますが、現実の政治においては「妥協」は決して信念の放棄ではなく、世の中を変えていく「技術」なのです。

政党政治と「党高政低」

日本国憲法は、行政権力の争奪を「選挙」という平和的手段で行うこととしています。衆議院選挙によって衆議院の多数派となった政党または政党の連合は、内閣総理大臣を指名することができ、内閣に強い影響力を行使できます。他方、指名された内閣総理大臣は、憲法及び国会法などの法令に定められた議会と執行機関の抑制関係の中で仕事をすることになりますが、議会に対する解散権という強力な手段を手に入れます。これが、憲法で定められた国会と内閣との関係です。

この制度の中で、現実の政治において国会議員と内閣総理大臣のどちらが政策決定に力を発揮するのかは、実際の「政治的な力関係」の問題です。

日本では、衆議院選挙の方法として小選挙区制度が導入される前は中選挙区制が採用されており、選挙は事実上政党の中の「派閥」単位によって行われていました。そこで、与党の中の多数派閥が政治の実権を握るという「党高政低」という事態が生じました。

国会を抑えている政党執行部の力が強い場合を「党高政低」(「政府・内閣」よりも「政党・与党」の方

が実権を持っている状態）と呼びます。「党高政低」では、「政党幹部による内閣と国会の一元支配」をすることが可能となります。

「党高政低」の典型例は中選挙区制度の下における「田中派支配」と呼ばれた政治です。政権を獲得するには衆議院議員の過半数が必要、多数派政党の多数を獲得するには政党の過半数が必要、すなわち、四分の一プラス一人の衆議院議員によって権力を獲得できる計算になります。まさに、「政治は力、力は数」です。「党高政低」の傾向は民主党政権における小沢一郎幹事長への権限集中についても見られ、「田中派支配」だけでのことではありません。

「党高政低」の最大の問題は、政党幹部の行動が民主的統制の下におかれず、説明責任も負わないことにあります。議院内閣制の下では、憲法の規定により国会と内閣は分立してそれぞれの役割を果たすこととなっています。しかし、「党高政低」では、内閣総理大臣や大臣の権限をないがしろにして、政党の有力国会議員が、事実上、政策や個々の行政上の決定をすることが起こりえます。与党の有力国会議員による行政権への介入であり、有力国会議員への「権力の集中」です。

「党高政低」の弊害は、内閣の指揮監督下にある官僚組織に対して、与党の有力国会議員が実質的な指示を与えるということにも表れます。もともと、議院内閣制では予算や法律を国会に提出する前に与党の事前審査が慣例的に行われていますが、それを越えて、官僚が与党有力議員のところに相談に行き、指示を仰ぐことが常態化するのです。

日本と同じく議院内閣制を採用しているイギリスでは、政治家と官僚の接触を原則的に禁止しています。日本では、政官の接触禁止ではなく、国家公務員改革の一環として、国家公務員制度改革基本法第五条第三項第一号で、「職員が国会議員と接触した場合における当該接触に関する記録の作成、保存その他の管理をし、及びその情報を適切に公開するために必要な措置を講ずるものとすること」とし、政治家と国家公務員の接触を透明化するための「政官接触規定」を設け、国会議員（政治家）と内閣の指揮下にある国家公務員（官僚）との関係に、「けじめ」をつけることとしました。

刑法は、内閣・国会での活動によって権力が行使されることを想定し、公的な職務に着目して汚職の罪を定めていましたが、党務は汚職の罪の埒外でした。そこで「公職にある者等のあっせん行為による利得等の処罰に関する法律」が制定されました。

議会と内閣のけじめは犯罪にならなければ良いというものではなく、次のような閣僚懇談会申し合わせが行われています。

〇「政・官の在り方」（平成二四年一二月二六日　閣僚懇談会申合せ）

〔一〕「官」は、国会議員又はその秘書から、個別の行政執行（不利益処分、補助金交付決定、許認可、契約等）に関する要請、働きかけがあって、政府の方針と著しく異なる等のため、施策の推進における公正中立性が確保されないおそれがあり、対応が極めて困難なものについては、大臣等に報告するものとする。報告を受けた大臣等は、要請、働きかけを行った国会議員に対し、内容の確認を行うとともに、政・官の関係について適正を確保するなど、自らの責任で、適切に対処する。

〔二〕国家公務員制度改革基本法及び公文書等の管理に関する法律等に基づき、「官」が「政」と接触した場合における記録の作成、保存その他の管理及びその情報の適切な公開について、大臣等の指揮監督の下に適切に対処する。
〔三〕法律案の作成等、政策立案の過程において、大臣等以外の「政」から「官」への具体的な要請、働きかけがあった場合は、大臣等へ報告する。「官」から大臣等以外の「政」への働きかけは、大臣等の指揮監督下にあって、その示した方針に沿ってこれを行わなければならない。
〔四〕「官」は、大臣等に報告すべき情報を秘匿したり偏った情報提供を行うことのないよう、報告責任を全うし、国家公務員法の精神に則り、国民全体の奉仕者として、「基本認識」で明らかにした「官」の役割を誠実に果たすものとする。
〔五〕「官」は、上記〔一〕により大臣等に報告するものについては、日時・経過、内容等、当該案件の処理経過を記録し、大臣等の確認を経た上で保存する。この場合及び上記〔三〕で記録を保存する場合、記録の正確性を十分確保することとし、詳細な発言内容を保存する場合には、必要に応じ改めて本人の確認を求める。
〔六〕府省の見解を表明する記者会見は、大臣等の「政」が行う。また、専門性その他の状況に応じ、大臣等が適切と判断した場合は、「官」が行う。
〔七〕各府省幹部は、政・官関係の不適切な問題が生じないよう、部下を指導監督する。また、必要に応じて、大臣等と解決に向けた協議を行う。一府省の問題といえども問題の性質によっては、内閣として対応する。

政党政治と「政高党低」

小選挙区制の下で、派閥の領袖と政党の長との力関係は、資金面でも選挙面でも大きく変化しました。

小選挙区には一人しか公認候補をたてられないので、「公認権」を持つ政党執行部に権限が集中します。また、資金的にも、「政党交付金」は「政党」に交付され、その管理と処分権は政党執行部が握っていますから、資金的にも派閥より政党執行部が優位に立ちます。

これを背景に、政党の長である内閣総理大臣は、政党に対しても強力な権限を持ち、内閣総理大臣が組織する「政府」が、政党の力を凌駕する事態が生じます。内閣総理大臣が直接指揮する官邸が与党を通じて国会審議をリードする、「政府」が「政党・与党」より強い「政高党低」、すなわち、強い内閣総理大臣の登場です。

政党のトップでもある内閣総理大臣が政党内でも強い力を発揮できる場合を「政高党低」（政府が与党よりも強力なリーダーシップを発揮する）と呼び、「内閣総理大臣による内閣と国会の一元支配」が可能となります。

「政高党低」の典型例は、政党間の選挙を促進する小選挙区制度などの選挙制度が定着して党総裁に資金と政党候補者の公認権が集中している現在の「安倍政治」です。これは、かつて中曽根康弘元総理が目指した「大統領的首相」よりも強力なもので、総理がリーダーシップをいかんなく発揮できる態勢です。

「政高党低」の最大の問題は、多くの独裁政権の落とし穴と同じです。強力な政治権力を持つ総理大臣への「忖度」が政党内でもはびこり、「総理への忠誠心アピール合戦」に陥ります。かつて、ロシアが京都議定書を批准するかどうかが、国際社会で大きな関心事項となったことがあります。その際、プーチン大統領の意向は「こうだ」とか、「ああだ」とかいうロシア政府の高官の話が流布しました。自分がプーチン大統領に一番近く、大統領の声を反映しているのだという大統領側近のアピール合戦なのですが、プーチン大統領自身の発言を聞いた人はいませんでした。一人に権力が集中している場合には、民主主義政治でも独裁政治でも、同じ現象が起きるのです。

「政高党低」では、総理のリーダーシップが強いだけに多様な意見が反映できず、政策が一本調子になりがちです。その政策がうまくいかなかった場合の国民の悲劇も極めて大きくなります。

日本国憲法と「政高党低」・「党高政低」

内閣と政党の間の権力の所在については、典型的例としての「政高党低」と「党高政低」があります。実際には、両極端の典型例になって権力が一人の内閣総理大臣や一人の政党有力議員に集中することはそれほどなく、役割分担をしながら協調して進めていくことが通例です。

「政高党低」と「党高政低」を日本国憲法の視点から見れば、「行政権は、内閣に属する」（第六五条）と明記されていますから、「党高政低」の権力形態において有力議員が、まして「田中派支配」のように自民党から離れたにもかかわらず自民党も政府も従えるというのは、憲法秩序に反する状態です。憲法の権限規定は、責任の所在も示しており、国家権力を動かす国家公務員に対しては汚職の罪など「身分犯」としての罪を設けていますが、政党の有力者というだけでは汚職の罪の適用がありません。新設された「あっせん利得罪」はその法的空白を埋めようとするものですが、それで憲法秩序が守られるというものではありません。

政治家と官僚の関係は協力し合う関係であって上司と部下の関係ではありません。日本国憲法の下では、官僚は行政権が属する内閣の指揮命令を受けて仕事をするのです。内閣と政党の関係は、政治家の間の政治的調整にとどまるものであって、それに官僚が巻き込まれてはなりません。これは、政権交代があった時の官僚の仕事についても同じであり、国民が選んだ政権の政策が官僚組織や官僚個人の意に沿わないものであっても、国民が選択した政権の政策を実行するのが官僚の仕事です。

3　政治家主導の政治と官僚主導の政治

合法的支配と官僚組織

マックス・ウェーバーは、「合法的支配のもっとも純粋な類型は、官僚制的行政幹部による支配である。」とし、かつ、「政治家」の最も手ごわい競争者は「官僚」であると喝破しています。そして、政治家間の争いと官僚制の関係については、「官僚制的装置は、権力を獲得した革命のためにも、占領敵軍のためにも、従来の合法的政府に対すると同様に、通常はそのまま機能し続けるものである。問題はいつも、現存の官僚制的装置を支配するのは誰かということなのである。」と述べています。

マックス・ウェーバーの分析のように、ＧＨＱ（連合国軍最高司令官総司令部 General Headquarters, the Supreme Commander for the Allied Powers）は、日本の官僚制を温存し、第二次世界大戦で敗北した日本の統治に活用しました。主が変わっても、官僚制は機能するのです。

現在の日本においては、国家を動かしている国家行政組織、すなわち各省庁をどの政党が掌握するかを選挙で争うことになっており、これが「政権選択選挙」と言われている衆議院選挙です。地方自治体においては、誰が都道府県庁や市役所、町村役場という行政組織の長となるのかを争う「首長選挙」ということになります。

政治家と全体の奉仕者

日本国憲法第一五条は、「すべて公務員は、全体の奉仕者であつて、一部の奉仕者ではない。」と規定しています。この「公務員」には国会議員も入っていますが、与野党が激しく争う選挙戦を勝ち抜いて政権を獲得した政党の政策は、国民全体への奉仕者というよりは、与党に投票した一部の人々に対する奉仕者になっているのではないか。こういう疑問も生まれます。

政党は、イギリスで議会制民主主義制度が生まれたときから大きな役割を果たしています。これは日本でも同じです。政党は、選挙において他の政党と争い、議会における多数の議席を獲得することを目的としていますから、競争相手である他党との違いを明らかにして、有権者にアピールすることになります。また、それぞれの党の支持者も、互いに争うことになります。よって、選挙の結果生じる多数派の利益と少数派の利益の間には、大きな溝や差異が生じるのも現実です。

議会の多数を制し、政権を獲得した政党は、公約を実現することが有権者との約束ですから、そのための法律を立案し、予算を編成し、成立させて、執行します。それが民主主義のルールです。野党に投票した有権者は、次の選挙の機会までの間は、内閣とは異なる意見が国民の間に存在することを訴え続けることによって、少しでも政策に影響力を与えようと活動することになります。

日本国憲法に規定する「国民全体への奉仕者」というのは、選挙で多数を得た政党の政策を執行することが「国民の意思」であるという擬制の下に、その執行過程においては、政権政党支持者と反対者を区別することなく法の下の平等原則に従って執行するということであると、一応考えることができます。しかし、政党間の争いが激しくなり、政権を取った政党が反対政党の政策を排除する政策を講じるようになると、政権が講じる政策と「全体の奉仕者」との乖離が大きく感じられることになります。

官僚と全体の奉仕者

官僚は、選挙によって選ばれるのではなく、選抜試験を受けて職につきます。その試験問題の作成から実施、合否の決定、さらに採用も、事実上、官僚組織の中で完結します。

国家公務員一般職にとって「全体への奉仕者」とは、選挙で多数を得た政党の政策の実現が「国民の意思」であるという擬制の下に、その政策の実現に努め、制定された法律や政策の実施に際しては、政権政党支持者と反対者を区別せず、法の下の平等の原則に従って執行することと、整理できます。

いわゆる「五五年体制」といわれた自民党の長期安定政権下では、自民党は対立しているように見えた社会党の社会民主主義的な政策を実現してきました。アメリカでは大議論になっている国民皆保険の健康保険制度や国民皆年金の年金制度が自民党政権により実現されたのは、その顕著な例です。また、国会審議においても、与党対野党の時間配分を四対六や三対七にするなどの野党への配慮をしていました。「五五年体制」の下では、自民党政権の政策は野党にも配慮されたものであり、このような状況下では官僚としても「全体の奉仕者」であることに大きな違和感はありませんでした。

官僚の規律と全体の奉仕者

公務員は全体の奉仕者です。日本国憲法は、国民が等しく享受すべき基本的人権を掲げており、公務員はその実現に努めなければなりません。例えば、憲法第一一条は「国民は、すべての基本的人権の享有を妨げられない。」、第一四条は「すべて国民は、法の下に平等であつて、人種、信条、性別、社会的身分又は門地により、政治的、経済的又は社会的関係において、差別されない。」と定めており、公務員は公務の執行に当たって差別的取り扱いをしてはなりません。

公務員の行動も、法律に明確な根拠のない「行政指導」などへの規制が意識されるようになり、規律されてきました。

その主なものとして、恣意的な行政手続を行うことを戒める平成五年の「行政手続法」、「李下に冠を正さず」として国家公務員の公正さを担保する平成一一年の「国家公務員倫理法」、公務員の天下りを規制する平成一九年の「国家公務員法」の改正、情報を独占して国民に開示しないことを戒める平成一一年の「行政情報公開法」、それに、行政等の活動や歴史的事実の記録である公文書等を、健全な民主主義の根幹を支える国民共有の知的資源として国民が活用できるようにする平成二一年の「公文書管理法」などがあります。

政治家と官僚の関係

政治家と官僚の関係について、マックス・ウェーバーの著作『職業としての政治』と後藤田正晴の著作『政と官』から、いくつか紹介します。これらは、今日においても、政と官の関係を考える指針となっています。

まず、古典的な整理としてマックス・ウェーバーの『職業としての政治』は次のように述べています。

○官僚について

「官吏にとっては、自分の上級官庁が（自分の意見具申にもかかわらず）自分には間違っていると思われる命令に固執する場合、それを命令者の責任において誠実かつ正確に（あたかもそれが彼自身の信念に合致しているかのように）執行できることが名誉である。」、「このような最高の意味における倫理的規律と自己否定がなければ、全機構が崩壊してしまうであろう。」、「官吏として倫理的に極めて優れた人間は、政治家に向かない人間、特に政治的な意味では無責任な人間であり、この政治的無責任という意味では道徳的に劣った政治家である。これが『官僚政治』と呼ばれているものである。」

○政治家について

「政治指導者、したがって国政指導者の名誉は、自分の行為の責任を自分一人で負うところにあり、この責任を拒否したり転嫁したりすることはできないし、また許されない。」、「政治家にとっては、情熱、責任感、判断力の三つの資質が特に重要である。燃える情熱と冷静な判断力の二つを、どうしたら一つの魂の中でしっかりと結び付けることができるか、これこそ問題である。政治は頭脳で行うもので、身体や精神の他の部分で行うものではない。」

また、内務省・警察庁官僚として官房副長官を、政治家として官房長官を歴任した後藤田正晴は、その実務の経験も踏まえて、著書『政と官』で、次のように述べています。

○官僚について

「役人は、どんなに矛盾を感じても、法が存在し、それを施行することが役割である以上、役人を続ける限り、忠実に実行するほかない。できなければ、役人をやめるべきだ。」、「もし、時の政府の方針と自分の考えが異なっていたらどうするか。その時は、改正を要求すれば良い。それが通らなければ身を引くか、あるいは考えを変えるか、ということになる。」

○政治家について

「政治家が守るべきことの最大の原則は、自分の信念は、どんなことがあっても最後まで死守することである。」、「政治の原則は、本来、負け戦をしてはいけない。政治は美学ではない。徹頭徹尾、実学である。たとえ負け戦をやる場合でも、先行き復活の可能性があるときに限る。政治とは、あくまで現実なのである。ロマンの世界ではない。」

○政治家と官僚の関係について

「理想的な姿を描くとすれば、国民の考えを政治家がくみ上げ、それを政策に反映する。役人はでき上がった政策を実行する。それが民主主義の本来の姿である。」、「それができないのは、国民にも役人にも、政治不信が厳然として存在するからだ。」、「役人は国民の奉仕者であるということは、政治が作った法律や政策に忠実であればよい、ということである。それ以上のことを考える必要はない。これからは政権交代が普通のこととなるだろう。そのたびに役人が動揺することはない。」、「役人は、政策立案に必要な資料を揃え、それらの資料を分析し、政策案を策定する。そして内閣はそれらの政策案の中から、与党と相談しながら、どの政策を採用するかを最終的に決定する。役人が大臣に提示する政策を一つに絞って、これしかないと突っ張ることは越権行為である。」、「権力機関が威信にかけてと拳を振り上げた瞬間、情報そのものがゆがめられてしまう。正確な情報の収集と分析は虚心でなければできない。」、「思いあがった役人の中には、政策の中立性を保つために自分たちが政策を作る、などという者がいる。これは行き過ぎた発想である。」、「役人は政治家の部下ではない。役人は行政府のトップである各省大臣に対して責任を負うが、国会議員に対して責任を負っているのではない。政治家と役人に上下関係はないのである。むしろ、役割を分担している。」

官僚が総理大臣や知事の政治的意思決定に対して、面従腹背し、サボタージュをしていたのでは、国や地方自治体は機能しません。したがって、マックス・ウェーバーや後藤田正晴が説くように、役人であれば、自らの信念と異なることであっても、それを遂行しなければなりません。そうでなければ辞職することになります。

しかし、他方で、優秀な官僚の特性が「政治家の意思決定」に対する「没思考性」(thoughtlessness)にあるとすると、政治家の判断が間違っている場合には、国家は全体として大きな誤りをおかすことになります。

ハンナ・アーレントは、ナチ親衛隊のアドルフ・アイヒマンの裁判を通じて、思考することを回避し、自らの判断を通じて他者に関わることをやめた、ごくありふれた人々がナチズムを支えたのだと考えました。そして、彼女は、「考えることをやめる」(stop thinking)から「立ち止まって考える」(stop to think)への移行は、他者とのコミュニケーションの場を設定し、考える場を提供しなければ成立しないと考えたのです。多様な意見の存在と他者とのコミュニケーションの場は、全体主義の状況下だけでなく、大衆社会のコンフォーミズムの下でも、同調圧力が働き、失われます。ハンナ・アーレントの考えを敷衍すれば、「自己否定の美徳」が社会の隅々にまで行き届き、軍隊のような規律によってであれ、コンフォーミズムによってであれ、画一的な社会は、左右を問わず、全体主義を支えることになります。

官僚主導の政治

明治維新により近代官僚制が整えられた時代、公務員は「天皇の官吏」であり、天皇を頂点とする国家のために「滅私奉公」すべき存在でした。

戦後、公務員の位置づけは大きく変わりました。しかし、総力戦のための経済の国家統制を志向した「革新官僚」の時代から、選挙で選ばれる政治家より長期的な視野から国家を考え専門的知識もある官僚が、日本の将来を考えていくべきだと考える官僚も多かったのです。

実際、城山三郎著の『官僚たちの夏』の時代は官僚主導の国家運営がなされ、官僚組織は、霞が関だけでなく、特殊法人、公益法人、業界組織さらに地方自治体にまで現役や退職した官僚のネットワークを形成していました。各省は、「大蔵一家」、「建設一家」とも言うべき相互扶助組織でもあったのです。これは、現在の東京都における「都庁グループ」と同じ種類の組織原理です。

その中から政治家に転身する者もいました。特に、外務省出身の吉田茂首相は、政党政治が軍部に屈して大政翼賛会になって日本を敗戦に導いていったとの思いもあり、公職追放されていた政治家に代わり、戦後初めての衆議院選挙が行われた一九四六年の総選挙に、大量の官僚出身者を政界に送りこみました。いわゆる「吉田学校」です。例を挙げれば、総理となった池田勇人氏、佐藤栄作氏、大平正義氏、派閥の領袖として活躍した前尾茂三郎氏や大蔵大臣を歴任した愛知揆一氏などがいます。

「吉田学校」以外でも官僚出身者が多く、総理大臣になった岸信介氏、福田赳夫氏、中曽根康弘氏らがいます。戦後の自由民主党では、「官僚派」と「党人派」の二つの系統がありましたが、官僚派の総理大臣は大蔵省出身の宮沢喜一氏を最後として出ていません。

戦後の日本は、官僚派が政治の中枢を占め、東西対立の激化の中で自由主義経済圏に身をおき、「軽武装・経済建設」に邁進し、「高度経済成長」や「国土の均衡ある発展」の政策を推進し、世界第二位の経済国家を実現しました。

日本の官僚制度においては、各省庁の官僚の人事権は内閣総理大臣ではなく、各省大臣にあります。官僚が政治家よりも力を持っていた時代においては、官僚の人事は、各省庁において官房長が中心となって官僚ＯＢにも相談して人事案を作成して、事務次官が事実上決定し、大臣の了解を得ていました。大臣は、常日頃接触している官僚が作成した人事案に反対することはありませんし、官僚も大臣の意向がよく分かりますから、人事をめぐって対立することは稀にしかありませんでした。

また、国会答弁も、主として官僚が行っていました。大臣に答弁を求められても。官僚が答弁に立ち、大臣は最後の締めくくりの部分だけを答弁するということもありました。よって、大臣が国会で答弁する能力を試されることもなく、派閥均衡、当選回数による大臣任命も可能となり、官僚制度と自民党の中の官僚的昇進システムの両方が裨益したのです。

この時期は官僚主導の政治が成功を収めた時代であり、官僚機構も肥大化していきました。その慢心が、官官接待やカラ主張、天下りの蔓延を招き、国民の厳しい批判を浴びることになりました。さらに、東西冷戦終結後は、官僚主導の政治は変化に対応できず、戦後の成功物語を引きずりながら、世界の経済成長から取り残されることになったのです。

官僚主導の政治と政治家主導の政治について、田中二郎氏は次のように整理しています。

○田中二郎（『新版　行政法　中巻』（光文堂全訂第二版　一九七六）二二二頁

「公務員が政治上どのような地位を占め、どのような役割を演ずるかは、現実の政治的・経済的・社会的地盤のいかんにより、そこでの政党政治の運営の態様・政治勢力の消長とか、行政需要の量と質及びこれに応ずる専門的・技術的知識の要否等によって、著しく影響される。すなわち、政党の政治支配が徹底している場合には、公務員は、政党の支配下に単に行政の執行を担当する事務的・技術的職員に止まる傾向があるのに対し、政党の政治支配が衰頽するにつれ、公務員が自ら実質的に政治的決定にまで参画する度合いが高まり、時には、政治的指導者の地位を獲得するに至ることがある。官僚政治とか官僚行政というのがこれである。」

政治家主導の政治

官僚主導の人事体系では、内閣総理大臣が内閣として政策を推進する際に、官僚を統制できません。

そこで、強い総理大臣を作りだすために官僚制度が改革されました。それが与野党協力して進めてきた「政治主導」を確保するための政府委員制度の廃止、副大臣・政務官制度の創設であり、「内閣人事局」の創設です。

「内閣人事局」の創設は、制度的に官庁の幹部人事を内閣官房長官が掌握することを意味しました。これにより、課長までは各省大臣の判断で人事を行うことができますが、部長・審議官、局長、事務次官クラスの人事は、官房長官が人事権を握ることになりました。

内閣総理大臣は、幹部職（長官、事務次官若しくは局長若しくは部長の官職、又はこれらに準ずるもの）の官僚について、その「標準職務遂行能力」を有することを確認するための「適格性審査」を公正に行うこととなっています。しかし、権力の集中により、人事が「職務遂行能力」を基準として行われるのではなく、「政権への忠誠度」によって行われることになる危険性は、常にあります。そのような場合、意見の多様性に基づく「自由闊達な議論の場」は失われ、「政権への忖度」や「同調圧力」が働いて、国家公務員は「全体の奉仕者」であるという憲法の要請からの乖離が大きくなり、ハンナ・アーレントの観察によれば、全体主義への道を歩むおそれが現実化することになります。

政策を決定するのは、選挙を経た政治家であり、試験を受けて採用された官僚ではありません。これは、民主主義の厳然たるルールです。官僚制度は、この民主主義をうまく機能させていくために存在します。しかし、同時に「全体の奉仕者」であるという立場を堅持することが大切です。これを現実の行政の中でいかにして実現していくか、官僚にとっても試練の時です。

「不都合は政治家の責任」と「不都合は官僚の責任」

政治においても企業活動においても権限と責任は一致すべきですが、実質的な権限の所在と制度的な権限の所在が一致するとは限りません。

官僚主導が徹底した政治においては、政策決定において政治家は制度上権限を有していますが、事実上の決定権は官僚が持つという構造になります。不祥事など不都合な事態が起きた場合、官僚は制度的な責任者である政治家の影に隠れ、その責任は政治家である大臣、地方自治体であれば首長に負わせることが起きます。もちろん、官僚も、その責任の一端を引き受け、懲戒処分やメディアからの批判を受けますが、人事の実権は官僚組織にありますから、破廉恥罪でない限り、官僚は世間が忘れた頃には人事的に「復活」したり、「生活の面倒を見る」処遇がなされます。

政治主導が徹底した政治では、政策決定の事実上の権限も制度的な権限も政治家が有する構造になります。意思決定の所在と責任の所在が一致している状態なのですから、この構造の中での不祥事などの不都合な事態の責任は政治家が負うべきです。これが、マックス・ウェーバーや後藤田正晴が述べる「政と官」の正しい関係です。しかし、政治家の力が極めて強い場合、政治家は自らを責任体系の埒外に置きたがります。その結果、不祥事などの不都合な事態の責任は官僚にありとして、官僚に責任を取らせて一件落着という処理をすることがあります。俗に言う「トカゲのしっぽ切り」で、意思決定権限を有する本体である政治家を守るのです。

国では政治主導が徹底した態勢が進んでおり、地方自治体のほとんどは官僚主導が徹底した態勢のままです。よって、「国では不都合な事態の責任はすべて官僚の責任」、「地方自治体では不都合な事態の責任はすべて首長の責任」ということになりがちです。

政官財の談合政治

政治家と官僚は、対立する関係にあるわけではありません。政治家も官僚も統治機構のメンバーですから、統治される企業や個人の有力者と組んで、ともに「エスタブリッシュメント」（社会的に確立した体制・制度を代表する「支配階級」）を形成します。大企業や業界団体、大きな労働組合は、選挙の際の候補者や資金・票を提供できますから、「エスタブリッシュメント」のメンバーです。

日本では、「政官財のトライアングル」と呼ばれる癒着構造が問題視されます。これは、「政治家は人事権や政策決定権を武器に官僚に対して強く、官僚は政策や規制の執行権限を武器に企業に対して強く、企業は資金と選挙の票の提供を武器に政治家に対して強い」という、じゃんけんの「グー・チョキ・パー」関係とも言われます。他方で、「政治家は官僚から政策実現の手柄と実績を得、官僚は天下りによる生活保障を得、企業は政治家の口利きにより規制への手心や企業に有利な政策の実現を得る」という利益関係にあります。

さらに、これにアカデミックな世界における学識者の「御用学者化」とマスメディアの政府への忖度が進むと、「政官財学メディアのペンタゴン」ができ、大政翼賛会化が進みます。

政治改革や行政改革は、これらの「エスタブリッシュメント」による政治の「私物化」を防止し、民主主義を実現するための改革という目的をもっていたはずでしたが、その趣旨が生かされているかどうか、不断の検証が必要です。

審議会の改革

行政は、政策形成過程で審議会を多用しています。審議会は第三者や専門的な意見を聞くためのものですが、委員の人選、運営そして答申まで事務局である行政庁が全て仕切っていました。このため、「審議会は行政の隠れ蓑である」という批判が強くなされ、審議会の委員には官僚経験者や議員を入れない原則を定めるなどの改革が行われました。

審議会を官僚のコントロールから自由にするために官僚ＯＢは委員としないことにしました。また、国会議員は国会で審議の機会があり、地方議員は地方議会や国への要望書の提出などにより直接意思決定者に働きかける機会があり、また、「行政への民意の反映」あるいは「有識者等の高度かつ専門的な意見等を聴く」という審議会の趣旨から、直接民意を反映できる当事者や有識者を審議会委員とし、議員は審議会委員から外しました。審議会の答申作成に当たっては、多様な民意を反映することにより審議を尽くしても見解が分かれることがありますから、その場合は意見を並記するように明記しています。

なお、審議会のほか、民意の行政への反映の方法としては、行政手続法で規定されているパブリックコメントの制度もあります。

審議会等の整理合理化に関する基本的計画（平成一一年四月二七日閣議決定）
○別紙２　審議会等の組織に関する指針
委員等については、行政への民意の反映等の観点から、原則として民間有識者から選ぶものとする。
国会議員、国務大臣、国の行政機関職員、地方公共団体又は地方議会の代表等は、当該審議会等の不可欠の構成要素である場合を除き委員等としないものとする。なお、国の行政機関職員、地方公共団体又は地方議会の代表等である者を、属人的な専門的知識及び経験に着目して委員などとすることは排除しないものとする

○別紙3　審議会等の運営に関する指針

2　委員の選任

府省出身者の委員への任命は、厳に抑制する。特に審議会等の所管府省出身者は、当該審議会等の不可欠の構成要素である場合、又は属人的な専門的知識経験から必要な場合を除き、委員に選任しない。

委員に占める女性の比率を府省編成時からおよそ一〇年以内に三〇％に高めるよう努める。

3　議事

基本的な政策を審議する審議会等は、有識者等の高度かつ専門的な意見等を聴くため設置されるものであり、行政府としての最終的な政策決定は内閣又は国務大臣の責任で行うものであることを踏まえ、審議及び答申を行うに際しては、次の点に留意するものとする。

①諮問権者は諮問に当たっては、諮問事項に応じて、検討が必要な項目、問題点等をあわせ示すことにより、効率的な審議が行えるようにするとともに、諮問事項の内容により、必要に応じて、答申期限を設けることとし、審議会等はその期限内に答申を行うよう努めるものとする。

②審議状況は適時諮問権者に報告することとし、必要に応じて、諮問権者は自らの意見を審議会等に述べることとする。

③審議を尽くした上でなお委員の間において見解の分かれる事項については、全委員の一致した結論

をあえて得る必要はなく、例えば複数の意見を並記するなど、審議の結果として委員の多様な意見が反映された答申とする。

4　公共哲学と人の命を大切にする国家統治

公共哲学としての「最大多数の最大幸福」

民主主義は手続の正統性を付与しますが、結果の妥当性は保障しません。そこで、どのような社会を民主主義の手続の下で形成していくのか、様々な考え方が示されています。

その中で最もポピュラーなものが、ベンサムの「最大多数の最大幸福」という考えです。これは個人の幸福の総計が社会全体の幸福であり、社会全体の幸福を最大化すべきであるという考え方であり、多数決による意思決定を行う「民主主義」と親和性があります。

しかし、ベンサムの功利主義に対しては、最大多数の最大幸福を判断するのは、実際には政府であり、少数の人々を切り捨てる棄民思想を含んでいるとして、「エリート統治のイデオロギー（Government house utilitarianism）」との批判もあります。これに対して、ベンサムの功利主義は、「多数者の利益のために少数者を犠牲にすることを支持しない」と、修正する見解もあります。

格差への関心を示すロールズの考え

日本国憲法は、第二五条で「すべて国民は、健康で文化的な最低限度の生活を営む権利を有する。」と規定しています。

しかし、ロールズは、このような「福祉国家資本主義」はアンダークラス（下層階級）の出現を防ぐことはできず、アンダークラスの人々は、生きる展望を失い、制度に対して背を向ける傾向にあるとして、社会の諸制度が、人々の自立した生活を公私において支え、誇りや自尊心をもって、社会的協同の枠組みの中に生きることを可能にする仕方で働くことが大切であると述べ、貧しい人々に着目します。そして、結果としてもたらされる貧困に対して「セイフティネット」を張ることよりも、社会の不平等を無くし、貧困の固定化・再生産につながる出発点における不平等を無くすための政策により多くの力を注ぐべきであると説きます。

ここでは、代表的な考えを紹介したにすぎませんが、『公共哲学』という読みやすい放送大学大学院文化科学研究科の教科書が出版されており、政治家や国家公務員のように国の方向を決めていく職業につく人々には、これを導入として更に造詣を深めていってほしいと考えます。その際には、古典となっているハンス・ケルゼンの『デモクラシーの本質と価値』（岩波文庫）なども有益です。

政治家も官僚も、アカデミックな議論を理解する力、それを踏まえて政策を形成していく力、さらに国民とのフィードバックの中で政策をブラッシュアップしていく柔軟なコミュニケーションの力が必要です。公共哲学は、政策を考える際の基礎を提供してくれます。

環境か経済か

国が政策の決定を行うときには、「多数者の利益のために少数者を犠牲にする政策」を選択することがあります。

その一つの例として、環境と経済の関係で、貧困からの脱出という経済発展段階では、「まず経済発展、その後に公害防止と環境保全」という経済優先政策が採られます。良心的に言えば、「国民が貧しい時代には、経済活動によってもたらされた環境汚染によって病気になり、死んでいく人たちが出ても、しかたがない。貧しいと、貧困ゆえの餓死者、栄養不足、公衆衛生の不備による感染症などで命を落とす人が多数出る。よって、公害による死者が出ても、国民全体としては死者のリスクが少ない。」という政策です。

環境と経済の関係は、過去のことではなく、現在も大きな政策課題です。

一九七二年にストックホルムで開催された国連人間環境会議では、環境汚染対策を主張する先進国と工業化による経済発展の権利を主張する途上国が対立しました。開発途上国からは、先進国が環境問題を口実に途上国の経済発展を抑え込もうとする意図だとして「We want pollution」という発言もありました。一九九二年のリオデジャネイロで開催された地球サミットでは、持続可能な発展（Sustainable Development）の概念を共通認識とし、二〇〇二年のヨハネスブルグサミットでは、環境・開発・社会の三要素が議論されて、先進国と開発途上国との協同歩調を維持する努力がなされています。しかし、新興経済国や途上国では、現在も深刻な環境問題が生じています。

人の命を固有名詞で語るか、数字で語るか

日本が「戦後復興」を成し遂げ、「経済成長」に入ろうとする時代、昭和三〇年代前半には、日本政府は水俣病の発生、拡大を防止する政策を講じませんでした。明確に「経済優先の政策」を採用したのです。「環境か経済か」というアジェンダは、「人が死んでも経済を優先して良いのか」というアジェンダです。本当に「人が死んでも経済を優先すべき」なのでしょうか。

公害では、政策決定者は絶えず安全地帯にいて、被害を数字で考えます。チッソ水俣工場の幹部や家族は水俣湾の魚を食べないし、四日市の工場幹部の家族は煤煙にさらされる地域には住みません。工場長の妻が、自分の子どもが喘息になっても会社のために工場を動かしてくれとは言わないでしょう。死んだり健康を害したりするのは、自分や自分の家族ではなく、他人なのです。ですから、政策決定者や企業幹部にとっては、「誰が死んだ」のではなく、「何人死んだ」ということになるのです。

水俣病について、チッソ社長と川本輝夫氏との自主交渉の模様を記録した映画があります。その中で、川本輝夫氏は「どこどこのだれだれ」と固有名詞を上げて社長に語りかけます。チッソの社長は何人も補償することになれば会社が立ち行かなくなると「人数と補償金の数字」で答えています。これが、「環境か経済か」というアジェンダの現実を象徴しています。

同様のことは、戦争でも起こります。戦争を指導する人はわが方の被害は戦死者何人と考えるのに対し、兵士の家族は「お父さんが死んだ、お兄さんが死んだ」というように考えます。

命の軽重・命の値段

水俣病発生当時、通産省やチッソ、そして化学工業会は、日本の経済発展と企業の繁栄を「正義」と考えました。その信念に基づき、徹底的に水俣病の原因究明を妨害し、水銀の除去には何の役も立たない公害防止装置を設置し、さらに低額の補償を行って、水俣病患者の運動を抑え込みました。これによって、熊本の水俣病の原因究明や発生拡大は収束させられました。通産省らの収束工作は成功したかに思われましたが、昭和四〇年に新潟県で第二の水俣病が発生したことによって、熊本水俣病は再び世の注目を浴びることになります。

患者の正義は「命の大切さ」です。日本は、かつて徴兵令（後の「兵役法」）の下で、召集令状により兵士を動員し、戦場に送りこんでいました。召集令状の通知の切手代が一銭五厘であったことから、命の値段は「一銭五厘」と言われたこともありました。戦後まもなくは、貧しさによって公衆衛生への配慮も行き届かないために命を無くす人も多く、為政者は水俣病で死んでいく人の命も顧みなかったのかもしれません。人の命が大切であることを表明したのは、一九七七年（昭和五二年）のダッカ日航機ハイジャック事件の際の「一人の命は地球よりも重い」という福田赳夫総理大臣でした。

また、命の軽重という質の問題とは別に、金持ちと貧乏人の命の値段には違いがあります。水俣病の補償交渉では「一律金額での補償」が交渉課題となりましたが、通常の損害賠償請求では逸失利益の計算方法に金額の差が反映されます。

命の問題は、現在も開発途上国での「環境か経済か」という課題に見られます。また、経済政策を人命より優先する政策では、ソ連の新経済政策（ネップ）や中国の大躍進政策や文化大革命の混乱の中で、命を落とした人が膨大な人数に上ったことも記憶されています。

官僚の葛藤・水俣病事件

国家公務員は。官僚制の中で働いています。政治家が政策を決め、官僚はその政策の執行に当たることが職務分担であるとしても、執行する政策と官僚個人の思いに違いがあると葛藤が生じます。その際、その葛藤を解決する方法として、第一に大臣や総理大臣に政策を変えるように提言し政策を変更する、第二に政策が変わらなければ自らを納得させて政策を執行する、第三に政策が変わらない場合は自ら職を辞するということが考えられます。

水俣病については、次のような証言があります。

○「チッソが製造していたアセトアルデヒドの重要さはパルプなどの比ではなく、操業停止など考えられなかった」（秋山武夫通産省軽工業局長・関西訴訟一審証言）

○各省庁奇病対策会議で「とにかく排水を止めて被害を防ぐべきだ、原因はゆっくり調べればよい」と主張すると「工業立国だよ」と言われた（井上和夫水産庁漁業振興課長・熊本三次訴訟証言）

○「ほんとに患者さんがたくさんおられましてね。因果関係はもう明らかなんですよ、はっきり言って。僕はそう思ったんです、個人的に。現に水銀出してるんだから。無機水銀が有機水銀にどう変わったかという学問的なトレースはまだだったろうけど、全く因果関係がないなんてことは言えなかったですよ。」、「経済企画庁への水産庁からの出向者などは排水を止めるべきだという主張をしていた。だが、汲田は、通産省の官房に毎週のように呼び出され、強い指示をうけた。」、「『頑張れ』と言われるんです。『抵抗しろ』と。（排水を）止めたほうがいいんじゃないですかね、なんて言うと『何言ってるんだ。

今止めてみろ。チッソが、これだけの産業が止まったら日本の高度成長はありえない。ストップなんてことにならんようにせい』と厳しくやられたものね」、「廃水が原因だと解っていても止めるわけに行かなかった、確信犯だといわれても謝るしかない」（汲田卓蔵経済企画庁水質調査課長補佐の証言・NHK取材班『戦後50年その時日本は』第三巻『チッソ・水俣・工場技術者たちの告白』）

○年齢を重ねていくにつれ、人は「しかし」という
言葉を自分の中から失っていく。
そして、その言葉を「だけど……」という言い訳の言葉に
変えながら生きていく。
山内はそれが許せなかったのかもしれない。
「しかし」と言えなくなった五三歳の自分を
一五歳の自分によって裁いてしまったのではないか。
もう一度返してくれという山内の叫びは、
自分に向けてのものだったのか。
「だけど」という時代へ向けてのものだったのか。
現実主義の時代の中で、
しかしという言葉が山内の中から消え、
時代からまたひとつ
しかしという言葉が消えた

（『しかし……　ある福祉高級官僚　死への軌跡』（是枝裕和著　あけび書房）。

昭和三〇年代は、城山三郎の小説『官僚たちの夏』に描かれているように、戦争に敗れはしたものの、「天皇の官吏」の時代からの伝統が残り、官僚の信条は「滅私奉公」で、「自分たちが国を支える」という気概が強い時代でした。経済優先の政策は、通産官僚の強い信念に基づくもので、秋山武夫通産省軽工業局長の証言には何らの葛藤は感じられません。同じように、井上和夫水産庁漁業振興課長の職務は漁業の振興ですから、通産省に対して工場排水規制を求めることに何らの葛藤もありません。

ところが、汲田卓蔵経済企画庁水質調査課長補佐の場合は、派遣元である通産省の意向を受けて水俣病の原因をうやむやのままにしておくことが職務でしたが、個人としては水俣病の原因はチッソ水俣工場であることは明白だと考えていましたから、葛藤が生じます。その葛藤の解決のため、通産省に水俣病の原因を明らかにするよう提言しますが、それは受け入れられませんでした。その場合の解決方法は、政策に従って自らの意見を封印することでした。

是枝裕和さんのルポルタージュは、山内豊徳環境庁企画調整局長の自殺についてのものですが、山内さんは、水俣病の国家賠償訴訟で裁判所から勧告されていた和解交渉に応じないという政府の方針と、勧告に応じて和解交渉を進めるべきだとの自らの考えの間に葛藤が生じていました。庁内や大蔵省にも掛け合いますが受け入れられませんでした。政策を受け入れられない場合は、辞職するという方法があったはずですが、自殺ということに至ってしまいました。

水俣病において、官僚は原告団や患者団体と話し合い、交渉をします。その際、原告や患者から「あなた自身はどう思うか」という問いかけをされることがあります。しかし、官僚は個人の思いだけで政策を執行するわけではありません。政策と個人の思いとの間に葛藤がない場合もありますし、葛藤がある場合も、官僚制の中では、政策提言しても政策が変更されない時はその人の中で解決をするしかないのです。

葛藤の原因は、政策かコンプライアンスか

官僚の葛藤は、政策をめぐる葛藤だけではありません。組織内のコンプライアンスをめぐる葛藤もあります。

組織の不正告発は、それが正義の行動でも、身内の利益が優先され、告発者に不利益を強いることがあります。官庁の裏金作り、官官接待、文書改ざんなど告発された事項が官庁自体の不正行為の場合もありますし、水俣病事件、東電柏崎原発事件、沖縄密約事件など告発された事項が、政府が推進している政策に関わる場合もあります。さらに、アメリカでは事例がありますが、大統領やホワイトハウスの犯罪など政権中枢の不正の場合もあります。

「政府も嘘をつく」ということを考えれば、組織内にコンプライアンス違反があった場合も、葛藤を抱くこともあります。法律を作り、法を執行する議員や官僚にとって、自らの組織についての不正を是正することは簡単ではありません。それには、第三者の冷徹な目も必要でしょう。

政党間の争いと「政と官」の関係

民主党政権の崩壊後、野党は分裂し、小選挙区制の下では何度選挙をしても自公が圧勝するという事

態が生じています。二割の得票で八割の議席を得ているのは小選挙区制度の欠陥によるものであり、また、これが自公政権への積極的な支持の表明でないことは、投票率の低下、棄権率の増加に現れています。国民の中には、政治に対する「あきらめ」と「無関心」が広がっているのではないかと危惧します。

他方で、民主党による政権交代を経験した自民党は、二度と野党に転落しないという決意の下で、「悪夢のような民主党政権」などと過去を持ち出して野党攻撃に余念がなく、野党の国会質問の時間配分や政策への寛容な精神を無くしています。また「政高党低」の徹底により自民党内での議論も活性化せず、さらに「内閣人事局」による幹部人事の官邸掌握による官僚の忖度も過度に進んでおり、それにより「全体の奉仕者」が益々フィクションになりつつあります。

後藤田正晴は「これからは政権交代が普通のこととなるだろう。そのたびに役人が動揺することはない。」と述べました。しかし、民主党政権下での外務省は、日米安保体制を脅かしかねない鳩山由紀夫総理の外交政策に対して、総理の意向に反する行動をとり、非協力の姿勢を貫いていました。その他の省庁では、民主党政権下で忠実にその政策を実行しようとした官僚もいました。政権復帰後の自民党にとって、民主党に反対したとは言え、総理の命令に背く官僚組織はいつ何時自民党政権に反対する行動をとるかもしれず放置できない組織であり、また、民主党政権の政策に協力した官僚も許しがたいという感覚を持ったのではないか、そして、それが政権復帰後の安倍政権の厳しい官僚統制と忖度官僚制をうみだしたのではないかと思われます。

これに対して、安倍政権に対する面従腹背やサボタージュは当然であり、正義だという官僚経験者もいます。しかし、これが肯定されるならば、鳩山政権に対する官僚の面従腹背やサボタージュも肯定されることになり、官僚は政治から独立した権力集団となって民主主義の基礎が崩壊します。「造反官僚」が出れば、メディアは面白おかしく記事にできますが、それは官僚制の問題ではなく、官僚の政治的行動であり、「政治」として扱われるべきです。そして、政治の争いは選挙や政党間の論争によって解決されるべきであり、官僚が選挙の結果を覆すことが正当な行動であるとは思いません。

東京都でも、築地市場の豊洲移転問題にかかわっていたときに、東京都の中央卸売市場の責任ある地位にある職員から、「豊洲市場に移転しないことになるなら中央卸売市場の職員全員を替えてほしい」と言われたことがあります。移転するかしないかは知事が決定することですが、都庁官僚として知事の決定と異なる思いを持ち、葛藤を抱えることがあることは想像できます。その場合、地方公務員の地位を保全しつつ、職場を変えてくれと言うのは「甘え」以外の何物でもありません。国ではありえません。その場合の対処の仕方は、知事の決定に従って政策を遂行するか、職を辞するかしかないのです。官僚制は、誰でもその職につけば仕事がこなせるようになっています。職を辞しても代替性が効き、大量の職員が辞めても時間がかかるだけで、組織変更をしながら職務を遂行することができるのです。

他方で、政権による厳しい官僚統制と忖度官僚制が固定されるようになると、官僚になろうとか、官僚を続けようという人も少なくなり、優秀な人材ほど官僚をやめて転職していきます。「霞が関からのエクソダス」です。これは官僚制の弱体化、すなわち、国のシンクタンク機能、企画立案能力や行政執行能力の低下につながり、日本国力の低下をもたらします。政と官の正常な関係の構築は、政治家にとっても官僚にとっても喫緊の課題です。

第四章　地方自治体の政治と官僚組織

1 地方自治体の政治、二元代表制のドグマの克服

地方自治は民主主義の学校か

地方自治については、文部科学省検定済教科書・高等学校公民科用『政治・経済』（第一学習社）に、次のように簡潔に記述されています。

「地方自治は、住民の身近な問題を住民自らの手で解決していく仕組みである。イギリスのプライスは『地方自治は民主主義の学校』といっているが、これはイギリスの民主主義が地方自治の伝統の上に築かれてきたことを表している。

明治憲法下の日本では、急速に国力を増強する必要などから、中央集権的な地方制度が採用された。府県や市町村は、中央官庁を頂点とする行政を全国へ浸透させる組織であって、知事は国の任命する官吏で、市町村長は知事の指揮・監督下におかれていた。

日本国憲法では、明治憲法にはなかった『地方自治』を規定している。地方自治の目標は、地域住民の福祉の実現であり、これを行う機関は地方公共団体である。日本国憲法では『地方公共団体の組織及び運営に関する事項は、地方自治の本旨に基づいて、法律でこれを定める』（第九二条）としている。これを受けて、一九四七年に制定された地方自治法は、団体自治と住民自治の二つの原理を取り入れた。」

住民自治について見ると、統一地方選挙の投票率は長期低落傾向にあり、概ね五〇％の投票率となっています。平成二七年の統一地方選挙では知事選挙は四七・一四％、都道府県議会議員選挙は四五・〇一％、市町村長選挙は五〇・〇二％、市町村議会議員選挙は四七・三三％でした。東京都の投票率は、平成二八年七月の知事選挙は五九・七三％、平成二九年七月の都議会議員選挙は五一・二八％でした。

国政選挙について見ると、平成二九年の衆議院選挙の投票率は五三・六八％、令和元年七月の参議院選挙の選挙区の投票率は四八・八〇％であり、国政も同様の状況になっていることが分かります。

日本の地方自治における二元代表制のドグマ

日本では、地方自治体は「二元代表制」を採用しているから、議会は首長と対峙しなければならないという議論があります。それはどういうことでしょうか。

「二元代表制」論は、地方自治体では地方公共団体の長と議会の議員は住民が直接選挙するとの憲法第九三条第二項の規定を唯一の根拠とし、首長と議会とが相互に牽制し合うことにより、地方自治の適正な運営を期することにあるという考え方です。それ自体は「制度の説明」ですから誤りではありませんが、さらに進んで「二元代表制においては、制度的には与野党関係は発生しません」という「政治論」に踏み込むと現実離れした議論になります。それを明確に述べている三重県議会のホームページの例を挙げます。(http://www.pref.mie.lg.jp/KENGIKAI/07684011827.htm)

「地方自治体では、首長と議会議員をともに住民が直接選挙で選ぶ、という制度をとっています。これを二元代表制と言います。これに対して国では、選挙された議員で組織された国会が指名する内閣総理大臣が内閣を組織し、国会に対して責任を負う、という議院内閣制です。

このような制度の違いから、国では内閣を支持する政党とそうでない政党との間に与野党関係が生まれます。地方議会においても、首長を支持する会派とそうでない会派の間に、疑似的な与野党関係が生まれることがあります。しかし、これは国の議院内閣制の枠組みを、首長選挙の際の支持不支持に当てはめているため起こることです。二元代表制においては、制度的には与野党関係は発生しません。

二元代表制の特徴は、首長、議会がともに住民を代表するところにあります。ともに住民を代表する首長と議会が相互の抑制と均衡によってある種の緊張関係を保ちながら、議会が首長と対等の機関として、その地方自治体の運営の基本的な方針を決定（議決）し、その執行を監視し、また積極的な政策提案を通して政策形成の舞台となることこそ、二元代表制の本来の在り方であるといえます。」

二元代表制という言葉は、「全国民を代表する選挙された議員」（憲法第四三条第一項）で組織された衆議院及び参議院が指名した内閣総理大臣が、国務大臣を任命して内閣を組織するという「議院内閣制」と比較して語られます。議院内閣制では、国民に直接に選挙された国会議員は国民に対して責任を負っていますが、行政権を持つ内閣を組織する内閣総理大臣は国民の直接選挙ではないため、内閣総理大臣が組織する内閣は国会に対して責任を負うという構成になっています。

このような選挙制度の違いのみから、「議会」と「首長」との「制度論」としての牽制関係を「政治論」に踏み込んで展開するのが、日本で唱えられている地方自治体における「二元代表制論」です。

地方自治法に規定された権力分立システム

国の権力機関は、立法を国会が、行政を内閣が、司法を裁判所が担っています。この三権のうち、司法権は国が独占していますが、立法権と行政権は地方自治体も持っています。地方自治体の首長（都道府県知事、区市町村長）と議会との牽制の関係は、国では憲法を頂点とする法体系で明確に定められているように、地方自治法を頂点とする法体系によって明確に定められています。首長も議会もこれらの実定法にしたがって、それぞれの権限を行使し、責任を果たさなければなりません。日本の地方自治を「制度」として具体化しているのは、地方自治法などの法律です。それ以外の法的根拠はありません。

そもそも、「権力機関の分立」とは何でしょうか。参議院の見学ガイド（中学生用）では、次のように述べています。

「近代国家の政治機構は、おおまかにいって、立法府である議会、行政府である内閣、司法府である裁判所の三つに分かれています。そして、互いの抑制と均衡（チェック・アンド・バランス）によって、権力の集中と乱用を防ぎ、国民の権利と自由を保障しようとしているわけです。このように、国家権力である立法権、行政権、司法権の三権をそれぞれ別個の独立機関に専属させる制度を三権分立といいます。」

世界には、議院内閣制や二元代表制（高校教科書は、国レベルでは、議院内閣制と対置して、「大統領制」と呼びます。）を採用する国がありますが、近代国家では「権力の分立」による抑制と均衡（チェック・アンド・バランス）を採用し、それぞれの国で憲法や法律により具体的に規定しています。

「首長と議会の相互の抑制と均衡による緊張関係」は、具体的な法律の規定を離れて導かれるものではありません。国会と内閣の関係は日本国憲法で規定され、地方自治体における首長と議会との関係は地方自治法で詳細かつ具体的に規定されています。よって、首長の行為が「二元代表制を損なう行為」として議会の権限を犯しているかどうかの判断は、首長の行為が「地方自治法上適法かどうか」によって判断されなければなりません。実際に制定されている法律を離れて、空想の世界で判断する事柄ではないのです。

さらに言えば、議会に「与党も野党もない」のか「与党も野党もある」のかは、「政党政治」をどう把握するかなどの政治の現実に関わる「政治論」であって、首長と議員が直接選挙で選ばれるという「制度論」から導かれるものではありません。

大きな地方自治体における与野党対立の「政治」の現実

日本の「二元代表制論」は、「地方自治体では、与野党の対立はなく、首長と議会が相互の抑制と均衡による緊張関係にあるべきだ」と説きますが、実際はどうなっているのでしょうか。

日本の「二元代表制論」では、「首長と地方議会の議員はそれぞれ直接選挙で選ばれている」ことが論の出発点であり、すべてです。この「論」は、具体的な地方自治法などの法律の条文に即した「法律論」ではなく、また、地方自治法を改正すべきだという「立法論」でもありません。

それでは、「政治論」として、妥当性があるでしょうか。

選挙の意義について、総務省は次のように説明しています。

「選挙によって選ばれた代表者は、国民や住民の代表者となります。したがって、その代表者が職務を行うに当たっては、一部の代表としてではなく、すべての国民や住民のために政治を行うことになります。」(「なるほど選挙」http://www.soumu.go.jp/senkyo/senkyo_s/naruhodo/naruhodo01.html)

選挙で選ばれた者を含む公務員は「全体の奉仕者」であることは、憲法第一五条第二項、国家公務員法第九六条、地方公務員法第三〇条に規定されています。

それぞれの候補者は、選挙に当たって実行する約束を掲げます。それは、「公約」と呼ばれたり、「マニフェスト」と呼ばれたりするものです。地方議会の議員は「有権者への約束を果たす」という責務が優先します。決して、首長と対峙することが二元代表制の自明の理ではありません。

例えば、A党の候補者は、税金を下げると約束を掲げ、B党の候補者は税金を上げるという公約を掲げた時、A党候補者に投票する有権者は税金が安くなって暮らしが良くなることを期待し、B党候補者に投票した有権者は税金が高くなり財政が豊かになって公共サービスが向上することを期待していいます。A党候補者が議席の多数を占めた場合もB党候補者が議席の多数を占めた場合も、いずれも「一部の代表としてではなく、すべての国民や住民のために政治を行うこと」にはなりますが、実際には、少数政党の候補者に投票した有権者の期待には添わない結果となります。

選挙の公約やマニフェストは、候補者が有権者に対して行った約束ですから、当選者はその約束を実行する責任を有権者に負っています。もちろん、政治は状況の変化に柔軟に対応しなければなりませんから、その約束を変更することはあります。

地方議会は、条例や予算などを議決する「議決機関」です。議員は議会で議決権を行使するに当たって、有権者に約束した事項に沿って行動する責務があります。首長は、地方自治体の事務を、自らの判断と責任において、誠実に管理し及び執行する「執行機関」です。その政策決定や執行に当たって、有権者に約束した事項に沿って行動する責務があります。

A党の推薦を受けた知事が当選していれば、議会のA党所属の議員は知事と同じ方向での政策実現に邁進することが、有権者に対する責任を果たすことになります。「知事与党」として活動することは当然です。他方、B党に所属する議員は、少しでもB党に投票してくれた議員の要望を実現するために活動し、「知事野党」となります。

そもそも、選挙でA党やB党という異なる政党の候補者として互いに戦って勝ち抜いてきた議員が、議員となった途端に議会の一員だからと言って、A党の議員もB党の議員も一緒になって首長と対峙するなどということがありうるはずがないのです。要は、議員は、有権者に対して責任を負っていますから、議員が有権者に対して約束した内容が首長と同趣旨か異なるかによって、首長の「与党」になるか「野党」になるかが決まるのです。

議会の与党・野党と地方政治

二元代表制（大統領制）を採用しているフランスやアメリカの議会には、与党も野党もあります。日本の地方自治制度について、「制度的には与野党関係は発生しません。」と言い切る人も、大統領制の国の議会に「与野党関係が発生していること」を否定する人はいません。

二元代表制の日本の地方自治体でも、大都市の議会では政党所属の議員が多く、首長に対する与党と野党が現実に存在しています。

議会の多数派と、知事とが同じ政党に属する場合は、議会と執行機関とが同じ方向を向いていますから、有権者への約束である政策が迅速に実現し、地方政治も「安定」します。他方で、議会の多数派と首長とが政党を異にする場合は、「ねじれ現象」が起きて政策が進まない事態が生じます。国政では、野党が強烈に自己主張することで「決められない政治」が生じます。しかし、「ねじれ現象」の下における「決められない政治」は、首長と議会多数派との間で妥協が成立する事項しか政策を進めないという有権者の選択であり、知事の責任でも議会多数派の責任でもありません。

他方、小さな地方自治体では、議会の議員のなり手もいない現実があります。無所属議員が多く、議会で政党による与党と野党の対立という現実も見受けられないところも見られます。このような政治的現実がある場合は、制度論としての「権力分立」に従って、首長と議会がそれぞれの権限に基づきその責任を果たすということに尽きますが、更に言えば、議会の首長に対する牽制機能も発揮していない地方自治体もあるかもしれません。

これらは、議院内閣制を採用しているか、大統領制・二元代表制を採用しているかの違いではなく、政党政治としてどのような状況にあるかという「政治の現実」です。「議会には与党も野党もない」とか、「議会に与党と野党がある」とかいうのは「政治の現実」の問題であって、「かくあるべし」という「政治の理念」の問題ではありません。

2 地方自治体の政治、「党高政低」と「政高党低」

議会のドンによる執行機関と議会の一元的支配・「党高政低」

地方公務員は、首長の指揮命令の下で働く「地方自治法上の補助機関」として位置づけられていますが、地方自治体の官僚も議会対応をしなければなりません。

そこで、地方自治体の官僚にとって、首長が議会多数派と波風を立てないで運営に当たってくれれば、議会対応も楽になりますが、首長と議会多数派の間が対立関係になると苦労します。その場合、人事権を持つとはいえ、短い期間しかいない上司である首長よりも長い間いる議員とうまく歩調を合わせてやっていこうという心理が働きます。

知事・市長などの首長には多選批判がありますから通常、長くて三期一二年くらいですが、議員に対しては多選批判がありませんので、長い議員だと六期二四年、七期二八年、さらに八期三二年という議員も出てきます。地方公務員と議員は長い付き合いになる可能性があり、幹部職員としては議会対応も重要の要素となります。そこで、与党の有力議員と幹部職員の緊密な関係が生まれます。

政党が強い場合の弊害は、国における「党高政低」現象と同じように、有力議員が執行機関の人事や個々の政策立案についても影響力を及ぼすことです。議会の了承を得なければ予算も条例も成立しませんから、政策の立案や決定のプロセスにおいて、地方自治体の官僚が検討した政策を首長よりも先に議会の有力者に相談し、議会側と調整してまとめた案を首長に上げて了承をもらうということが定着してきます。首長に判断を求める案は議会との調整済みの案で、首長は「堀を埋められた形」で了承を求められますから、拒否することもできません。これが、「議会のドンによる議会と執行機関（都道府県庁・市役所など）の二元支配」のメカニズムです。

このような場合は、地方自治法に定める「執行機関と議会との相互牽制関係」は存在せず、「有力議員による執行機関と議会の一元的支配」が確立します。有力議員に権力が集中し、極めて不透明な「利権政治」が起こりやすくなります。憲法や地方自治法はこのような状態を想定しておらず、また、有力議員のこうした活動に対する情報の保存や文書の管理、公開を義務付けていません。

首長・議会・官僚による談合政治

地方自治体では、国政選挙と違って、首長選挙での共産党を除く全政党の「相乗り候補」現象があり、「首長・議会・官僚による談合政治」があります。なぜでしょうか。

国では与野党の政策に違いや隔たりが大きくなっていますが、日本のように中央集権的な仕組みを採用している国では、地方自治体が決定できる政策の幅は小さく、よって、各政党の政策の違いはそれほど大きくないのが実情です。大都市や都道府県では、地方議会議員選挙も政党選挙が行われていますが、知事・市長選挙では、共産党を除いた政党が有力候補を応援する「相乗り候補」選挙が珍しくありません。逆に言えば、地方政治では、共産党を除いて、自民党も公明党も、立憲民主党も国民民主党も何ら変わらないとも言えます。

日本国憲法では、地方議会の議員も首長も直接選挙で選ぶことになっています。首長の候補選びの段階で、地方議会のいくつかの政党が相乗りして特定の候補を応援し、その候補が当選した場合は、相乗り政党は首長与党として、当選した首長に対して影響力を及ぼすことができます。相乗り政党が議会の多数を占めている場合は、議会も首長も政党集団の影響下に置かれます。すなわち、政党の力が強い場合には、「政党集団による一元的支配」が貫かれ、野党は共産党だけという「政治的談合体」ができ上がります。

例えば、市議会の共産党以外の政党が、相乗りして市役所の役人ＯＢを市長候補として担ぎ出し、対立候補は共産党候補だけという例を考えてみます。

市役所の役人としては、市長が市役所ＯＢなのですから、選挙という手続を経てはいますが、いわば仲間が市長に昇進した一種の人事異動ということになります。市長に市役所の役人ＯＢが当選する確率はほぼ一〇〇％で、有権者としては投票に行こうという気持ちが削がれます。

地方自治体の統治機構は、市長、市議会、市役所と分立していますが、人のつながりで言えばみな「仲間内」です。この仲間内の人々が市の予算の配分を決めていくわけですから、予算配分や施策の意思決定は、この「仲間内の人々との距離の近さ」に左右されます。公の政策や予算が政治献金や票との取引として使われ、はなはだしきは汚職となることもあります。また、仲間内の政治は、「知らしむべからず、依らしむべし」という「お上の政治」につながり、住民側の「役所が何とかしてくれる」という「お上意識」との相互作用の中で、政治が停滞します。これが、「政治的談合体」がもたらす結果です。

このような「政治的談合体」に対しては、「都道府県は、市町村と比較して政党色が強く、オール与党体制のもとでの議会のチェック機能の形骸化がより強く懸念されよう。分権時代における地域の自己決定が重要となるなかで、知事と議会が相互にチェックしあう二元代表制の意義と、そこにおける政党のあり方があらためて問われているのである。」との警告もありますが、これは、政党の「相乗り候補」への動機を無視した精神論です。「相乗り候補」として当選した首長と議会の多数派政党集団は同じ政策を掲げているのですから、有権者から見れば、政策の齟齬は無いはずです。無理やり「議会がチェックしろ」と言っても、「それは話が違う」ということになります。この場合、調整は、同じ方向を向いた政策の実現の優先順位付けと、各政党の取り分をどうするかということになります。

「政治的談合体」の問題は、「制度的二元代表制論」の論理的延長としての「議会対首長の間の牽制関係」が損なわれることではありません。地方自治体の職員の仕事が全体の奉仕者としての仕事とならず、「政治的談合体」につながりのある特定の人達の声が政策に反映されることになっていくことが問題なのです。

首長による執行機関と議会の一元的支配・「政高党低」

選挙に強い首長の場合には、政党の力を借りなくても、自らの後援会組織や有権者の支持によって当選できます。従来は、選挙に強い首長であっても、自ら議会の多数派を制するために新しい政党を作って議会選挙に打って出ることはありませんでした。

しかし、政治が流動化してくると、与野党ともに既成政党への信頼が損なわれ、強力なリーダーが現れます。そして、そのリーダーが提唱する新しい政党が多くの議員を獲得する現象が起きます。それは、フランスのマクロン大統領の政党「共和国前進（La République En Marche!）」をはじめとして、ウクライナやその他の国でも起きています。日本でも、大阪市長・大阪府知事の「大阪維新の会」、名古屋市長の「減税日本ナゴヤ」、東京都知事の「都民ファーストの会」が生まれています。

首長が自ら政党を立ち上げて議会の多数派を獲得しようとする動きは、首長の政策をスピーディに実現する上で当然のことであり、その是非は、有権者が判断します。大阪では、大阪都構想を実現するために大阪市長選挙、大阪府知事選挙、大阪市議会議員選挙、大阪府議会議員選挙の「四重選挙」を仕掛け、有権者の支持を得ました。名古屋市でも、議員定数を七五人から六八人に削減しましたが、自民党から共産党までのすべての既成政党が市長野党となっている中で、減税日本ナゴヤは単独では自民党に次いで多い一四議席（議席の二〇％）を獲得しました。

首長が自ら組織した政党が議会の多数を占めれば、首長による執行機関と議会の一元的支配の下で首長の政策が円滑に推進されることとなります。この場合も、政策の執行は地方自治法に定める執行機関と議会との相互牽制関係の規定に沿って行われますが、首長と与党との間で政策の方向に違いはないため円滑に政策が執行できます。これは、国における「政高党低」の形態と同じです。

地方自治法と「政高党低」・「党高政低」

地方自治体においても、首長と政党の間の権力の所在については、「政高党低」と「党高政低」がありながらも、通常は役割分担をしながら協調して進めていくことが通例です。

「政高党低」と「党高政低」を地方自治法の視点から見れば、政治家である首長と議員とはそれぞれ有権者の直接選挙で選ばれているため対等であって、それぞれが有権者に責任を負っています。また、首長の権限を実行するために、地方自治法では「第三款　補助機関」の規程を置き、副知事や副市長その他の職員を任免することとしていますから、議会の有力議員が執行機関の職員に対して指揮命令的な影響力を行使すること、すなわち「議会のドンによる執行機関と議会の一元的支配」は地方自治法の趣旨に反します。

国と同じように、首長と議会の有力者との政治的な力関係は政治的世界にとどめるべきものであって、それに官僚が巻き込まれてはなりません。これは、首長の交代があった時の官僚の仕事についても同じであり、有権者が選んだ首長の政策が官僚組織や官僚個人の意に沿わないものであっても、首長の政策を実行するのが首長の「補助機関」である官僚の仕事であり、それが民主主義の下での官僚の役割です。

改革派首長の歴史

地方自治体では、政策の継続性を重んじる官僚組織と、それを是として後援者の利益を実現しようとする政党との協調により、「政党相乗り候補」による首長が選ばれてきました。

このような事態に対して、既成政党の支援を受けない「改革派首長」が現れます。選挙で「改革」を約束して当選しても、いざ改革を進める段になると、既成政党からの「首長の独断専行」という批判や官僚によるサボタージュにあってきました。

これは、「主権者は官僚」であることが好都合な議会の議員が、官僚と協調しての「改革」を阻止するための行動です。マスメディアは、首長と既成政党との争いを、「火事とケンカ」は大きいほど面白いという感覚で報道をします。しかし、官僚の意に沿わない方向に改革が動き始めると、「独断はいけない」、「職員の声を聞け」と第三者的な振りをして記事を書き始めます。これは、「主権者が選んだ知事・市町村長の政策を実行すること」は悪いことで、「試験で選抜された官僚の意向を汲んだ政策を実行すること」が良いことという民主主義の逆転現象ですが、そのことに触れる記者は極めて稀です。その原因の一つに、「記者クラブ制度」があります。記者は普段から官僚から情報をもらって記事を書いているのです。

平成の時代前期の「改革派首長」は、このような構造の中で、現れ、消えていったのです。例えば、一九九一年の選挙では橋下大二郎高知県知事、一九九五年（平成七年）の統一地方選挙では、青島幸男東京都知事や北川正恭三重県知事、二〇〇〇年の選挙では田中康夫長野県知事が誕生しました。しかし、改革には困難が伴い、「既成政党と官僚組織の連携」による攻撃にさらされ、官僚組織に取り込まれていくか、改革を断念せざるをえなくなっていきました。

そして、二〇〇八年（平成二〇年）の橋下徹大阪府知事、二〇〇九年（平成二一年）の河村たかし名古屋市長、二〇一一年（平成二三年）の大村秀章愛知県知事、二〇一六年（平成二八年）の小池百合子東京都知事の時代を迎えます。この時代の改革派知事は、前の時期と異なり、掲げる独自の政策を実現するために、大阪維新の会、減税日本、日本一愛知の会、都民ファーストの会という地域政党を立ち上げ、議会での支持勢力を確保するという戦略を取りました。これにより、「議会と官僚組織の連携」に対して、議会での戦いを仕掛け、かつ、既成政党による行政への介入に対しても歯止めをかける手段を得ることが一定程度できるようになりました。

しかし、議会での戦いは「数の力」がものを言う世界ですから、地域政党が過半数を得られない場合は議会内での交渉などが必要になります。また、官僚組織に対しては、知事・市長は一人で都府県庁や市役所を指揮命令しなければならないという困難を克服しなければなりません。

地域政党の戦略

地域政党を組織した改革派首長の戦略には、いくつかのパターンに分類整理することができます。大阪維新の会は、橋下徹大阪府知事が立ち上げた地域政党です。出自は「自由民主党・維新の会」ですから、その中核的なメンバーは地域の業界団体や選挙区内での地盤があり、地域に根付いています。二〇一一年の統一地方選挙で、大阪府議会で単独過半数、大阪市議会でも第一党となり、大阪を固めた上で、国政に打って出て議席を獲得しています。地域政党が選挙区内での国政での議席を得ることのメリットは、国政選挙において独自候補を立てているので他の政党の草刈り場にならずに結束を固めることができること、議席を確保することによって国会の場で大阪府の立場を主張できること、さらに大きいのは政党助成金を得ることによって政治活動の財源が得られることにあります。

減税日本は、河村たかし名古屋市長が立ち上げた地域政党です。「市議会議員の報酬半減」を掲げての市議会リコールが成立した後の二〇一一年三月の名古屋市議会選挙で市議会第一党となりました。当選者は一人を除いて全員新人でした。当選後、政務調査会事務局も整わず、また、たった一人の議員経験者もすぐに辞職しましたので、議会運営も政策も新人が向き合わなければなりませんでした。市議会の委員会の前に開催される理事会は非公開ですから、減税日本の新人議員は自民党から共産党までの総がかりの攻撃を受け、減税日本から離脱すると攻撃が止むということが繰り返されました。この中で少なくない新人議員がこらえきれずに会派を離脱しました。議員としては、政策だけでなく議会運営の交渉力、さらに有権者の声を聴く地域回りも必要ですが、リーダーがいない新人議員だけの集団がまとまりを保っていくのは苦労です。それでも、次の選挙でも河村市長の盤石の人気により、市議会では一定の勢力を確保できる当選者が出ており、市長が精力的に応援することの強みが示されています。しかし、国政選挙で国会議員を当選させることができていない状況にあります。市議会の少数与党で予算を否決されることがありますが、それでも他の全政党を相手にして奮闘しているのが減税日本ナゴヤです。

愛知日本一の会は、大村秀章愛知県知事が立ち上げた地域政党です。二〇一一年の県議会議員選挙で無投票選挙区を含めて五人の議員が当選しましたが、二〇一五年の県議会議員選挙では候補者を擁立しませんでした。他方で、県議会議員選挙で独自の候補を擁立しなかったことで、自民党を含めて県議会の会派が知事与党となり、多数派を形成することができました。

都民ファーストの会は、小池百合子東京都知事が立ち上げた地域政党です。二〇一七年七月の都議会議員選挙で第一党になりました。自民党、民主党などの議員経験のある議員と多くの新人議員の五五人が当選しました。二〇一七年一〇月の衆議院選挙には、小池知事は「都民ファーストの会」として東京を拠点として選挙を行うのではなく、民主党と合流して「希望の党」を結成し、全国展開をして選挙を戦いました。結果は芳しくなく、小池知事は二〇一九年の参議院選挙にはかかわらず、都民ファーストの会も候補者を擁立しませんでした。国政にチャレンジしない地域政党を目指すとすれば、それは新しい地域政党の類型になりますが、未知数です。

二元代表制論が声高に叫ばれる状況

政党が「二元代表制」論を声高に叫ぶのは、どういう場合でしょうか。

首長選挙が議会多数派を占める政党による「相乗り」選挙では、「二元代表制」論による「首長と議会の相互の抑制と均衡による緊張関係」が語られることは、ほとんどありません。

他方で、知事・市長が議会の多数派から独立した存在として選挙を戦って当選し、さらに、独自の政党を立ち上げて、議会の多数派を形成した場合はどうでしょうか。

これまで「議会のドンによる執行機関と議会の一元的支配」や首長の相乗り選挙による「政治的談合体」により利益配分を受けてきた政党が議会の多数派を失った場合には、たとえ「都民や県民の与党」だと力んでみても、議会選挙で有権者の支持を得られなかったわけですから、首長与党や首長を攻撃する理屈がなくなってしまいます。そこで持ち出すのが、「二元代表制では、議会は首長と対決するものだ」、「首長の与党などは、二元代表制に反している」というドグマです。

「二元代表制論」は、現実政治では「首長野党」が首長を攻撃する際に使う道具にすぎません。ただし、それは、地方自治法などの実定法に基づくものではなく、あくまでも頭の中で作られた理論であることは、既に述べた通りです。

地方自治法に規定に沿った首長と議会の関係

では、地方自治法の規定に沿って地方自治体の政策決定を行う際の、首長と議会の役割はどうなっているでしょうか。

首長と議会の議員がそれぞれ選挙によって選ばれるという二元代表制は、知事と議会の議員がそれぞれ選挙民に責任を持っているということに尽きます。そして、その責任は、知事が議会の権限を侵したり、議員が知事の権限を侵したりすることなく、地方自治法に規定された権限をそれぞれが行使することによって果たされます。

地方自治法では、議会は「議案に対する承認機関」として制度設計されています。「議案」は、知事が議会に提出します。議会は、予算、条例、税制などの政策実現手段の立案にかかわるのではなく、承認するかしないかの審査を行い、議決する役割なので「受動的」と言えます。

国では、内閣が法案や予算を作成する過程で事前に与党に相談し了承を取った上で、閣議決定して国会に提出する事実上の手続として「与党の事前審査制」があります。もちろん、野党からも事前に説明を求められれば、各省庁の幹部が説明に行きます。ただし、この場合、官僚側は軽重をつけていて、与党議員には局長が説明に行くなら野党議員には課長が、与党議員に課長が説明に行くなら野党議員には課長補佐が行くという配慮をしています。

内閣が事前に与野党の国会議員に対して説明を行い、与党の「事前審査」を受けるという慣行があるのは、内閣は国会に対して責任を負っているからです。これに対して、首長と議会の議員がそれぞれ選挙によって選ばれるという二元代表制では、首長は議会に対して責任を負っているわけではありません。よって、執行機関と議会を峻別する地方自治体の二元代表制度では、「与党の事前審査制」のような慣行はなく、まして、執行機関の政策決定過程において野党に相談することもありません。

ところが、地方議会では、野党が「あらかじめ議会に説明がないのは、二元代表制に反する議会軽視だ」などと主張することがあります。事前に議会に説明すべきであるという地方自治法の根拠はありません。内閣が国会に対して責任を負う議院内閣制だからこそ、軽重はありながらも、政府は議員に対して、事前に説明を行うのです。二元代表制の下では、議員は、「全体の奉仕者」として、より直接的には自らの政党を応援してくれた有権者の声を背景に、議会で堂々の論戦をすることが期待されています。執行機関を議会に従属させようとするような主張は、地方自治法に規定された「承認機関」としての議会の権限の範囲を超えるもので、議会の執行機関への介入と考えるべきでしょう。

もっとも執行機関として、充実した議会審議が行われるように、議員に事前に説明しておくことは適切ですし、特に与党との意見調整を行っておくことは円滑な議会運営を行う上で有効です。実際に、議会開会前には、議員に対して議案の説明を行っています。しかし、それは「二元代表制論」とは無関係です。

予算の編成と議会の役割

地方自治法では、予算発案権は首長に属し（地方自治法第一四九条第二号）、かつ専属する旨を明記しており、議会には予算発案権限はありません（地方自治法一一二条但書）。他方、議会は、予算案を審議し議決する権限を有しており、議会での審議・議決権限を行使することができる（地方自治法第九六条第一項第二号）としています。

ところが、東京都には、他の地方自治体と異なり、予算編成の最終段階において二〇〇億円の「政党復活枠」という「独自の慣行」がありました。これは、都側の議会対策という側面と、政党、特に与党会派の支援団体からの要望実現という側面がありました。

しかし、二〇〇億円という予算を枠として政党に委ねるのは、地方自治法の規定の趣旨に沿うものではありません。予算編成権は知事に専属する権限であり、議会にはその権限がありませんし、特に、知事の権限に属する予算編成権を議会の会派が行使するがごとき政党復活枠は二元代表制論に反する慣行であって、「二元代表制論」を主張する会派が主張すべきではありません。

知事は「予算を調製」し（地方自治法第一四九条第一項第二号）、「議会の議決を経べき事件につきその議案を提出すること」の規定（地方自治法第一四九条第一項第一号）により、予算を都議会に提出することとされています。都議会は、「予算を定めること」について「議決」する権限（地方自治法第九六条第一項第二号）を行使します。これが、地方自治法に定められた知事と議会の権限配分です。

3　地方議会の運営、議員の質問と執行機関の答弁の調整

執行機関の議会答弁

地方自治体は、世の中の変化に対応して、大幅な制度改革をすることもありますし、制度運用の微調整をすることもあります。いずれも予算や条例、行政運用の変更を伴いますが、それによって影響を受ける住民にとっては大きな関心事です。執行機関としては、これらの措置を、どのタイミングで、どの場所で、誰に対して明らかにするかという選択があります。首長の記者会見、プレスへの資料配布もありますが、議会での質疑の際の答弁もその機会です。

他方で、議員や政党は、首長や執行機関に対して、自らが求めてきた政策の実現を働きかけており、その実現を有権者にアピールすることを常に考えています。

そこで、執行機関としては、政党や議員との関係を良好に保ち、議会運営を円滑にするため、議会の、どのタイミングで、どの政党のどの議員の質問に対して答弁するかを考えます。これは、執行機関と政党や議員の間の一種の取引です。もともと、政治は、「正義」だけで成り立っているものではなく、政策の実現のためには「貸し借り」が重要な要素である世界です。

この場合、執行機関が優位に立っていれば執行機関側が政党や議員を操ることができ、政党や議員が優位に立っていれば執行機関は無理難題も押し付けられることになります。政治家を支援する人や企業、団体は、自分たちの要望の実現が最も重要だと考えていますから、「無理が通れば、道理が引っ込む」ということも起こります。無理難題であっても、必要があれば官僚はその要求を合法的な手段で実現する知恵を出します。

議員の公約実現の方法

地方議会の議員も直接選挙で選ばれるので、議員は選挙において特定の政策実現を有権者に訴えています。ところが、地方自治法上は、議会は「承認機関」であり、「能動的」に政策を実現する機関ではありません。特に、予算については、議会に提案権はなく、首長の専権事項とされています。また、制度作りに有効な条例制定も、予算を伴う条例にはおのずと制約があります。すなわち、議員が有権者に約束した公約を実現するには、執行機関が、政策を「能動的」に企画し、予算案や条例案として議会の審議に提供してくれなければならないのです。

そこで、議員は、首長や官僚に働きかけ、執行機関に対する影響力を行使しようとします。議員の議会発言や議会報告で、「我が党の提案を受けて、予算を計上した」とか、「私の提案を受けて、条例を提案した」などの言葉が並ぶのは、議員が選挙で約束した公約を果たそうとし、また、政策を実現する能力があることを、有権者にアピールするためです。

この「執行機関に対する政策への能動的な働きかけ」が過剰になると、「議会による執行機関への介入」につながり、理念としての「二元代表制」とは相いれません。地方自治法上の権限配分についての認識が大切です。「能動的」に政策を企画立案し、議会の承認を得て執行することは知事の有権者への責任であり、議員は議会の一員として「受動的」に議会での審議を通じて政策を承認するかどうか決定すること、これが現行の地方自治法の制度設計の考え方であり、それぞれが果たすべき有権者への責任です。

議会少数派の野党の行動

首長野党で、かつ、議会の少数会派の場合は、首長が掲げる政策とは方向を異にすることが多く、執行機関への影響力が限定されます。

それでも、公約を実現しようとする方法としては、「野党を無視すれば議会審議が混乱するぞ」という姿勢と行動を見せて、譲歩を引き出す方法があります。外交では、北朝鮮の「瀬戸際外交」がポピュラーです。国会で野党が行う「記名投票要求・牛歩」による引き延ばし作戦や、「議事妨害」などによる審議妨害、「不信任案の提出」などの行為があり、地方自治体でも、議会の少数派となった首長野党が、野党の立場を徹底し、同様のことをすることがあります。首長や執行機関がこのような行動に屈するか、妥協するかは、その時の判断によるでしょう。

議会レポーター・議会監視の議員

政策を実現するには、例え少数会派でも、執行機関に提案をさせる影響力や議会でそれを成立させるだけの議会多数派の確保のための交渉力が必要です。地方議会には、そのような努力を最初から全く行わず、そもそも公約の実現を目指さない議員もいます。

執行機関を批判するだけの議員、自らの主張を述べるだけの議員、議会の状況をレポートするだけの議員がその類型です。議会の役割には執行機関の監視もありますから、それも一つの議員のあり方です。インターネット時代では、情報源として重宝され、議会への関心の喚起に役立っています。

「八百長と学芸会」批判

国会中継を見ていて分かるように、国会では、国会議員の質問と大臣等の答弁を事前にすり合わせをするなどの調整を行うことはありません。そもそも、通常国会は一五〇日間の長丁場で、いちいち答弁調整をしていては業務量が膨大になり、職員が倒れてしまいます。

他方、地方議会では、議会審議が中継されるようになっていますが、多くの場合、予定調和的に質疑が進んでいきます。これは、事前に質問者と答弁者の間で質問と答弁のすり合わせが行われ、本番の議会の本会議や委員会では、お互いに用意された質問を読み上げ、答弁をしているからです。また、答弁調整をしているにもかかわらず、委員会には答弁もしない大勢の職員が出席しています。議会に出席している間は業務が止まるので、非効率です。

これを称して、片山善博氏は「八百長と学芸会」と評し、議会審議に出席する執行機関幹部の数も減らすことを推奨しました。この片山氏の発言に関連して、国会で質問主意書が出ていますので、次に掲げます。

○地方議会の八百長と学芸会

(http://www.shugiin.go.jp/internet/itdb_shitsumon.nsf/html/shitsumon/a168054.htm)

地方議会における答弁調整に関する質問主意書(平成一九年九月二六日提出 質問第五四号)

一 片山善博前鳥取県知事が二〇〇七年九月一八日の地方分権改革推進委員会で、地方自治体の議会運営に関連して「ほとんどの議会で八百長と学芸会をやっている」「一番ひどいのは北海道議会だ」と、北海道議会における定例議会の結論が決まっており、質問と答弁の内容が一言一句決められている、いわゆる答弁調整がなされているとの発言をしたとの事実があると承知するが、同日の地方分権改革推進委員会での右片山前知事の発言の詳細を明らかにされたい。

二 一の片山前知事の発言は事実を反映したものであるか。政府の見解如何。

三 二で政府が事実であると認識しているのならば、北海道議会に対して何らかの是正措置を講ずるよう指導する考えはあるか。

四 二で総務省が事実でないと認識しているのならば、片山前知事の発言は北海道議会及び北海道民の名誉を傷つけるものであり、地方自治政策を管轄する総務省または地方分権改革推進委員会を所轄する官庁である内閣府から何らかの意見を片山前知事に伝えるべきであると思料するが、政府の見解如何。

右質問する。

衆議院議員鈴木宗男君提出地方議会における答弁調整に関する質問に対する答弁書（平成一九年一〇月五日受領　答弁第五四号　内閣衆質一六八第五四号）

一について

御指摘の発言のうち、地方自治体の議会運営に関するものと考えられる部分は、次のとおりである。

「非常に言いにくいことですが、全国の自治体は約千八百ありますが、ほとんどの自治体の議会では「八百長と学芸会」をやっています。「八百長」というのは、結論を決めてから試合をすることです。議会で議論をして物事が決まっていくのが本来の議会制民主主義ですが、結論を決めてから議会を開く。（中略）「学芸会」というのは、シナリオを決めてそれを読み合うということで、一字一句すり合わせをしたものを読む自治体もあります。一番ひどいのは北海道ですね。北海道議会などは本当にひどい惨憺たるものです。前日の夜に全部翌日の質問と答弁を決めて、答弁に次ぐ再質問も決めて、お互いそれをすり合わせをして、それから議会に臨むということで、多かれ少なかれ全国の自治体ではそんなことをやっているところがほとんどです。本当はこんなことで議会とは言えないのですけれども、こんなことをやっているわけです。」

二について

北海道議会における具体の議事運営の詳細について把握しているわけではないが、お尋ねの事項については、平成一九年九月二一日に北海道議会議長が記者会見の中で、片山氏の発言に対し、「以前は、道民の皆さんに強く指摘されて「すり合わせ」というようなことで議会運営の中で行われていたということもあったようであります。今は理事者の答弁も議員の質問も責任をもってやらなければなりませんし、物理的にも日程が制限されるということもありますから、議会をスムーズになおかつ効率的に進めるためには、そういった事前にある意味では調整をするということがある場合と、そうではない、議会と理事者が真正面から対立をする場合もあります。」との発言があったと承知している。

三について

そもそも地方公共団体の議会は、執行機関との間の相互の牽制により公正な地方自治の運営を図る役割を担うものであり、まずは、北海道自らがその役割を認識し、適切に議事運営を行うべきものと考えており、政府として、北海道に対して何らかの措置を講ずる考えはない。

四について

御指摘の「ほとんどの自治体の議会では「八百長と学芸会」をやっています。」との片山氏の発言については、個人の見解を述べられたものと認識しており、内閣府又は総務省として、論評することは差し控えたい。

議会の答弁調整

「答弁調整」は、議員の側からすれば、「議員の意見を執行機関に飲ませる」プロセスです。予算、条例、組織等の政策手段は執行機関が握っていますので、議員が主張する政策を実現するには、執行機関側にその気にさせなければなりません。その機会が質問に当たっての「答弁調整」になります。これにより、議員にとっては「私の質問を受けて、知事は予算をつけた」と有権者にアピールできます。

執行機関側から見ると、執行機関は、手持ちの政策や予算付けを議員の質問に答える形で公表することによって質問した議員に恩を売ることができ、議会運営への協力を求めることができます。執行機関は、一方で「これを質問されたらいかがですか」と伝えて飴を配り、他方で「これは、困るので質問してほしくない」と依頼したり、「質問されても良い答えにならないから、議員が恥を書くだけですよ」と脅したりして、波風が立たない議会運営に心がけています。

多くの住民は、議会の前に「答弁調整」が行われていることを知りません。特に、東京都議会では本会議から各委員会に至るまで綿密な答弁調整が行われています。議場で行われる質疑は調整された「結果」であって、審議は「答弁調整」の過程で行われています。これは、改めなければなりません。

もっとも、質疑の充実のためには、議員として事前の準備が欠かせませんし、答弁する執行機関にとっても、議員の質問の趣旨を正確に理解しておく必要があります。

そこで、答弁調整は行わないという審議の原点に立ち返りつつ、充実した議会審議を行うためには、国会答弁作成作業で行われているように、質問の趣旨を明確にするための議員と都庁職員との意見交換が不可欠です。通告をしないで行う「不意打ち」の質問は、単に執行部を困らせてやろうという政治的パフォーマンスにすぎません。通告がなかった質問への対応は、後日文書で回答することとするというルールを確立すれば、このような不毛な政治的パフォーマンスを無くすことができ、あわせて、自由で活発な議会審議ができるようになります。

やらせ質問と二元代表制

地方自治体で答弁調整が常態化している中では、考えようによっては、すべてが「やらせ質問」なのですが、にもかかわらず、時々「やらせ質問」が問題になることがあります。

「やらせ」の主語・目的語関係は「執行機関が、議員に質問をやらせている」という関係です。執行機関が、議員に質問を依頼するのは、執行機関が議会で「○○である」と発言したいが、質問がないと発言できないという場合です。執行機関が、質問なしで執行機関の考えを披歴できるのは、「首長の所信表明及びこれに類するもの」だけです。これは、「二元代表制」でも、「議院内閣制」でも同じことであって、二元代表制の特徴ではありません。

そこで、「やらせ質問」を「執行機関に頼まれて、議員が質問を行うこと」と、一応、定義します。「やらせ質問」は、「執行機関側のイニシアティブ」で、「執行機関が作成した質問を」、「議員が議会でそのまま質問し」、「答弁者が、あらかじめ打ち合わせされた答弁が議会で行われること」と、その要素を明確にしておきます。

地方自治法に照らして最も重要なことは、質問権は議員にあり、議員が最終的にどのような質問をするかを決定することです。議員は、質問作成に当たって、様々な資料を読み、多方面からアドバイスを受けます。そのような調査や情報収集をして質問を作成することは望ましいことです。その中の一つとして、執行機関側からの情報もあり、議会で質問する前の意見交換は重要です。

答弁調整は、答弁だけでなく質問の文章もすり合わせるという点で「やらせ質問」と本質は同じですし、特に、執行機関が「良い回答ができますよ」と言って議員に持ち込んでくる「持ち込み質問・答弁」は「積極的やらせ質問」と紙一重ですし、「これは、困るので質問してほしくない」というのは「消極的やらせ質問」と紙一重と言うべきでしょう。

「答弁調整」が常態化している地方議会において、「やらせ質問」が不適切であるという「良識」があるかどうか分かりませんが、仮にあるとすれば、先ず各政党がこれまで行ってきた「答弁調整」の実態を選挙民に明らかにすることから始め、「答弁調整」という慣行の廃止、新しい議会質問・答弁ルールの設定を行うべきでしょう。

国会でも、懇意の議員から「次に質問に立つことになったから質問を作っておいてくれ」と頼まれて、質問を作ることがあります。しかし、仕事が忙しくて答弁を見せている余裕はなく、答弁作業は前日にならないと行わないこともあって、答弁を見せたり、内容を調整したりすることはありません。また、議員が、渡された質問をそのまま質問するとは限りません。

国会議員の質問権の保障

国会では、議員の質問の内容が名誉棄損に該当する場合も罰せられません。なぜでしょうか。

国会議員の質問権は極めて重要なもので、憲法により、「不逮捕特権」（憲法第五〇条）や議場での発言に対して院外で責任を問われない「免責特権」（憲法第五一条）という法的な保護が与えられています。しかし、国会議員の議院内の発言であっても、「野次や私語」は、「議院で行つた演説、討論又は表決」に該当しませんので、免責特権はなく、名誉棄損の刑事上・民事上の責任を問われる可能性はあります。また、議場における議院外の発言には、そもそも免責特権はありませんので、罰せられることがあります。また、議場における討議の本来の目的を達成し円滑な審議を図るため、国会法では、無礼とならないように規定がおかれています。

さらに、国会での質問は、議員という身分に伴う職務ですから、金銭を伴う請託を受けて質問をする場合は、受託収賄罪に問われることがあります。このことについては、次の裁判例があります。

○ＫＳＤ事件の最高裁判決

参議院議員が、ある施策の実現を目指す者から、参議院本会議において内閣総理大臣の演説に対して所属会派を代表して質疑するに当たり、その施策の実現のため有利な取り計らいを求める質問をされたい旨の請託を受け、さらに、他の参議院議員を含む国会議員に対し国会審議の場において同旨の質疑等を行うよう勧誘説得されたい旨の請託を受け、これらの報酬として金員を受領したことは、その職務に関し賄賂を収受したものであって、受託収賄罪に当たる。（平成一五（う）一八九二　平成一七年一二月一九日東京高裁判決、平成一八（あ）三四八 平成二〇年三月二七日最高裁判所第三小法廷決定）

地方議会議員の質問権

地方議会の議員の発言には、憲法第五一条の免責特権の直接適用はありません（平成一二年二月二八日　東京高裁　平一一（ネ）二七二四号　損害賠償請求控訴事件）。よって、議場での質問が名誉棄損に該当する場合は、名誉棄損罪として刑事責任や民事責任を負うことがあります。ただし、地方議会での議員の発言も裁量の範囲は広く、この観点から、構成要件上は名誉棄損罪に該当する場合であっても、名誉棄損などの行為に可罰的な違法性が無いと判断されることもあります。

また、議会は治外法権の場所ではありませんから、議会での発言ではなく、議会内や議場での議事妨害などの際に窃盗や傷害などに該当する行為があれば、それは当然に罪に問われることがあります。

このように、地方議員には「不逮捕特権」も「免責特権」もありません。また、国家公務員と同じく、地方公務員にも刑事訴訟法第二三九条二項により、その職務を行うことにより犯罪があると思料するときは、「告発義務」があります。これを怠った場合には、一般職の地方公務員には、地方公務員法第一九条一項二号により、「職務上の義務に違反し、又は職務を怠つた場合」に該当し、懲戒処分の対象となります。

しかし、このことについては、議会運営上の配慮が働き、次のような解釈もあります。その場合の刑事訴訟法第二三九条二項違反になるかならないかの裁判上のリスクは、通常「職務を行うことにより犯罪があると思料する」ことと判断される地方公務員が負うことになりますので、上司の判断を仰ぐなどの措置を講じておくことがリスク分散のために必要でしょう。

「告発を行うことが、当該公務員の属する行政機関にとってその行政目的の達成に重大な支障を生じ、そのためにもたらされる不利益が、告発をしないで当該犯罪が訴追されないことによる不利益より大きいと認められるような場合には、行政機関の判断によって、告発しないこととしても、この規定には違反しないものと解される。公務員が告発義務を負うのは、職務を執行するに際し、その職務内容に関係のある犯罪を発見した場合に限られる。なお、公務員が職務上知り得た秘密に属する事項については、一〇三条、一四四条との均衡上、告発の義務を負わないものと解される」(安富潔『刑事訴訟法』(三省堂、二〇〇九年発行) 七六頁)

議員と議会事務局職員との間には制度的に優劣の関係はありませんが、事実上の優劣関係があることもあります。優越的地位にある人の犯罪を告発すると業務に支障が生じるので、やり過ごしてしまうのはパワーハラスメントの特徴です。これは、公益通報制度でも同じで、「告発者、及び告発者が属する集団が不利益を被ることを恐れて告発しない」ことを、どう考えるかという問題でもあります。

4 地方自治体の審議会の委員構成と運営

議員・官僚OBが委員になっている地方自治体の審議会構成

都道府県議会では、二元代表制論を標榜している一方で、議員が、執行機関が設置する審議会委員となっています。二元代表制論が、首長を長とする執行機関と議会とがそれぞれ独立して、牽制関係にあるべきだということであれば、常勤ではないとはいえ、議員が執行機関の特別職公務員(審議会委員)となっていることは、二元代表制論の趣旨から許されることではありません。

古くは昭和二八年の自治庁の見解でも、「付属機関の構成員に議員を加えることができるか」という質問に対して、「違法ではないが、適当ではない」とされています。また、政令指定都市については、「分権時代における市議会のあり方」に関する調査研究報告書～市議会の現場から議会制度を見つめ直す～」(http://www.si-gichokai.jp/comsetup/cmst_kyg/cmst_kyf/0502_thema1802.pdf　平成一八年二月都市行政問題研究会）で、法律の定めがある場合を除き、審議会などに議員は就任しないこととしています。国は、議院内閣制を採用していますが、できるだけ幅広い有識者の意見を聞く民主的な手続を確保するという見地から、審議会の委員として国会議員や地方議会議員を就任させることは、原則行っていません。

ところが、東京都をはじめ、多くの都道府県では、未だに議員がその都道府県の審議会の委員になっています。執行機関側からすれば、審議会委員を議会の会派に割り当てておけば、その会派が答申に賛成したではないかとして、その後の条例化や予算化に向けた議会対策の露払いをすることができます。他方、議員側のメリットとして、審議会に出席する際に手当等を支給される経済的理由と、審議会の審議に参加することによる政策決定過程の初期における政策形成への関与を上げることができます。

しかし、二元代表制論を強調するならば、審議会委員は都道府県庁の非常勤特別職公務員ですから、議員が地方公務員を兼職することは避けるべきです。また、議員は、議会での審議が本来の職務であり、審議する機会が別途あるのですから、審議会の委員は、国と同じように、議員ではなく「できるだけ幅広い有識者の意見を聞くという民主的な手続を確保する」ことが望ましいと言えます。なお、議員が委員手当をもらいたいから審議会委員になりたいというに至っては有権者の理解を得られないでしょう。

審議会を、できるだけ住民や有識者の意見を聞く場にするためには、委員の選任についての改革が必要です。行政に明るいという理由で地方公務員ＯＢを地方自治体の審議会や行政委員会の委員に任命することは、官僚主導の政策決定を増長させるだけですから、厳に避けるべきです。

「結論ありき」が多い地方自治体の審議会運営

審議会委員に議員がなっている理由として、「審議会で発言するのは議員だけ」だという人もいます。このような審議会は、そもそも執行機関の手の平で踊っているだけで、議論さえない審議会だということになります。審議会が「行政の隠れ蓑」や「行政の二人羽織」の芸当にならないためには、委員構成の多様化とともに、審議会の民主的な運営の保障が必要です。

まず、委員の選任が重要です。

具体的には、多様な有識者を審議会委員に選ぶこと、審議会委員の掛け持ちを制限すること等の人選の基準を明確にすることが大切です。

次に、審議会の運営ルールを定めることが重要です。

審議の仕方について、「結論ありき」で、その結論に向けて議論を収斂させていくという審議会運営はやめましょう。執行機関として、議論がどこに収斂するのかが分からない審議会運営は不安なことは分かります。しかし、それが、審議会の権威を失墜させ、人々の信頼を損ねてきました。官僚らの説明だけで議論をほとんどしないで答申を上げるなどということはせず、実質的な議論が行われるように審議会の回数や議論の時間を確保すること、さらに、意見が一つにまとまらない場合は複数の意見を併記すること等の運営方針の明確化が大切です。

かつては、審議会に諮問をし、その日に答申を得るということが行われていました。もちろん、官僚が事前に審議会委員のところを回って説明をしておくのですが、それでは、審議会は本当に審議をしたのか、疑問です。このような「諮問即答申」という運営はしないことをルール化しておくべきです。また、多くの審議会では、官僚である事務局が答申の案を書いて、委員はコメントや意見を述べるだけという運営がなされています。審議会委員は有識者で能力があるはずですし、答申は審議会の責任で作成されるのですから、委員の中から起草委員を選んで、委員自らが答申を書いていく運営も行っていくべきでしょう。

さらに、審議会での審議や答申は、行政の一過程ですが、行政機関は審議会の答申に拘束されません。法律も、従来存在した答申の尊重義務規定を削除し、審議会答申を受けた行政庁は、行政庁の責任で政策を決定する仕組みになっています。よって、執行機関にとって不都合な内容を含む答申であっても答申として受け取り、その上で、答申の内容と異なる政策を採用する場合は、その理由を説明することが民主的なプロセスです。

5　議員報酬・身を切る改革

地方議会の議員報酬の性格についての議論

地方議会の議員報酬については、「議員の何に対する報酬なのか」という本質的な議論が必要です。議員の働きは「非常勤」とされており、報酬は、その「非常勤」で働いていることに対する対価ということになります。そこで、報酬の対価が支払われる「議員の働き」とは何かということを解き明かさなければなりません。

他方で、議員の働きを「常勤」と捉えたいという考えがあります。しかし、それは現行法の考えとは異なるため、法改正を促す見解となります。議員の働きが常勤であると規定できれば、それは「給与」と同じように考えることができ、「年金の復活」や「退職金」の道筋もできるということになります。

さらに、少なくとも国会議員と同じように「歳費」としてほしいという考えもあります。

「議員の働き」、「報酬の対象」とは何か

地方議会の議員のお金の使い道は、大きく次のように分けることができます。

（一）生活を支えるためのお金（生活のためのお金）

議員職は「名誉職」ではなく、生活を支えるための資金を支給するという考えに基づいています。また、「働きへの対価」という側面もあります。

（二）議会活動を行うためのお金（議会への出席等のためのお金）

かつては、「費用弁償」がありましたが、多くの自治体では廃止の方向です。「費用弁償」は、議員報酬と別枠で設定されていた費目です。職場への交通費という性格もありますが、議会への出席は「議員報酬」で賄うべきものという判断に基づき、日当は不要という趣旨で廃止されていると理解できます。

（三）政務活動を行うためのお金（政務活動のためのお金）

「政務活動費」は、議員の政務活動の「一部」を賄うものです。もともと政務活動は「議員報酬」で賄

うものであって、政務活動費はその「一部」を別枠で給付する性格とされています。そこで、「政務活動」のための費用は本来「報酬」に含まれるものと考え、「政務活動費」を廃止し、その際、一定額分を「報酬」に上乗せすることも一案です。

（四）政治活動のためのお金

政治活動のためのお金は、政治資金として規制されており、税金で賄うものではありません。ただし、政党助成金は除きます。

（五）選挙活動のためのお金

選挙活動は公職選挙法で規制されており、同法に基づいて公費支給されるもの以外は税金で賄うものはありません。民主政治において、政治への新規参入を行おうとする団体・候補者と既存の政治集団・議員との平等な競争を確保するという観点からは、「政治活動」や「選挙活動」のための資金を、現職議員に対して税金を支給することは不適切です。ただし、政党助成金は除きます。

議員報酬の基準

議員報酬は高いのか、安いのか。その判断基準については、次のようなものがあります。

（一）執行機関との比較という基準

地方自治は二元代表制であるという制度設計を重視し、執行機関と対等であるという観点からは、「議長の報酬と市長や副市長の報酬は均衡する」という考えがあります。

その際に、執行機関はフルタイムの勤務であるのに対し、議員は非常勤とされているので、執行機関の職員報酬と議員の報酬との額に差が生じることとなり、議員は「非常勤」か「常勤」かという議論が重要になります。「通年議会」の議論も、議員待遇に関連しており、報酬引き上げと年金復活の主張と分かちがたく結びついています。

また、執行機関内での給与体系として、選抜試験で採用された局長や部長の給与よりも、特別職の副市長や、選挙で選ばれた市役所のトップである市長の給与の方が高いのは当然だという人事体系から来る給与体系の考えもあります。

(二)「市民並み給料」という基準（河村たかし名古屋市長）

市民の選挙で選ばれる市長や議員は、市民の給料からかけ離れてはならないというのも一つの考え方です。これは、「名誉職」としての議員という考えから出発して、有権者の代表なのだから特別な人でもなく、有権者の所得と同じような報酬を、皆の税金から出そうということと理解することができます。

この場合、「公選職」である市長・議員は、ともに市民並みということになり、選抜試験で採用された市役所の職員の給料体系とはその思想を全く異にすることとなります。その結果、執行機関の中で、市長の給料が局長や部長の給料より下回ることが起きます。このことをどう考えるかも、議論の課題です。

(三) 他の地方自治体との比較という基準

横並び基準という考え方は、「無難」な基準です。しかし、では、なぜその額なのかと問われた場合、「横並び」では説明になりません。他の自治体も含め、なぜその額なのかという明確な説明が必要です。

この場合であっても、それぞれの都道府県、市区町村の財政力との相関があるとか、何が「横並び」

なのか、説明は必要です。

公の制度としての「特別職報酬等審議会」の趣旨

議員報酬の額については、どの自治体でも「特別職報酬等審議会」を設置し、答申を得ています。しかし、一般職については「職員の給与は、生計費並びに国及び他の地方公共団体の職員並びに民間事業の従事者の給与その他の事情を考慮して定められなければならない。」という基準が規定されていますが、特別職の報酬については、条例で何らの基準も示されておらず、審議会委員の判断に「白紙委任」されています。

そこで、地方公務員法第二四条にならって、「議員及び首長」という「選挙によって選ばれた者の報酬又は給料の額」を判断するに当たっての「判断基準又は考慮事項」を、特別職報酬等審議会条例に明記する方法が考えられます。

例えば、「議会の議員の議員報酬の額及び首長の給料の額については、選挙区の住民の給与並びに議員及び首長の活動のための経費その他の事情を考慮して定めるものとする」という条項を加えることも一案です。副知事や副市長も市役所の「職員の上がりポスト」ではなく、首長の政治任命によるポストであると割り切れば、首長と同じような考えによる給料で良いという判断もあります。

特に、地方議会の議員報酬については、「自らの報酬を自らが決める」ことになるため、常に「お手盛り」の誘惑が働きます。そこで、旧自治省は、「広く民意を反映させるために」特別職報酬等審議会を設置するよう求めました。

問題は、「特別職報酬等審議会」が、「広く民意を反映したものになっているか」です。

第一に、審議会委員の選考に当たって、「民意を反映することができる委員構成」とすることが必要です。果たして、そうなっているでしょうか。第二に、審議の内容が「民意を反映していること」が必要です。「他の地方自治体との並び」とか、「一般職職員給料との比較」ということは、「民意」ではありません。それらは、審議会委員の「有識者としての判断」であるとしても、それが「民意」を反映しているかどうかの検証はなされていません。

地方自治法第二〇三条は、「普通地方公共団体は、その議会の議員に対し、議員報酬を支給しなければならない」と規定していますが、地方自治法の逐条解説（松本英昭著）によれば、「『議員報酬』という名称とされても『報酬』という『一定の役務の対価として与えられる反射給付』であることに変わりはない」としており、議員の「一定の役務」とは何か、その「対価」として適切かという議論を、特別職報酬等審議会は行わなければなりません。果たして、それを行っているかどうか疑問です。ただ前年度ベースで報酬額を答申しているならば、それは「官僚的な前例踏襲主義」でしかありません。

○特別職の報酬等について（昭和四八、一二、一〇自治給第七七号　自治省行政局公務員部長通知）

特別職の報酬等については、「特別職の報酬等について」（昭和三九年自治給第二〇八号各都道府県知事あて自治事務次官通知）の趣旨に沿って措置されていることと思料するが。最近、一部の地方公共団体において、特別職の報酬等の決定に関し、一般職の職員に提供される給料表の特定の給料額に一定割合を乗じて得たとする等、いわゆるスライド方式を採用するむきが見受けられる。

特別職の報酬等は、その職務の特殊性に応じて定められるべきものであって、生計費や民間賃金の上昇等に相応して決定される一般職の給与とは自ずからその性格を異にし、またその額は個々具体的に住民の前に明示するよう条例で定めるべきものであり、したがって、一般職の職員の給与改定に伴い、特別職の報酬についても自動的に引き上げられるような方式を採用することは、法の趣旨に違背するばかりでなく、特別職の報酬等の額の決定について広く民意を反映させるために設置されている特別職報酬等審議会の実効性が失われることにもなるので、かかる方式を採用することのないよう、厳に留意されたい。

○特別職の報酬等について（昭和三九年五月二八日自治給第二〇八号事務次官通知）

最近における地方公共団体の議会の議員の報酬に関する条例の改正をめぐる世論の動向に鑑み、地方公共団体の特別職の報酬等の額の決定について第三者機関の意見を聞くことにより一層の公正を期する必要があると認められるので、下記要領により速やかに措置されたく、命によって通知する。

なお、管下各市（特別市を含む）については、都道府県の例にならい措置を講ずるよう、また、町村については必要に応じ同様の措置を講ずるよう指導されたい。

記

1　地方自治法第一三八条の四第三項の規定による都道府県知事の付属機関として、別紙条例準則を参考地して特別職報酬等審議会（以下「審議会」という。）を設置するものとすること。

2　都道府県知事は、都道府県議会議員の報酬の額に関する条例を議会に提出しようとするときは、あらかじめ当該報酬の額について、審議会の意見を聞かなければならないものとすること。なお。知事、副知事及び出納長の給料についても同様の手続により措置することが適当であること。
3　審議会の委員は、都道府県の区域内の公共的団体等の代表者その他住民のうちから任命するものとすること。この場合、当該都道府県の議会の議員、長及び常勤の職員を任命することは避けること。

特別職報酬等審議会における「民意の反映」の実態

特別職の報酬を検討する際に「民意」の基礎となる日本国民の世帯所得は、平成二九年の国民生活基礎調査の「所得金額階層別世帯数の相対度数分布」を見ると、次のようになっています。世帯ですから、夫婦で働いていれば二人分の所得です。

五〇〇万円以下の世帯が五五・六%、中央値は四四二万円、平均所得金額は五六〇万二千円です。また、一〇〇〇万円以上の世帯は一二・九%、一一〇〇万円以上の世帯は九・九%、一二〇〇万円以上の世帯は七・七%、一三〇〇万円以上の世帯は五・五%、一四〇〇万円以上の世帯は四・四%となっています。

(https://www.mhlw.go.jp/toukei/saikin/hw/k-tyosa/k-tyosa17/dl/10.pdf)

東京都の特別職報酬等審議会答申では、東京都議会議員の報酬は、議員一〇二万二千円です。期末手当が三・四五ヵ月分ありますから一七三八万円になります。ただし、知事が報酬を二分の一に削減したため、都議会議員が知事給与を超えないよう二〇%の報酬カットを行い、現在は月額八一万七六〇〇円となっていますので、これに期末手当分を加えて約一三九〇万円です。都議会議員の場合、月額五〇万円の政務活動費がありますので、年額六〇〇万円の政務活動費を全部使うとして一九九〇万円になります。それでも議員は、お金が足りないと言っているのが実情です。

名古屋市の河村たかし市長は「市民並み給与」を提唱し、給料八〇〇万円、四年ごとに支払われる市長の退職金も受け取っていません。「やせ我慢」かもしれませんが、その姿勢は市民に支持されています。名古屋市では、一六三〇万円であった市議会議員報酬を「八〇〇万円」とするために市議会解散の住民投票が二〇一一年二月に成立し、名古屋市議会の市議会議員報酬は一時「八〇〇万円」となりました。これは、直接的な「民意の反映」でした。しかし、河村たかし市長率いる「減税日本ナゴヤ」の勢いがなくなったと見るや、二〇一六年四月から市議会で市議会議員報酬を一四五五万円とする条例を可決してしまいました。これに対して、二〇一九年河村市長は、名古屋市特別職等報酬審議会に対して、議員報酬を「市民並み」とすることを諮問しましたが、同審議会は「政治的」だとして、これを審議しませんでした。特別職報酬等審議会は「民意を反映するための機関」ですが、どのような方法で、また、どのような基準により「民意」を反映するのか、明確にしなければなりません。

なお、都道府県議会や政令市議会の議員に対しては、ほぼすべてで一〇〇〇万円を超える「議員報酬」が支給されています。それぞれの都道府県や政令市の「民意」の基礎となる人々の所得は、異なるはずですが、「横並び意識」があるのではないでしょうか。また、議員報酬はその区域の人々の世帯所得よりかなり高いのですが、それを是としているのは「議員の役務」をどのように評価しているからなのでしょうか、また、特別職報酬等審議会は「民意を反映した審議」をしているのか、原点に返って説明しなければなりません。

ちなみに、東京都の特別職報酬等審議会は、次のように答申しています。

○平成三〇年度　東京都特別職報酬等審議会答申

1　はじめに

本審議会は、平成三一年一月一八日、東京都特別職報酬等審議会条例第二条第二項の規定に基づき、東京都知事から特別職の報酬等の額について諮問を受けた。

本審議会は、国・他団体における報酬等の状況や最近の社会経済情勢など、都の特別職の報酬等に関連する諸情勢について、多角的な観点から審議した。

2　報酬等の現状

（1）特別職の報酬等の額の現状

現在の特別職の報酬等の額は、平成二八年一月一九日の答申に基づき、平成二八年四月一日に改定されたものである。

（2）改定をめぐる諸状況

特別職の報酬等の額を検討するにあたって考慮すべき諸指標のうち主要なものは、前回改定を答申した際の基準である平成二八年四月以降（消費者物価については、平成二八年一月以降）、次のような推移を示している。

ア 消費者物価（東京都区部）〇・九％

イ 一般職の俸給（給料）月額 国 〇・四八％（官民較差相当分）

都 給料表の初任層を較差の範囲内で改定（公民較差〇・〇三％）

ウ 指定職の俸給（給料）月額 国　改定なし

都 改定なし
エ 内閣総理大臣の俸給月額　改定なし
オ 国務大臣の俸給月額　改定なし
カ 国会議員の歳費　改定なし

3　本審議会の意見

東京都の特別職の報酬等は、本来、その職務と責任に対応することが必要であり、これに加えて、一般職の給与改定及び国の特別職の報酬等の状況、社会経済情勢等を総合的に勘案の上、改定すべきものである。

本年度は、東京都の一般職の給料月額について、公民較差（一〇八円、〇・〇三％）はかなり僅少であり、給料表や諸手当において適切な配分を行うことは困難であったが、有為な人材を確保する観点から初任給を引き上げる必要があると判断し、初任給引上げと給料表の初任層における改定が行われた。報酬等の改定の基準となる指定職給料表については、改定は行われていない。

また、国の特別職のうち内閣総理大臣等の俸給月額についても、本年度の改定は行われていない。

現在、景気は緩やかに回復しており、先行きについても、雇用・所得環境の改善が続く中で、緩やかな回復が続くことが期待されているが、海外経済の不確実性や金融資本市場の変動等の影響に留意する必要があり、引き続き予断を許さない状況にある。

以上の状況を総合的に踏まえると、東京都の特別職の報酬等については、今回は、改定を見送ることが適当である。

政治判断による首長の給料や議員の報酬

地方自治体では、「特別職報酬等審議会」の答申の額にもかかわらず、首長や議員がそれよりも低い額を設定し、毎年度条例で特例措置を講じることがあります。また、首長は自主的に全額を受け取らず、供託するというケースもあります。例えば、河村たかし名古屋市長は給料を三分の一にしていますし、小池百合子東京都知事は二分の一にしています。ともに政令指定都市、都道府県知事の中では、最も低い給与水準です。

これは政治的な判断であり、その判断は尊重されるべきです。他方で、公の制度としての「特別職報酬等審議会」が存在していることも事実であり、特別職報酬等審議会答申との乖離の解決も課題です。特別職報酬等審議会の問題点は、報酬の審議に当たっての判断基準が条例に規定されておらず、白紙委任となっていることです。よって、政治的な合意ができるならば、特別職報酬等審議会条例に、判断基準を書きこむことが望ましいと考えます。

ちなみに、東京都特別職報酬等審議会は、「東京都の特別職の報酬等は、本来、その職務と責任に対応することが必要であり、これに加えて、一般職の給与改定及び国の特別職の報酬等の状況、社会経済情勢等を総合的に勘案の上、改定すべきものである」と述べています。「これに加えて」より前の文章については、「その職務と責任」に内容を具体的に示すべきであり、また、「これに加えて」以降の文章については、「一般職の職員の給与改定に伴い、特別職の報酬についても自動的に引き上げられるような方式を採用することは、法の趣旨に違背するばかりでなく、特別職の報酬等の額の決定について広く民意を反映させるために設置されている特別職報酬等審議会の実効性が失われることにもなるので、かかる方式を採用することのないよう、厳に留意されたい。」という、昭和四八年の自治省通達の趣旨に沿って吟味が必要です。

6　首長と自治体官僚との関係

独任制首長による巨大組織の統治の限界

国では、強い総理大臣を作りだすため、官僚の人事権を各省大臣から実質的に内閣総理大臣に移すこととし、内閣人事局を創設しました。地方自治体では、地方自治法で補助機関として位置づけられている地方公務員の人事権は首長にありますから、制度上は、首長の地方公務員への指揮監督は万全であるということができます。

しかし、知事・市長は、たった一人で都道府県庁や市役所に乗り込むのです。一人で膨大な人数の職員を管理・統率することは、いかに有能なリーダーでも無理があります。

大統領的統治のために必要な地方自治法改正

国家公務員は、平成三〇年度末で約五八万人、うち一般職が約二八万人、特別職約三〇万人（防衛省職員約二七万人を含む）となっています。内閣総理大臣を中心として、与党の国会議員が大臣、副大臣、政務官となって各省庁を統率し、内閣には官房長官、官房副長官、総理補佐官などが政権運営に当たっています。

東京都の職員は、約一七万人、うち知事部局等及び公営企業が約三万九〇〇〇人、学校職員が六万五〇〇〇人、警視庁職員が四万七〇〇〇人、東京消防庁職員が一万九〇〇〇人となっています。また、東京都の平成三一年度の予算は、一般会計七兆四六一〇億円、特別会計五兆五五〇五億円、公営企業会計一兆九四八〇億円、合計一四兆九五九四億円であり、スウェーデン一国の予算に匹敵します。

政令市である名古屋市の平成三〇年度の職員は、正規職員が三万四〇九五人、再任用職員と任期付き職員を加えて、三万四九八八人です。平成三一年度予算は、一般会計一兆二四九九億円、特別会計一兆一〇〇〇億円、公営企業会計四四八七億円、合計二兆七九八六億円です。

東京都知事は独任官であり、また、地方自治法上、都議会議員は都庁の常勤職員となることができませんから、内閣のように、政治的に志を同じくする人を登用して都庁運営に当たることができません。名古屋市も同じです。人事権があるからと言って、一国並みの予算と職員管理を知事や市長一人で行うことには無理があります。

このような大きな地方自治体は国並みなのですから、大きな地方自治体については、その運営のため、大統領制を採用する国にならって、相当数の政治任命幹部をおいて職務を分担して行うことができるよう、地方自治法を改正する必要があります。それは、「官僚主導の地方自治体運営」から、住民が民主的に選んだ首長による「政治主導の地方自治体運営」への転換を促します。

官僚優位の地方自治体の首長と官僚の関係

選挙で選ばれた首長と地方自治法上「補助機関」と位置付けられている官僚組織との関係はどうなっているでしょうか。

国におけると同様に、執行機関内では、選挙で選ばれた首長が政策を決定し、官僚はそれを実行するという関係にあります。

地方自治体の官僚組織は、かつての国におけると同じく、自律的な組織であり、自ら試験を行い、合否を事実上決定して採用し、内部の人事案を作成し、意思決定者である首長の了承を取っていきます。政策でも、短期間しかいない政治家よりも、自分たちが事実上政策を決め、執行するという「自負」を持っています。これを、後藤田正晴氏は「官僚の思い上がり」と諌め、マックス・ウェーバーは「政治家の最も強大な敵は官僚組織」であると喝破しましたが、地方自治体では、それが色濃く残っています。

「誰が知事になっても同じ」の官僚主導の自治体運営

議会から首長への批判として、「知事や市長が、職員と相談せずに独断で政策を決定するのはけしからん」という類のものがあります。

地方自治体では、日常的なルーティンワークが多く、知事選挙や市長選挙でそれぞれの候補者が政策を訴えていますが、職員にとっては「誰が当選しても変わらない。」という気持ちがあります。選挙は日々の仕事をしている地方自治体の職員にとって何の変化ももたらさないということであり、「選挙による政権交代」という意識もありません。「知事は余計なことをしないで、職員に任せてほしい」、「知事は挨拶要員で、式典などで挨拶さえしてもらえば良い」、「どうしても、知事として特色を出したいなら、知事が関心のあるいくつかのイッシューだけをやらせておけばいい」などと、知事をお客さん扱いする地方自治体もあります。首長としても改革を試みることなく職員の神輿に乗っていれば、まさに「首長は誰でも務まる」のです。

都道府県庁や市役所を動かしているのは、選挙で選ばれ、いつ居なくなるかわからない首長ではなく、就職から定年まで勤めあげる職員なのだという意識、「地方自治体は職員が運営するものであって、主権者である住民の選挙で選ばれた首長が運営するものではない」ということは、「企業は従業員のものであって、株主のものではない」という日本的な企業観に通じるものとも考えられます。

しかし、それでは「誰が知事・市長になっても同じ」という選挙に対する諦めにつながり、民主政治の基本である選挙への関心がますます薄れてしまいます。

知事選挙、市長選挙が活きる政治家主導の自治体運営

行政は連続性を重んじますし、官僚は、先輩が行った政策や事業に対して、改善は良いとしてもそれを見直したり改革したりすることには、極めて消極的です。改革をしようとする首長が、職員のマインドを換えて改革の方向に向かせるには大変な労力を要します。首長の改革により平穏を脅かされる職員の武器は、「面従腹背」、「サボタージュ」です。これを許してはなりません。

しかし、独任官である首長が、膨大な人数の官僚組織を統括するには困難があり、改革をしようとする知事や市長は、現行の地方自治法の枠内で知恵を絞り、国と同じように都道府県庁・市役所の外から人材を登用して改革を行おうとします。

地方自治体において政治任用できる人事は、特別秘書と副知事・副市長などの限られた特別職です。ところが、副知事や副市長は、官僚組織における人事の頂点と考えられていて、これを外部の人間が占めることに対する官僚の強い反発があります。

国では、事務方のトップは、各省庁の事務次官です。これは「指定職」とは呼ばれますが、一般職公務員であって特別職公務員ではありません。内閣官房長官を補佐する特別職である内閣官房副長官は三人いて、衆議院議員、参議院議員、そして官僚から選ばれています。これを参考にすれば、都道府県で特別職である副知事を三人置くのであれば、官僚組織からの副知事は一人、他の二人は政治任命して、一人は内閣人事局のような幹部人事や総務関係を所管し、もう一人は財政を所管するなど、選挙で選ばれた首長の政策を実現するように官僚組織を統率する体制を整えることが適当です。

また、かつての国の官僚組織もそうでしたが、天下りを通じた官僚の都合による人事と予算の配分も許してはなりません。退職管理による「天下り規制」の徹底は、政治主導の地方自治体運営において不可欠です。また、天下りした先の企業や法人に対して、天下りした職員の人件費を支払うことができるように、補助金を交付したり、指定管理者に指定したり、契約を締結したりすることに対しては厳しくチェックをしなければなりません。

このような改革を行えば、官僚組織が自らの利益を追求したり、思いあがって首長を押しのけて政策形成の主役のような顔をしたりすることがなくなり、地方自治体の官僚組織も、地方自治法の趣旨に沿って首長の政策を実行する「補助機関」としての役割を果たすようになります。

選挙の「民意」を政策に活かす外部人材の活用

本来的に保守的な体質を持つ官僚組織に改革マインドを持たせ、有権者が選挙で選んだ首長の政策を実行するには、外部人材の登用が有効です。

国では、かねてから改革に当たって外部人材を登用してきました。鈴木善幸内閣の下での「第二次臨時行政調査会」(土光臨調)を受けて、中曽根康弘内閣で国鉄分割民営化、日本電信電話公社、日本専売公社の官業民営化の「改革」が実現しました。橋本龍太郎内閣の下に設けられた「経済財政諮問会議」には民間委員四人を登用し、予算編成に先立って「骨太の方針」を作成して、これまで大蔵省主導で行われてきた予算編成作業に対して官邸の影響力を強くしました。安倍内閣では官民のメンバーからなる「未来投資会議」が成長戦略を担っています。また、民間人顧問の登用も行われており、内閣に内閣特別顧問、内閣官房や各省庁等に顧問を多数置いています。

政府の政策を決定するのは、憲法に規定されているように、内閣です。外部人材が参加しての会議やアドバイスは、内閣が自らの責任において政策決定をする際の助けとなるものであって、内閣はそれらの提言や答申、アドバイスに拘束されるものではありません。また、内閣特別顧問の意見が内閣の意見でないことは当然のことです。顧問や参与は、自らの考えについては責任を有しますが、内閣や各省の意思決定に対しては責任を有しません。それは、内閣や各府省の大臣の権限であり、責任だからです。

地方自治体においても、政策決定を行うのは、知事や市町村長です。地方自治法上独任制を採用していますから　意思決定できる者は一人しかいません。局長などが意思決定できるのは首長から権限を委任される範囲内においてであり、それは首長の権限に由来するものです。

官僚組織だけでは「改革」はできません。変化が激しい現代では、有権者のニーズを的確に把握し、スピード感をもって柔軟に対応するには、官僚組織だけに頼ることなく、外部人材の登用をはじめとして、多様な情報リソースを確保し、意思決定に活かすことが肝要です。

外部人材の役割は、従来の行政にとらわれて改革に踏み込めない行政組織とは異なる視点からの考えを提供し、首長の意思決定のための意思決定の参考となる材料を提供することです。顧問などの外部人材のアドバイスも、国と同じく、首長が意思決定をする際の要素にすぎません。首長は、職員や顧問、そして有権者からの様々な情報を踏まえて、自らの責任で意思決定を行います。

官僚統治の極み、国ではありえない「顧問政治」批判

地方自治体でも、外部人材を登用する方法として顧問や参与を置くことができる旨が定められています。しかし、地方自治体では、外部人材は、自治体官僚組織のおぜん立てで議論を進めてくれる審議会委員は歓迎されますが、直接的に知事や市長にアドバイスをする外部人材を嫌います。「政策を決めるのは自分たち自治体の官僚である」との自負から、外部からの侵入者に対して強い拒否感があります。

改革を志した大阪市、大阪府、名古屋市もそうでした。顧問を多数登用しましたが、首長に反対する野党からは、自治体官僚の不満に乗っかる形で、顧問への攻撃が行われました。東京都ではこの攻撃のため「顧問政治」という造語までうまれました。

「顧問政治」批判は、国では全くありません。それは、国では「政治主導」が確立し、政策を決定するのは選挙で選ばれた政治家であり、官僚組織はその補佐を行う機関だという意識が浸透しているからで

す。地方自治体では、地方自治法で職員は補助機関と明記されていますが、「主権者は職員である」といわんばかりの「職員の意見を聞かないで意思決定を行うのは独断」と考える素地が残っています。

官僚主導の自治体運営は、審議会の運営にも見られます。国では改革が進みましたが、未だに、自治体官僚の手の平の上で議論をし、取りまとめをする審議会運営がなされています。このような審議会運営は時代の変化にキャッチアップできません。広く民間から委員を募る審議会の人選の改革や運営の改革も不可欠です。

官僚統治の力の源泉、天下り

官僚の天下りは、なぜ、いけないのでしょうか。退職前の職務と関係のある団体に再就職する方が、官僚としての知識・経験を退職後も行かせるので良いことなのではないでしょうか。

国においては、官僚の「天下り」が厳しく批判され、国家公務員法を改正して規制しています。一般に、「天下り」とは、一般職の国家公務員が仕事で関わりの深かった企業や団体に再就職することです。強い権限を持つ省庁は「お上」であり、そこから民間企業や団体にやってくるので、「天から下りてくる」、「天下り」となります。

国においては、官僚人事は各省大臣に権限がありますが、かつては官僚組織が自律的に行っていました。大臣は官僚が上げてきた人事案を承認するのが常でした。官僚組織の人事案件は、現役の官僚組織の人事だけなく、退職後の人事も含まれていました。世間では、幹部職員の天下りが関心を集めますが、退職後の人事あっせんは、幹部職だけでなく、いわゆるノンキャリアと言われる人々に至るまで行われていました。また、天下り先を確保することもあって、特殊法人や財団法人などの外郭団体を設立し、業界団体や企業との関係を深めていきました。また、官僚OB人事には、審議会や独立行政委員会への委員任命も含まれ、官庁は現役職員だけでなく、退職したOBに対しても影響力を持っていました。官僚機構は、情報の独占とともに、人事的なネットワークを作ることにより、政治家を凌ぐ強大な力を維持してきたのです。

かつて、度が過ぎる省庁の権限争いにより政策が停滞することへの批判がありました。これも官庁のネットワーク拡大の視点から見ると容易に理解できます。権限争いには「積極的権限争い」と「消極的権限争い」があります。その判断基準は、権限を持つことによって組織として「うまみ」があるかないかです。有力な産業を管轄下に置けば、業界とのつながりもできて官僚機構のネットワークを広げることができます。これに対してトラブル処理の業務は、人手と予算を使うだけで労多くして官庁のネットワーク拡大につながりません。

「天下り」は、監督する側の人が監督される側に回ることによって、様々な弊害をもたらします。例えば、かつての上司が規制・監督される側にいるので、厳しく監督できず、規制する側が規制される側に取り込まれるという「Regulatory Capture」（規制の虜）に陥りやすいこと、また、官民の癒着を招き「官製談合」が行われやすいことなどが挙げられます。さらに、天下りした先輩の給料を保障するために、その企業や団体に補助金が交付されることや、天下りした幹部職員の報酬が仕事の割に高すぎるなどの批判もあります。

強すぎる官僚組織は、内閣の決定に従わず、「面従腹背」や「官僚による隠然、公然たる内閣批判」、更には「官僚による倒閣」をも許すことになります。これは、日本国憲法の「国民主権」に反する「官僚によるクーデタ」と言わざるを得ません。断じて許すことはできません。

政府は、平成一九年に、官庁が再就職に関与すること、本人が在職中に求職活動をすること、再就職した者が離職後二年間の期間に元勤務した官庁に働きかけをすることを規制し、違反には一年以下の懲役または五〇万円以下の罰金を課すなど、国家公務員法を改正して退職管理を強化することにしました。

地方公務員の天下り規制

地方公務員の「天下り」についても、平成二六年に地方公務員法が改正され、平成二八年四月一日から施行されて、国家公務員と同様の「退職管理」が行われるようになりました。具体的な「退職管理」は、各自治体の条例で定められており、地方自治体によって、それぞれ異なるものとなっていますが、概ね東京都を除いては、国に準拠したものになっています。

東京都は、「東京都職員の退職管理に関する条例」を制定しているものの、その第六条で「適材推薦団体を除く」としており、それに該当する「働きかけ規制適用除外団体」は、平成三一年二月現在一一〇団体に上っています。国の制度や他府県の制度と比較すると、「天下り規制条例」というよりも「天下り促進条例」というべきものとなっており、国や他の地方自治体では「天下り」とされている退職者の人事が、東京都では積極的に行われています。

都庁は「伏魔殿」ということが言われますが、その原因は天下りを含めた都庁人事のネットワークにあります。都庁は国と違って、「官僚批判」がほとんど行われていません。都庁クラブはありますが、マスメディアは、記者クラブ制度の中で「記事を官僚からもらう」慣習や都内版という限られた紙面しかないため、ニュースバリューとして高い知事ネタや政治的ゴタゴタネタを追いかけ、官僚批判はほとんど取り上げることはありません。都庁官僚の数が多く、関連団体も多いため、「官僚のための新聞」も営業が成り立っており、これらにより都庁官僚はメディアからの安全地帯に安住することができています。また、都庁官僚は、地方自治体の中の地方自治体という意識が強く、他の地方自治体の先進的な事例を受け止める謙虚さにかけています。また、いわゆる伝統的な「お上意識」の方が「全体の奉仕者」である意識より優っているように思われます。

○東京都職員の退職管理に関する条例

（任命権者による職員の推薦及び人材情報の提供）

第六条　任命権者は、都政の一体的、効率的かつ効果的な運営を行うため、適切な人材として当該任命権者の職員又は職員であった者を推薦することが必要と認められる団体（以下「適材推薦団体」という。）を選定し、当該任命権者の職員又は職員であった者を推薦することができる。

2　任命権者は、営利企業等（適材推薦団体を除く。）から、職員に係る求人の申込みがあった場合は、当該営利企業等に対し求人内容と合致する職員に関する情報を提供することができる。

3　前項に定める人材情報の提供について、やむを得ない事情により当該職員の在職中に実施することができなかった場合は、当該職員の離職後に実施することができる。

○東京都職員の退職管理に関する条例第六条の「適材推薦団体」は、平成三一年二月二二日現在で一一〇団体が「働きかけ規制適用除外団体」としてリストアップされています。
「平成三一年度第一回東京都退職者管理委員会議事概要」（平成三一年二月二二日）参照
http://www.soumu.metro.tokyo.jp/03jinji/pdf/taisyokukanri/gijigaiyou310222.pdf

○大阪府退職管理の仕組み http://www.pref.osaka.lg.jp/jinji/taisyokukanri/
〈現職職員に対する規制について〉
1．指定出資法人等への再就職の禁止
勤続期間が二〇年以上である職員又は管理職の職員は、次に掲げる法人その他の団体（再就職禁止法人）には再就職することはできません。ただし、知事が人事監察委員会の意見を聴き、職員の離職後の再就職等の適正な管理に支障が生じないと認めて承認する場合等は除きます。
（1）指定出資法人
（2）職員を派遣している団体
（3）指定出資法人の子法人等
（4）府が財政的援助をしている法人
ア　三〇〇万円以上の負担金、補助金、交付金を府から受けている法人
（※過去二年間の何れかの年度における総額）
イ　金銭の出資又は貸付けを府から受けている法人
（※貸付金のうち、銀行等への預託金は除く）

（5）離職前五年間に行政上の処分（許認可等）に関する事務に職務として携わった法人（離職後二年間）
〈既退職者に対する規制について〉（略）
（就職規制の適用除外について）
再就職の禁止は、次に掲げる事項に該当する場合、その適用が除外されます。
（1）知事が人事監察委員会の意見を聴いて承認した場合
（2）職員の退職管理に関する条例第七条に定める場合
・廃職又は過員により分限免職される職員の再就職支援の場合
・退職派遣される場合（筆者注　いわゆる「現役出向者」、退職金ナシ出向・一定期間後復職。）
（出資法人等への再就職の禁止の適用除外）
第七条　大阪府職員基本条例第三二条第三項第二号の条例で定める場合は、次に掲げる場合とする。
一　職員の分限に関する条例（昭和二六年大阪府条例第四一号）第一〇条第八項の規定による支援による場合
二　退職手当通算予定職員として退職手当通算法人の地位に就く場合

政官の接触規制

議員内閣制であれ、二元代表制であれ、行政が議員の権限を侵さないこと、また、議員が行政への不当な個別介入を許さないことが、健全な民主政治です。

国政では、「党高政低」という状態があり、国家議員が国家公務員を部下のように扱うことや、国家公務員が特定の国会議員の部下のようにふるまうことによって、国会議員による不当な行政への介入をもたらしたとの反省があります。

国では、この反省に基づいて、国会議員と国家公務員の接触を規制する法律が整えられました。議院内閣制を採用するイギリスでは、国会議員と国家公務員との接触は禁じられていますが、日本では、国会議員が国家公務員への接触を禁止されると国会議員にとって必要な情報収集を阻害されるという意見が強かったため、国会議員と国家公務員とが接触した記録を残すこととしました。そして、記録を残す義務を国家公務員に課し、記録に残さなかった場合、その国家公務員の不作為をルール違反とすることとしました。これを「政官接触」規制と言います。

○国家公務員制度改革基本法

（議院内閣制の下での国家公務員の役割等）

第五条　政府は、議院内閣制の下、政治主導を強化し、国家公務員が内閣、内閣総理大臣及び各大臣を補佐する役割を適切に果たすこととするため、次に掲げる措置を講ずるものとする。

3　政府は、政官関係の透明化を含め、政策の立案、決定及び実施の各段階における国家公務員としての責任の所在をより明確なものとし、国民の的確な理解と批判の下にある公正で民主的な行政の推進に資するため、次に掲げる措置を講ずるものとする。

一　職員が国会議員と接触した場合における当該接触に関する記録の作成、保存その他の管理をし、及びその情報を適切に公開するために必要な措置を講ずるものとすること。この場合において、当該接触が個別の事務又は事業の決定又は執行に係るものであるときは、当該接触に関する記録の適正な管理及びその情報の公開の徹底に特に留意するものとすること。

二　前号の措置のほか、各般の行政過程に係る記録の作成、保存その他の管理が適切に行われるようにするための措置その他の措置を講ずるものとすること。

〇二〇〇二年七月一六日の閣僚懇談会申合せによる「政・官の在り方」

「政」は、行政が公正かつ中立的に行われるよう国民を代表する立法権者として監視責任を果たし、また、国務大臣、副大臣、大臣政務官として行政を担う。「官」は、国民全体の奉仕者として中立性、専門性を踏まえて法令に基づき、主に政策の実施、個別の行政執行にあたる。

2　対応方針

（1）「官」は、国会議員又はその秘書から、個別の行政執行（不利益処分、補助金交付決定、許認可、契約等）に関する要請、働きかけであって、政府の方針と著しく異なる等のため、施策の推進における公正中立性が確保されないおそれがあり、対応が極めて困難なものについては、大臣等に報告するものとする。報告を受けた大臣等は、要請、働きかけを行った国会議員に対し、内容の確認を行うとともに、政・官の関係について適正を確保するなど、自らの責任で、適切に対処する。

（2）（3）略

（4）「官」は、上記（1）により大臣等に報告するものについては、日時・経過、内容等、当該案件の処理経過を記録し、大臣等の確認を経た上で保存する。この場合（略）、記録の正確性を十分確保することとし、詳細な発言内容を保存する場合には、改めて本人の確認を求める。

議会のドン政治を許さない、「政官接触」条例の必要性

いくつかの地方自治体では、「政官接触」規制に関する条例や要綱を制定していますが、国の法律のように徹底したものではありません。これが、地方自治体で、「議会のドン」が執行機関の職員に対して首長よりも強い影響力を持つ「党高政低」の状態があっても、有権者には見えない不透明さの原因となっています。

東京都では、一般職職員と都議会議員との政官接触規定が定められていません。都職員と業者との接触については、東京都職員服務規程で「セクシュアル・ハラスメントの禁止」、「障害を理由とする差別の禁止」、「利害関係があるものとの接触規制」などが定められていますが、その遵守のためのシステムが整備されていません。それが、「都庁は伏魔殿」とか、「都議会のドン」というよう状態が作られてきた原因の一つとなっています。

地方自治体においては、議員に便宜を図ってもらうことを依頼する有権者がおり、「役所に頼み込めば何とかなる、それを実現する議員が力のある議員だ」という考えも根強く残っています。国と同じように「政官接触」条例が制定され、執行されるようになれば、そのような行為は白日の下にさらされ、それらの行為が適切なものであるかどうか、選挙民が適切な審判を下すことができます。また、それが「あっせん収賄罪」に該当すれば摘発されます。

このように、政官接触条例は、議員による行政への不当な個別介入を防止するとともに、住民に対し

て平等な行政執行を確保する効果が期待できます。

7　団体自治、地方分権の姿

国と地方自治体との権限配分

日本は、明治維新以来、中央集権国家を創りだすため、日本語としての「標準語」の形成、税の統一、全国の通信・交通網の整備、司法制度の確立などを行ってきました。しかし、戦後、国民福祉行政が増加し行政国家としての事務が膨大になってくると、国家公務員数や予算規模が増加の一途をたどることになり、大きな政府の改革に取り組まざるを得なくなりました。

他方で、地方自治体の力もついてきて、地方自治体の「地方分権」と国の「予算と人員、事務量の増大の抑制」という要請が一致し、「地方分権改革」が始まりました。

国は、外交や通貨の発行権限、全国的な交通ネットワーク計画や産業政策など、統一的に行わなければならない事項をつかさどります。地方分権を進めることによって、従来「国の機関委任事務」とされていたものは廃止され、国が行うべき事務、団体委任事務、自治事務へと仕分けされました。しかし、国は、「地方自治体の事務に関する制度の企画立案」を行うことができるとされ、法律の具体的な適用の場面での権限は「自治事務」であっても、その枠組みを法律で定めることができることとされました。

他方で、都道府県と基礎自治体と言われる市町村（東京二三区の特別区を含みます。）は同列の法人格であり、そこに上下関係はありません。したがって、都道府県の条例で、市町村の仕事を定めることはできません。

国の事務・事業によって被害を受ける地域住民への対応

国の事業であっても、その事業による負の影響は、特定の地域の住民が被ることがあります。地域住民の健康や生活を確保することは地域に密着した地方自治体の責務ですから、地方自治体は、住民の要望を背景に、国に対して対策を要望し、更にその事業の中止を要望することがあります。

それらには、飛行場による交通網整備と騒音生活被害、原子力発電所による電力確保と事故時における「ふるさと喪失」、さらに、水俣病の事例で見られたような日本経済の復興・高度経済成長と水俣病による被害などがあります。

しかし、水俣病事件のような「企業城下町」や原子力発電所の立地市町村のような「原発城下町」では、地方分権が進んだとしても、市町村が企業や原子力企業の側に立って、被害者や企業の告発者を差別することがあり、地方分権をすれば、全て解決するというものでもありません。むしろ、「企業城下町」や「原発城下町」では、特定の経済利益を追求する力が強く、地方分権はかえって被害者の声を封じ込めてしまう恐れがあります。

SDGs、近い利益と遠い利益

水俣病の事例に限らず、原発城下町やダム建設の場合も、住民にとって身近な利益が明確に示されると、環境が損なわれ又は事故の可能性があるとしてもそれは遠い未来の話であるとして、人々は短期的利益を選びがちです。一方的に不利益を被る場合は地元住民の反対は強くなりますが、そうならないように行政は補償金を提示したり、補助金を提示したり、新たな公共事業を提案したりします。提示される利益は具体的で直ぐに利益があるもので、環境価値などの長期的な利益に勝るものであり、地域住民の多くがその利益を優先します。こうして反対運動は切り崩されていきます。

地方自治体の議員はその地元住民の選挙によって選ばれますから、所属政党がＳＤＧｓ等の長期的な理念を掲げていても、当選優先かつ地元住民の代表という意識からダム建設などの公共事業を受け入れていきます。唯一の例外が党中央の指令が行き届く日本共産党ですが、共産党の場合は「オール・オア・ナッシング」の運動を行い、話し合いの中で合意点を見つけ、その結果に責任を負うという民主主義の原則にはなじみません。責任を負わないのですから、「いつも正しく、主張を貫く政党」というアピールをすることができます。

道路の建設や廃止についても同様で、知事や市長が決断すれば良いものではなく、都市計画決定の変更や道路決定やその廃止等の行政手続を進めなければなりません。その場合、できるだけ多くの人々の理解を得て進めるという観点から、地域住民、より幅広い人々、さらに議会の理解を得る努力をしなければなりません。また、このような場合に「民意」を聞くための住民投票が可能だとしても、公共工事の「地元」の住民だけとするのか、費用負担をする市域・県域の全体の住民とするのか、その範囲をどうするかが大きな課題となります。「住民投票」という「住民自治」の範囲、すなわち「団体自治」の範囲をどうするかによって結果は変わってきそうです。この場合、必ずしも狭い範囲の地元が長期的視野にたった判断ができるとは限りません。これも「住民自治」と「団体自治」の課題です。

政令指定都市を廃止する「都区制度」

東京都と特別区の間には、地方自治法の「都区制度」という大都市制度が適用されています。

都区制度における「行政上の特例」は、都は特別区の区域において、特別区を包括する広域の地方公共団体として府県事務を行うほか、一般には市町村が行う事務のうち、人口が過度に集中する大都市地域における行政の一体性と統一性を確保する観点から一体的に実施する必要がある事務を行っています。それには、都市交通（都バス・都営地下鉄）、病院（都立病院）、港湾などのほか、法令で定めている上下水道（東京都水道局）や消防（東京消防庁）などの事務があります。

また、都区制度では「税制上の特例」があります。都は特別区の区域において、市町村税である固定資産税、市町村民税法人分及び特別土地保有税の三税を都税として徴収し、その一定割合（五五％）を「特別区財政調整交付金」として特別区に交付しています。この他、都は市町村の目的税である事業所税及び都市計画税を都税として徴収しています。令和元年度の都税収入見込み額は五兆五〇三二億円で、特別区に交付する「普通交付金交付金（交付金全体の九五％）」の額は一兆二二億六六〇〇万円です。この他、基準財政需要額の算定方法では補足できない特別の財政需要に対する「特別交付金」（交付金全体の五％）があります。東京都の「特別区財政調整交付金」は国の「地方交付税制度」とほぼ同じ制度であり、財政の均衡化を図るための制度であって、「都区制度」の根幹をなす制度です。

さらに、東京都では二三区と多摩地域との間の財政格差に対応するために「市町村調整交付金」を設けていますが、市町村財政は基本的に市町村で完結しているため、これは五五〇億円となっています。

都区制度は、現在東京都だけですが、大阪府・大阪市が都区制度へと移行しようとしています。「都区制度」への移行は、「政令指定都市」の廃止であり、名古屋市への愛着が強い名古屋市では全く考えられませんが、大阪市民の一つの選択ではあります。その際、最も大きなことは、「特別区財政調整交付金」をどのように設計するのか、という財政の問題です。

一九五四年度の地方交付税制度発足以来、一貫して東京都（都区合算された東京都分）は財源超過団体であり、地方交付税の不交付団体です。東京都にとっての仮想的な課題は、特別区が一般の市として自立した場合です。「特別区財政調整交付金」は廃止され、代わって特別区に「地方交付税」が交付されることになりますが、その場合どのくらいの金額が交付されることになるのかが、大きな課題です。また、都区制度を採用する大都市が、地方交付税の交付団体となった場合、「地方交付税制度」と「特別区財政調整交付金制度」とをどのように整合させていくことになるのかも大きな課題です。

都道府県を廃止する「道州制」

地方分権を推進し、権限と財源を地方自治体に移したとしても、自治体間格差は生じます。地方自治体間の格差を受忍できない場合は、国や広域自治体による財政格差調整の財源が必要になります。

一九二七年の田中義一内閣の「州庁設置案」では、三つの県を廃止して北海道庁を設置し、台湾総督府、樺太庁、朝鮮総督府、南洋庁が設置されたことを踏まえて、全国を「仙台州」、「東京州」、「名古屋州」、「大阪州」、「広島州」、「福岡州」に統合するとされていました。

戦後、地方制度調査会で「道州制」が議論され、その区分けについても、いくつかの案が出されています。東京都を中心として考えると「九道州」では、「南関東州」として埼玉県、千葉県、東京都、神奈川県、山梨県という案と、ここから東京だけ分離して「東京州」とする案が、「一一道州」と「一三道州」では「南関東州」として千葉県、東京都、神奈川県、山梨県という案と、ここから東京を分離する案とがあります。

いずれの場合も、都府県が廃止されることになり、州都をどこに置くか、これまでの都府県であったまとまりをどう再編するかなどの問題があります。いっそ奈良時代に戻って、愛知県は尾張と三河、岐阜県は美濃と飛騨というように地理的・歴史的なまとまりにして行政区を置いた方が良いのではないかとも思います。

地方分権の課題、地域間格差の許容か解消か

道州制は、国の権限の多くを「道州」に移管することを趣旨の一つとしています。地方分権を徹底した場合、それぞれの「道州の間」、「道州の中」において地域間格差ができます。

国は、かつて標榜していた「国土の均衡ある発展」という政策目標を取り下げています。新幹線や高速道路網を整備しても、それを実現することはできません。製造業が日本経済の主体であった時代では「工業の分散政策」が取られましたが、一部で実現しただけで全国的には行われませんでした。まして、今は、日本経済の成長産業は製造業ではありません。

地域格差是正のための方策として地方交付税制度があります。地方交付税は、「本来地方の税収入と

すべきであるが、団体間の財源の不均衡を調整し、すべての地方団体が一定の水準を維持しうるよう財源を保障する見地から、国税として国が代わって徴収し、一定の合理的な基準によって再配分する、いわば『国が地方に代わって徴収する地方税』（固有財源）という性格をもっています。」と説明されています。

その地方交付税の額は減少の一途をたどっています。また、「すべての地方団体が一定の水準を維持」するために必要として算定された額を地方交付税で賄うことができず、不足分を地方自治体が「臨時財政対策債」として債券を発行して資金調達しています。さらに、国が交付する地方交付税も税金収入で賄うことができず、財務省の資金運用部から借り入れ（「交付税特別会計借入金」）をして賄っている状態です。

地方交付税の額は全額が交付された平成一二年度は二一・四兆円でしたが、臨時財政対策債が発行され始めた平成一三年度は二〇・三兆円、臨時財政対策債は一・四兆円の合計二一・八兆円、平成三一年度ではそれぞれ一六・二兆円、三・三兆円、合計一九・四兆円となっています。

臨時財政対策債は、「地方財政収支の不足額を補てんするため、各地方公共団体が特例として発行してきた地方債です。その元利償還金相当額については、全額を後年度地方交付税の基準財政需要額に算入する（償還に要する費用は後年度の地方交付税で措置される）こととされ、各地方公共団体の財政運営に支障が生ずることのないよう措置されています。」と説明されていますが、臨時財政対策債の累積残高は平成三〇年度で五三・八兆円になり、「交付税特別会計借入金残高（地方負担分）」を合わせると八五兆円になる見込みであると、全国知事会（平成三〇年四月、http://www.nga.gr.jp/

ikkrwebBrowse/material/files/group/2/20180426-03chihou_zeizaigen_no_kakuho_juujitsu.pdf）は説明しています。国に地方自治体の財政を支える力が無くなっていることへの懸念は現実になっています。

道州制で大幅に地方分権された場合に、地方交付税に代わり、道州の格差を是正するために国による「財政調整制度」が残るのか、また、国にその力があるのかは問題です。仮に、州間格差を是正するために「地方交付税制度」が残るとした場合、果たして財政自立の面から「道州制」の意義がどれほどあるか問題となります。

また、道州の中における地域間格差を是正するために「財政調整金制度」が不可欠になりますが、それだけの財源を道州が産みだすことができるのか、それを道州がどのように配分できるのか課題は山積です。

8　首長の損害賠償責任を問う住民訴訟制度の課題

国の法律と地域の民主主義

地域の課題を解決する際に、法律で定めるルールと地域住民の意見が対立することがありますが、その場合、現在の日本の仕組みでは法律のルールが優先します。

マンション建設や廃棄物処分場建設をめぐって、外部からやってきた業者が法律の手続を踏んで建設を進めようとし、その区域の有権者が反対するという構図に地方自治体が挟まれることがあります。特に、市長選挙で建設を認めないという公約を掲げた候補者が当選し、市議会議員選挙でも建設を認めないとする議員が多数を占めた場合、「団体自治」の限界である法律の遵守と「住民自治」による意見とが対立することになります。

「地方のことは地方で決める」という考えによれば、民主主義による「住民自治」を優先させるべきという考えもあります。しかし、それは法律で認められていないので、建設の申請を棄却すれば国が一元的に管轄する裁判所で「違法か適法か」という判断がなされ、違法な処分ということになりかねません。その場合、地方自治体の「民主主義」に従って建設を拒否した市長は、地方自治法に定める住民監査請求を前置とする損害賠償請求訴訟において、一人で損害賠償の責任を負うことになります。

住民訴訟の課題

地方自治法の住民訴訟については、改善すべき課題が多くあります。

（一）損害賠償責任は総理大臣や各府省大臣にはなく、首長だけにある。

国では、国が定めた法律に基づく処分権限の行使に当たって、内閣総理大臣や各省大臣は、違法な行政処分により国民や企業に損害を与えたとしても、個人として損害賠償責任を負うことはありません。それにもかかわらず、法律に基づく処分権者が首長である場合に、首長個人が損害賠償責任を負うという仕組みは平等性を欠きます。地方自治体に対して損害を与えないようにするというなら、国についても事情は同じであり、総理大臣や府省の大臣にも同様の責任を認める法制度とすべきです。地方自治の観点からすれば、地域住民が直接作ったルールではない法律に基づいて知事や市長が損害賠償責任を負うのは極めて理不尽です。むしろ、民主主義を「直接的に自ら設定したルールの責任は自らが負う」と考えれば、総理大臣や府省の大臣は国の処分権限の行使に当たって国に損害を与えた場合に損害賠償を負うが、首長は法律の権限行使については損害賠償責任を負わないとする方が、合理的です。

(二) 国の事業に地方自治体が費用負担するケースで、国は被告とならず、地方自治体が被告になる。

国の事業として行われるダムや河口堰の建設に対して、地方自治体は法律に基づいて費用負担をしなければなりません。ダム等の事業に反対する住民は、直接国を訴えるには原告適格などの問題があるため、ダム建設に対して地方自治体の予算支出が行われた場合、不要な支出により地方自治体に損害を与えたとして住民訴訟を起こすことができます。地方自治体は法律に基づいて予算措置をしたものであり、ダム建設事業が必要かどうかは事業主体である国が被告となって訴訟対応をすることが最も適切です。しかし、国には住民訴訟のような規定がないため、国の支出は無駄であるとしてダム建設の責任者である大臣を被告として損害賠償責任を問う訴訟を起こすことはできません。地方自治体が、国に代わって被告を引き受けている現状は不合理です。

(三) 議会の議決や選挙で示された「民意」と損害賠償責任との調整

損害賠償責任は、首長の裁量を超えて違法な支出を行った場合にも生じます。しかし、首長は単独で予算を支出することはできません。予算は議会の承認事項であり、首長は議会の承認を得て支出をしています。

なぜ、損害賠償責任は首長だけにあるのでしょうか。二元代表制を採用する地方自治体というなら、議会にも損害賠償責任を認めるべきではないでしょうか。少なくとも、その予算に賛成した議員は、議員でなくなっても遡って損害賠償責任を負うことにすれば、首長と均衡が取れます。特に、首長に対して特定の行為をなすよう議会で議決した事項について、首長が予算措置を講じ、それについて損害賠償責任があるとされたときは、議員も連帯して損害賠償責任を負うことに合理性があります。

民意を反映する地方自治法の改正の検討

国の法律と地方自治体の民意とどちらを優先するか、現行制度では「法律の規定が優先する」ことになっていますが、日本国憲法は重要な課題については「住民投票」の規定を置いており、地方自治体の「民意」を優先するための法律を是認しています。

民意の反映の第一は、「住民自治」の観点から、政策を決定し執行する首長を直接選挙で選ぶことにあります。

首長が示す政策を議会が反対して実行できない場合、首長が辞職して再び選挙に打って出るのは、議会の「民意」と首長の「民意」のどちらを選択するか、改めて有権者に問うという趣旨です。国における総理大臣の解散権と異なって首長には議会の解散権はなく、議会は自ら解散議決をするかリコールによらなければ解散できず、機動的に「民意」を問うことができません。他方、首長は任意に辞職することができ、特定事案を掲げて首長選挙を行うことにより「民意」を問うことができます。

民意の反映の第二は、「団体自治」の観点から、「民意」によって首長の損害賠償責任を問わないこととする方法です。

住民訴訟による首長の損害賠償責任を認める現行規定の下において、損害賠償責任を免責する議会の議決が認められています。それなら「予算議決」をした場合はすべて首長の損害賠償責任は免責されるのでしょうか。とすれば、首長は、建設申請に対する棄却処分を行う際に予防的に議会の「決議」を受けておけば免責されるという仕組みも考えられます。議会の構成は変化しますが、適切な判断が行えるのは処分時の議会だからです。ただし、予算は一括審議ですので、それだけで「免責」効果を付与することはどうかという議論があるかもしれません。それならば、特定の予算の「免責」を議決案件として議会に提案して、議会議決が得られれば「免責」されるとしてはどうでしょうか。いずれにしても、地方自治法の改正が必要です。

民意の反映の第三は、同じく「団体自治」の観点から、「住民投票」により「民意」を確認する方法です。議会の議決で免責されてしまうというのでは、住民訴訟の意義が薄れるという意見もありますので、「民主主義による免責規定」という趣旨を徹底して、シングルイッシューについての「住民投票」を行い、「民意」を確認した建設申請棄却処分や予算の支出について首長は損害賠償責任を負わないという仕組みにしてはどうでしょうか。

地方自治体は株式会社ではありません。株主代表訴訟のような住民訴訟の規定は、様々な角度から検証すべきと考えます。

住民投票条例

大規模な施設の建設は、地方自治体の財政上大きな影響を与えます。例えば、庁舎の建替えや病院の移設などです。これらは首長選挙のテーマになりがちです。しかし、首長選挙は四年に一度ですから、包括的な「住民投票条例」を制定し、国政選挙などの機会に合わせて住民投票を行えば、機動的に政策テーマについて「民意」を把握できます。

国においても、平成二四年の地方自治法の改正に向けて「大規模な公の施設に係る住民投票制度」が検討されました。これは、「条例で定める大規模な公の施設の設置を議会が承認した後、住民投票を実施し、住民投票で過半数の同意がなければ、当該公の施設は設置できない」というもので、「住民投票の結果が地方公共団体の意思決定を拘束するものとして制度化する」という法律の根拠を持つ「拘束的住民投票」として考えられました。しかし、全国都道府県議会議長会などからの慎重意見によって改正案に盛り込まれませんでした。「代議制民主制」である議会の議員は、一般に「直接民主制」による「民意」の反映は自らの権限を侵犯するものと捉え、「住民投票」に好意的ではありません。

地方自治体において大規模な公の施設や大規模開発は、都市の性格を決定づけることがあります。例えば、「カジノ」の誘致も大きな課題です。「大規模な公の施設」だけではなく、「大規模開発」については、「住民投票制度」を採用して決めることが適切です。

なお、選挙事務は住民票業務を行う市町村の事務であり、国政選挙や法律で定めのある住民投票の場合は市町村の選挙管理委員会は投票所を設けて選挙事務を行わなければなりませんが、都道府県条例で独自に住民投票を決定したとしても、市町村の選挙管理委員会はその住民投票事務を行う義務を負うことはなく、住民投票事務を行うかどうかはそれぞれの市町村の判断事項ということになります。これは、今後の住民投票条例を定める上での都道府県の課題であり、法律での解決が必要となります。

9 東京都の行財政改革の課題

伏魔殿の正体、天下りで増殖する「都庁グループ」の力

東京都の行政改革で最も肝心なことは、国と比べて遅れている公務員改革を徹底することです。ただし、これは改革の本丸ですが、国でも公社や特殊法人の民営化や天下りの規制などを長い期間をかけて行ってきたことであり、容易なことではありません。

東京都の官僚制度は国や他の地方自治体とは全く異なっており、一一〇団体に上る「適材推薦団体」への天下りを通じてネットワークを形成し、強力で独立した勢力を確保しています。国家公務員や地方公務員の「天下り」規制をものともせず、議会で審議されたはずの退職管理条例でも「天下りの抜け穴条項」を認めさせており、官僚の知恵と経験を活かして都政の効果的な執行を図るなどと言って公然と「都庁グループ」の効用を説いています。これこそが、首長の政治主導の政治に対抗できる官僚の力の源泉であり、知事の介入を許さない「伏魔殿」の正体です。

「都庁グループ」は、東京都が巨大組織であるがゆえに、知事の目が行き届かないところで増殖し、その力を維持することができます。例えば、手続上は公平に行われているように見せかけている指定管理者の公募も都庁ＯＢがいる「適材推薦団体」を指定するように持っていくことも可能であり、東京都の予算を「都庁グループ」で使い、組織を維持することができます。その日常的な光景が、都庁官僚が知事の政策を左右したり、決まった政策を現場の判断で変更したり、都議会議員に対して積極的答弁調

整や消極的答弁調整を通じてコントロールし、人事のほとんどを官僚自らが事実上決めていることに現れています。

また、都議会のドンが都庁官僚組織と組んで都政を支配し、壟断することを可能にする条件は、官僚組織が知事の「補助機関」から逸脱して知事の指揮命令に服さないことが可能であることです。フリーハンドを持った官僚組織は、知事と議会の力関係の中で、常に強い方につきます。よって、「党高政低」の政治状況の下では、知事をないがしろにして都議会のドンと組み、「都議会のドン政治」を可能ならしめるのです。「都庁官僚が立案し、都議会のドンと相談して政策を決め、ただ一つの政策案を知事に上申し、そのまま決定する」というシステムが機能することができたのは、地方自治法上の権限者である知事を奉りながら、実質的な意思決定をさせないだけの力が「都庁グループ」を形成する都庁の官僚集団にあったからです。まさに、旧帝国陸軍の関東軍に匹敵する独立した権力集団が都庁のど真ん中に存在するという構図です。

東京都の官僚制度は、かつて「官僚が国を主導していた時代」の国の官僚制度のデジャブ感があります。その時代の官僚組織は、総理や大臣から「伏魔殿」に見えていたのかもしれません。かねてから「郵政民営化」を唱えていた小泉純一郎総理からすれば、郵便貯金を原資にして何をしているかわからない官僚組織や、日本道路公団、水資源開発公団、住宅・都市整備公団などの特殊法人を次々と作って各省庁がそれぞれの権益を拡大するさまは、現在の「都庁グループ」とほぼ同じ構造に見えているでしょう。大きな違いは、国では官僚主導の政治を改めるため、継続的に行政改革を進めて政治主導の政治を確立してきたことです。これに比べると、東京都では都庁官僚と適材推薦団体による圧倒的に強力な「都庁グループ」に対して政治家が主導権を獲得しようとする意志が希薄です。都政を取材するメディアも、国政を取材するメディアと全く異なり、都庁に取り込まれているためか、そもそも何らのアジェンダ設定意識がないためか批判的姿勢も見られません。「都庁の職員」を「都庁官僚」と呼ぶのさえ憚られる状態では、政治と官僚制をめぐる議論は不可能に近い状態です。

東京都においては、少なくとも、国がこの三〇年間に行ってきた審議会改革、天下り規制、政官接触規制、公務員倫理規制等を徹底することにより「伏魔殿」を掃除して、選挙で選ばれた首長と補助機関と関係を明確に規律し、透明、かつ、政治主導の地方自治体運営を確保することが、大きな課題です。

官僚主導の都政から、知事主導の都政へ

地方自治体の議会と首長の関係では、旧い「二元代表制」のドグマが「制度論」と「政治論」の区別なく語られており、大都市や都道府県では政党化が進行しているにもかかわらず、現実を踏まえた理論の進展がありません。

首長と議員が共に選挙で選ばれるという地方自治体の特徴を活かすならば、戦後の経済発展を踏まえて大規模化した都道府県や大都市の経営を政治主導に変えていくことを明確に打ち出し、独任制の首長から地方自治体幹部を政治任命する大統領制へと転換を図るべきだと考えます。また、変化の時代には、民間からの人材も登用して、国の「経済財政諮問会議」のような大方針を議論する場を設けるなど、「自治体を運営する」観点を明確にすることが効果的です。さらに、議会答弁も、国と同じように、首長と志を同じくする政治任命された幹部が答弁することによって、「八百長と学芸会」と批判される議員と官

僚のなれ合いも解決できます。

官僚制度の改革は、旧い都議会を是とする人々にはできません。国においても官僚主導の統治から政治主導の統治に変えていくには、長い年月を要しました。官僚制度の改革を進めるのは大変な作業です。民主的な選挙で選ばれた首長による都政を行うことができるのか、それとも官僚による官僚政治を続けるのか、住民の批判にさらされてこなかった官僚制度の問題を取り上げて改革すべきだと思います。

世界の中の日本と東京の役割

東京都は、これまで順調な景気に支えられて潤沢な財政を維持してきました。それゆえに、東京都は地方交付税の不交付団体として存続してきました。他方で、国は地方交付税の税収が減っていく中で、財務省の資金運用部から交付税特別会計借入金を借り入れるだけでなく、地方自治体に「臨時財政対策債」の発行を押し付けてきました。その流れの中で、地方交付税の財源に窮した国は、財政の地方分権化のためには国の財源を地方自治体に移転しなければならないにもかかわらず、東京都の地方財源を減らして他の地方自治体に配分するという「地方自治体間の財源の食い合い」という姑息な手段に打って出ているのです。そのキャンペーンが「東京一極集中の是正」です。

日本の国力が低下していく中で、国はかつての「国土の均衡ある発展」政策に代えて、地方政策として「まち・ひと・しごと創生」を掲げるようになっています。

「国土の均衡ある発展」とは、国土利用の過度の地域的偏在に伴う諸問題を是正しつつ国土が発展することであり、そのために人口と産業の都市集中の流れを転換し、地域の特性を活かそうというものでした。これは、人口増加、経済成長段階における政策であり、現在のように人口減少、経済の低成長の局面においては不適切な政策です。地方の中山間地では無居住地域が拡大するので、最低限の社会資本を維持するための集落の再編や治山・治水等の適切な国土管理が必要になります。中小都市では、中心市街地が衰退しつつあるので、核となる市街地の維持や広域連携が必要になります。

このような時代の変化を受けて、「まち・ひと・しごと創生法」では、「国民一人一人が夢や希望を持ち、潤いのある豊かな生活を安心して営むことができる地域社会の形成、地域社会を担う個性豊かで多様な人材の確保及び地域における魅力ある多様な就業の機会の創出を一体的に推進すること」を目的としています。

経済機能の観点から「三大都市圏」及び「東京圏」のトレンドを見ると、都市集中を避けるために政策が講じられたものの、それらは顕著な成果を上げたとは言い難いものでした。

高度経済成長の時代は、日本全体で稼ぎ、豊かになることが目標でした。しかし、現在の人口減少・経済の低成長時代にあっては、伸びきった地方自治体の行政機能をコンパクト化して地域住民の行政ニーズに応えていくことが大きな課題です。よって、日本の富をどこで稼いでいくのかという戦略がなければ日本経済と世界との差は益々拡大していきます。そう考えると、「稼げるところが精一杯稼ぐ」という戦略をとるべきであり、「東京一極集中」批判や三大都市圏つぶしの政策は、日本経済を負のスパイラルに陥らせる不適切な政策です。

大学の「東京一極集中の是正」という政策についても、「QS世界大学ランキング二〇二〇（二〇一九年六月発表）」によれば、東京大学でさえ世界ランキングでは二二位、次の京都大学は三三位、私立の早稲田大学は一九六位、慶應義塾大学は二〇〇位にすぎません。アジアでは、シンガポール国立大学が一一位、中国の精華大学が一六位となっており、日本が大学の平準化や均等化等に注力していては、ますます学術面でも世界との差が拡大します。この現実に正面から向き合い、世界との競争に勝ち抜く決意がなければ、日本の未来はありません。

東京二〇二〇大会後の行財政改革

日本を取り巻く環境は、厳しさを増しています。東西冷戦終結後、世界は一つの経済圏に統合されました。そのメリットを活かしたのがＢＲＩＣＳ（ブラジル、ロシア、インド、中国、南アフリカ）諸国であり、中でも中国は世界第二位の経済大国になり、さらにアメリカを追い越そうとしています。その中で、一人日本だけが経済の大成長時代に乗り遅れ、低成長のままでいます。

現在は、大幅な金融緩和と為替の安定により日本経済は小康状態を保っており、少子化の影響もあって労働市場も好調を保っていますが、この間、日本には世界的な大企業も生まれておらず、高度経済成長の遺産を食いつぶしている状況が続いています。

今後、短期的・中期的には、世界の覇権をかけた米中経済摩擦や情報通信技術の競争、非対称の戦いである「テロとの闘い」の多様化、中東地域での地域紛争の発生等の国際的な要因により世界経済は不透明な状況が続きます。また、不況などの非常時に発動する金融的手段を平時に使いきってしまっている日本の状況や消費税の引き上げなどを考慮すると、世界的な不況が起きたときに対応できるのかは、危ういものがあります。また、国は、財政的に厳しいにもかかわらず一〇〇兆円規模の予算を組み、国債頼みの財政をつき進む一方で、東京都の地方財源を収奪するより他に手段がないという状態に陥っています。

国の都税収奪措置による収入減だけでなく、米中貿易摩擦などの国際的な不安定要因に鑑みれば、法人税の割合が多い都財政は大きな影響を受ける可能性があります。加えて、本格的な高齢社会を迎え行政需要の増加は避けられません。この状況の中で、団塊世代が後期高齢者となるこれからの一〇年を乗り切るには、積極果敢な行政改革、財政改革が必要になります。

東京都は、豊かな財政の下で、行政改革も行わずに昭和の官僚機構を温存してきました。これが、「東京都は伏魔殿だね」と言わしめる原因なのです。課題は明確です。東京二〇二〇大会が終われば、東京都の「オリンピック・パラリンピック準備局」はその使命を終えます。組織委員会に派遣していた職員も東京都に帰ってきます。大幅な行政改革と財政改革を行う絶好の機会です。

東京都の行政改革の課題

第一に、現行の地方自治法の範囲内で、条例改正などを行って改革できる事項は数多くあります。それを列挙します。

(1) 審議会の委員任命及び運営方法の改革

①原則として(法令により議員を委員とすることが強行規定として定められている場合を除きます。)、議員や都庁職員ＯＢを委員として委嘱しないことをルール化すること。

②審議会委員の兼職数、年令について制限を設けること。

③多様な民意を反映することができるよう、多様な人材を委嘱すること。

④審議会運営の公開、二回以上の審議の保障、委員自らによる意見の開陳・答申案の起草等の審議会の自主的運営、議論の場の確保をルール化すること。

（2）行政委員会委員の任命の改革及び運営方法の改革

東京都には、教育委員会、選挙管理委員会、人事委員会、監査委員、公安委員会、労働委員会、収用委員会、海区漁業調整委員会、内水面漁場管理委員会、固定資産評価審査委員会があり、これらの委員には、議員ＯＢや都庁職員ＯＢが委嘱されているものもあります。

審議会改革と同様に、議員ＯＢと都庁職員ＯＢを委嘱しないことをルール化すること。

（3）特別職の政治任命、報酬額の本格的な審議

特別職は地方公務員法第三条に規定されており、一般職公務員と異なり、政治活動の規制や秘密保持義務に関する規定の適用がありません。

都庁の主な特別職には、執行機関については知事、副知事及び教育長、議会については議長、副議長及び議員があります。執行機関については常勤で給料が支払われ、議員については非常勤で報酬が支払われると理解されていますが、いずれも「月額」が定められています。これら特別職の給料・報酬については、「東京都特別職報酬等審議会」で審議されています。しかし、その審議は極めて形式的であり、「民意」が反映されたものになっていません。

特別職の報酬等について、審議会委員の構成を見直し、本質的な議論を行い、都民の意見も聞くなど「民意」を反映した報酬等についての審議を行うこと。

(4) 政官接触の透明化

国においては、議員の個々の行政への関与を防止するため、政官接触の場合には記録を残すこととしています。その際、不当なものであるか否かを問わず、全て記録します。

東京都においても、国の制度を参考にして、政官接触を記録することをルール化すること。

(5) 東京都職員の天下り防止

国も他の地方自治体も、公務員の天下りを防止するため厳格な退職管理をしています。ところが、東京都だけが退職管理条例で「大きな抜け穴条項」を設けており、一一〇団体に上る「適材推薦団体」に対する実質的な天下り促進条例となっています。

国や他の地方自治体の仕組みを参考にして、一一〇団体に上る適材推薦団体に関する東京都職員の退職管理に関する条例の第六条を削除すること。

(6) 本庁行政機関の整理

東京都組織規程には、地方自治法にも他の地方自治体の組織規程にもない独自の「本庁行政機関」の規定があり、指揮命令系統が不明確になっています。

地方自治法に即して指揮命令系統を明確にするため、東京都組織規程を見直し、本庁行政機関に関する規定を廃止すること。

(7) 東京都の行政組織改革

東京都の行政組織の改革は喫緊の課題です。その際、組織いじりに終始しないためには、試験で選抜された職員による「官僚主導の都政」から選挙で選ばれた知事による「政治主導の都政」へと転換する明確なメッセージと明確な政策意思が必要です。

①国の内閣官房に相当する権限を持った知事部局を創設し、政治任用された統括者とその補佐官を置くこと。

②改正された「卸売市場法」及び「食品等の流通の合理化及び適正化に関する法律（食品等流通法）」に的確に対応し、政策オリエンティッドの食品流通政策を企画・立案・実施できるよう組織改正を行うこと。

③公立学校、私立学校を通じた教育政策の一元化を図り、及び教育現場でのいじめなどの対策に遺漏なきを期すること。また、学校に教員以外の常勤の専門職を配置し、学校運営に参加させること。

④適正規模や政策の関係性を考慮しつつ、縦割りの弊害を克服して機動的な行政ができるよう現行の行政組織を見直すこと。

東京都の財政改革の課題

東京都の平成三一年度の予算は、一般会計七兆四六一〇億円、特別会計五兆五五〇五億円、公営企業会計一兆九四八〇億円、合計一四兆九五九四億円となっています。

（1）行政評価の徹底

東京都の行政評価は、財務局が予算査定の過程で行うこととなっています。しかし、行政評価手法の開発や個別の行政評価調査は独立した業務であり、透明性を確保しながら、第三者的視点で事業評価を行うことが大切です。

行政評価について独立の部署を設け、事務事業の特性に即した行政評価手法の開発を行うとともに、第三者的な視点から個々の事務事業の行政評価調査を行い、それを定員管理や予算査定に活かすこと。

（2）公営企業会計の独立採算性の確保

東京都の公営企業会計には、病院会計、中央卸売市場会計、都市再開発事業会計、港湾事業会計、交通事業会計、高速電車事業会計、電気事業会計、水道事業会計、工業用水道事業会計、下水道事業会計があります。独立採算を旨としている公営企業会計では、税金投入する場合はその「公的な意義」を明確にし、都民の理解を得ることが必要です。

①公営企業会計については、本業収支の黒字化を図るとともに、税金投入をする場合には、その「公的な意義」について、都民に分かりやすい説明を行うこと。

②中央卸売市場会計は、一般会計から無償で移管された市場用地を再び一般会計に戻す際に「有償所管換え」として税金を投入しており、その額は既に累積一兆円に上っていることを踏まえ、抜本的な見直しを行うこと。また、「水産物」、「青果」、「花き」、「食肉」それぞれについて、東京都が施設整備を行う「公的な意義」を都民に説明すること。

（3）特別会計

特別会計は、特定の事業・資金等について、特別の必要がある場合に一般会計から区分してその収入を管理するための会計です。

東京都の特別会計には、特別区財政調整会計、地方消費税清算会計、小笠原諸島生活再建資金会計、母子福祉貸付資金会計、心身障害者扶養年金会計、中小企業設備導入等資金会計、農業改良資金助成会

計、林業・木材産業改善資金助成会計、沿岸漁業改善資金助成会計、都営住宅等事業会計、都市開発資金会計、用地会計、公債費会計、臨海都市基盤整備事業会計、と場会計、都市住宅等保障金会計、多摩ニュータウン事業会計があります。

一般会計七兆四六一〇億円に対して特別会計も五兆五五〇五億円という規模に上っており、「特別の必要がある」かどうか常に検証を行い、その結果を明らかにすること。

（4）私学助成金の透明性の向上

東京都の生活文化局の令和元年度の予算額は二一九三・七七億円で、そのうち私学振興予算は一九〇五・六七億円（八六・九％）となっています。また、私学振興予算のうち「私立学校経常費補助」は一一九三億八六一四万円となっています。

国では、大学への経常費補助は「私立学校振興助成法」に基づき「日本私立学校振興・共済事業団法」が行っています。法律では補助額は「二分の一以内」と定められていますが、現在は一割程度にとどまっています。それでも事業団は厳格な審査を行っています。また、大学も財務諸表を公表しています。それは、憲法八九条の規定に基づいて、私学振興助成法には所管庁の質問・検査、勧告・命令の権限を規定しているからですが、東京都では、交付された税金がどのように使われているかの検査結果の公表ができていません。

①私立学校への補助金について、その使い方について検査結果を都民に公表することにより透明性を高めること。

②私立学校への補助金の所管を教育委員会に移管（教育庁への補助執行）すること。

○私立学校振興助成法

（所轄庁の権限）

第十二条　所轄庁は、この法律の規定により助成を受ける学校法人に対して、次の各号に掲げる権限を有する。

一　助成に関し必要があると認める場合において、当該学校法人からその業務若しくは会計の状況に関し報告を徴し、又は当該職員に当該学校法人の関係者に対し質問させ、若しくはその帳簿、書類その他の物件を検査させること。

二　当該学校法人が、学則に定めた収容定員を著しく超えて入学又は入園させた場合において、その是正を命ずること。

三　当該学校法人の予算が助成の目的に照らして不適当であると認める場合において、その予算について必要な変更をすべき旨を勧告すること。

四　当該学校法人の役員が法令の規定、法令の規定に基づく所轄庁の処分又は寄附行為に違反した場合において、当該役員の解職をすべき旨を勧告すること。

東京都の議会改革の課題

議会改革は、議員自らが積極的に取り組まなければならない課題です。東京都の議会局（事務局）の予算については、都民ファーストの会の都議会進出により、議会公用車の削減、議会審議のインターネット中継とアーカイブス化、政務活動費の使途の適正化などが進んでいます。

今後は、議会活動の中核である議会審議のあり方についての改革が必要です。

（1）都議会の審議時間

都議会は、現在午後開会となっています。委員会では審議が深夜まで及ぶことがあり、都庁や都議会の職員も残業を余儀なくされています。他の道府県では、東京都よりも交通不便なところでも、委員会を午前一〇時に開会しています。

都議会の審議について、都民感覚に即し、かつ、職員の残業を軽減して働き方改革に資するため、委員会の一〇時開会を導入すること。

（2）答弁調整の廃止と議会の議論の活性化

東京都においては、都議会の本会議質疑のみならず、委員会質疑においても過度な答弁調整が行われており、「八百長と学芸会」との批判もあながち的外れではありません。このようなことは、議院内閣制を採用している国会審議においても行われていません。他方、議会の審議を充実したものとするためには、「不意打ち的な質問」のやり取りではなく、あらかじめ議員と執行機関が十分な準備を行うことが必要です。

①地方自治法に定められた執行機関と議会の権限配分に従い、議会での議論を活発化させるため、委員会質疑に至るまでの過度の答弁調整を行わないこと。

②実りある議論と職員の働き方改革への貢献ができるよう、執行機関の職員の議員への説明、議員による執行機関への質問通告のルールを、議会と執行機関の間で競技し、設定すること。

(3) 議員提案条例プロセスの透明化

東京都では議員条例を都議会に提出するプロセスが、都議会会派内で行われ、そのプロセスが都民には見えないようになっています。ある会派が議員提案条例を提出しようとした場合、どの会派も単独では過半数がありませんから、過半数になるように他会派に働きかけます。そして合意ができ、過半数を獲得できる見込みがついたら提案して、成立します。このようなプロセスを経ない条例は、提案されても、可決されない慣行になっています。

国では、議員提案の法律案の場合、各政党がそれぞれの案を公表して、すり合わせを行い、合意を得た法案を国会に提出します。どの政党が、どのような法案提出し、最終的にどういう法案になったかが国民に分かるようになっています。また、議員提出法案の案をまとめる際に、超党派で関係者のヒアリングも行います。都議会の会派ではこのような慣行もありません。よって、次の改革が必要です。

議員提案条例のプロセスを透明化すること。

第五章　里山の保全・脱ダム・河口堰開門調査

1　名古屋市天白区平針の里山開発案件

持続可能な発展・短期的利益と長期的利益

環境的価値や文化的価値について、政策や事業を企画立案する際に考慮しなければならないことは、事業によって得られる経済的な短期的利益と、それによって失われる環境財や文化財の長期的価値です。

政策や事業は、現在の人々のニーズの大きさや政治による優先順位付けによって実現されていきます。政策を決定する政治家を選ぶのは現在に生きる人々ですので、これは当然のことです。他方で、人類は、現在の人々の利益だけでなく、将来の人々の利益をも考えることを学びました。それが、「持続可能な発展」(Sustainable Development) の考え方です。

民間所有の都市内緑地の保全

都市の緑地は、相続の段階で相続税を支払うことができなくて売買され、開発されるケースが多くみられます。国有地の売買の場合には地方共団体が優先的に購入を申し出ることができますが、民有地の場合このような一般ルールはありません。相続人は、相続税を支払うためできるだけ高く買ってくれる者に土地を売ることになります。

名古屋市天白区の平針に広大な面積の里山がありました。民有地ながら開発を免れてきましたが、相続に伴って土地を手放すことを余儀なくされました。

平針の里山は、名古屋市天白区天白町平針字黒石にあり、第一種低層住居専用地域にありました。二〇〇八年（平成二〇年）五月、このうち約五ha（約一万五〇〇〇坪）の土地を購入した業者シィールズと(株)菊和が、学習塾の名進研が作ろうとしていた私立小学校建設計画を進める話が持ち上がりました。これに対して、同年九月には平針の里山を守る会が発足し、一二月には一万人の署名が名古屋市に提出されました。

平針の里山保全案件の性格

この平針の里山の案件は、民有地である里山が、相続時に開発業者に売られ、里山がなくなるという案件でした。当事者は開発業者であり、関係者は里山を保全したいという市民です。

開発には都市計画法に基づく名古屋市の開発許可が必要ですが、合理的な理由がなければ名古屋市は許可せざるを得ません。里山を保全するという理由だけでは、開発業者から名古屋市に対して損害賠償訴訟を提起されれば敗訴する可能性があります。敗訴した場合、市民は里山を守ろうという人ばかりではありませんから、住民訴訟を起こされれば名古屋市が被った損害を市長が名古屋市に支払わなければなりません。

よって、民間所有の里山を保全するには、業者が自主的に開発を取りやめることを納得するか、業者と里山を保全したいという市民との間の妥協が成立するか、名古屋市が適正価格で買い取るか、あるいは開発許可をしない正当な理由があるか、ということになります。

河村たかし市長の里山保全への対応

二〇〇九年（平成二一年）四月二六日、名古屋市長に河村たかし氏が当選しました。平針の開発計画は、当選翌日の同年四月二七日に、都市計画法第二九条に基づく開発許可申請書が名古屋市に提出され、その扱いが焦点となっていました。愛知県名古屋市では、翌二〇一〇年一〇月に「生物多様性条約第一〇回締約国会議」が開催されることとなっており、生物多様性の保全に対する市民、県民の関心が高まっていました。

河村市長は、平針の里山保全に向けて努力を始めます。まずは、話し合いでの解決を求めて、六月に市長、開発業者、地域住民の三者会談を持ちます。しかし、業者は、開発許可申請への対応を求め、七月に名古屋市への督促を行いました。他方で、八月一〇日に「平針の里山保全連絡会」は、公有地化を求める約三万人の陳情書を市長宛に提出しました。

都市計画の開発許可の法的課題の検討

平針里山の開発許可申請は、名古屋市長選挙の最中の平成二一年三月から四月にかけて、都市計画法第三二条の規定による「公共施設管理者の同意等」が行われ、その手続終了後に、宅地開発を行う都市計画法二九条の開発許可の申請がなされましたが、その申請内容は「住宅のみ」の開発でした。

開発許可の内容が「住宅地」であるにもかかわらず、開発許可の申請書では、この開発において「学校建設」は欠かすことができないものであることは明らかで、かつ、関係者にもそのように説明されて公知の事実となっていました。そうである以上、開発許可申請の再提出を求めることが妥当であり、開発許可の再提出を求めるべきとの考えもあります。

他方で、名古屋市の担当部局は、開発業者に対して「都市計画法の規定により、申請に係る開発行為が基準に適合しており、かつ申請手続が法の規定等に違反していない限り許可しなければならないとされている。申請に係る開発行為が学校を含む内容に変更される場合は、申請を出しなおしてもらうことになり、この段階において再申請の内容が法の要件を満たしているかどうかを審査することになる。学校建設計画なしでは開発できない状況であればともかく、学校がなくとも住宅地としての開発が法的に可能な申請内容である以上、虚偽の申請には当たらない。」との回答をしていました。

また、里山の中に市道があり、その「公共施設（市道）管理者の同意等」が行われていなければ名古屋市としても交渉手段になりえたのですが、河村市長が当選する以前に、名古屋市当局は市道廃止の同意を行っていました。市長選挙の最中でも官僚が行政手続を進めることはよくあることですが、決して良いことではありません。その尻拭いは新しい市長が行わなければならないのです。

そこで、この市道廃止の手続が適正に行われたかどうか、同意の撤回はできるかについても検討課題でした。これは、「開発許可申請をしようとする者は、あらかじめ、開発行為に関係がある公共施設の管理者と協議し、その同意を得なければならない。」という都市計画法三二条一項に合致しているかどうかという検討です。

民間の所有の里山開発に対して、里山保全のために名古屋市が持っている法的手段は限られていますが、河村市長になって、過去の経過を洗い出し、どのような法的手段があるかの検討が、話し合いと並行して行われました。

名進研との話し合い

名古屋市長と業者の話し合いの過程で、業者は、「宅地」は建設しなくてもいいが、「学校建設は変えられない」と主張し、学校を建設することが開発の必須の要件となっていることが明らかとなりました。そこで、河村市長は学校建設主体である「名進研」との話し合いを行いました。

名進研は、里山保全の運動がある中で平針から撤退して小学校の建設地を他に求めることを決断し、二〇一二年に名古屋市守山区緑ヶ丘に新しい小学校を開校しました。

民有地の買取交渉と地方自治体の買取に当たっての法的制約

平針の里山については、名古屋市が購入して保全するよう市民からの要望書が寄せられていました。また、開発業者からも名古屋市に対して買い取り請求が行われていました。そこで、一〇月から断続的に交渉が行われました。その焦点は、買取価格です。

地方自治体が土地を購入するには、「適正価格」で購入しなければなりません。適正価格には幅がありますが、通常は「不動産鑑定士」の評価に基づく価格です。この価格は、約二〇億円でした。他方で、開発業者の希望価格は約二八億円でした。

地方自治体については、地方自治法の住民訴訟の規定があります。「適正価格」より高額で土地を購入した場合、住民は名古屋市を被告として、河村市長は名古屋市に損害を与えたから河村市長に対して損害賠償請求をせよという訴訟ができます。この訴訟で名古屋市が敗訴しますと、河村市長が名古屋市に損害賠償しなければなりません。

また、開発許可をしない場合、業者から地方自治体に対して損害賠償請求訴訟が提起されることがあります。その訴訟に敗訴した場合も、首長に対して住民訴訟が提起されることがあります。現に、国立市で住民の要望とマンション業者が対立し、住民団体の支持を得て当選した市長の不許可処分に対して、マンション業者から国立市に損害賠償請求訴訟が提起されて市が敗訴し、市長が損害賠償を支払わなければならなくなった事案が起きています。

これは、法律と住民自治の相克において法律が優先されるということであり、いくら市民の要望が大きいといっても、市長が一人で損害賠償のリスクを負うわけにはいきません。

法律と政治の間を縫う解決策

開発業者は、名古屋市に対して、買取か開発許可を出すかの判断を求めていました。名古屋市としては、鑑定による「適正価格」でしか購入することはできません。名古屋市と業者との間の合意が成立したとしても、それは名古屋市が判断する「適正価格」に上乗せした価格とならざるを得ません。その「上乗せ分」の性格をどう考えれば良いか。住民訴訟での敗訴リスクがどれだけあるか、そのリスクを市長が一身に負うことが適切か、という検討が不可欠です。

「上乗せ分」について保全を求める市民の寄附によるという解決ができるならば、訴訟リスクは避けることができます。しかし、それだけの寄附が集まるかということは不確実です。また、開発業者に支払うタイミングと寄付が集まるタイミングとのずれがあります。誰かが立替をしなければなりませんが、多額の資金を立て替える資力とリスクを負える民間の主体があるかも問題です。

一二月一一日、開発業者は買収か開発許可かの結論を要求し、一五日までに回答が無ければ二五億円の損害賠償請求の訴訟を起こすと表明しました。市長は、二五億円の内訳を検討した上で、一五日に、「鑑定価格一九億五〇〇〇万円を市が負担し、五億五〇〇〇万円は寄付を募る。これができなければ開発許可を出す」と表明しました。そして、一二月二二日、業者の申請に対して一六一戸の住宅地として開発許可を出すに至りました。

開発業者である「株式会社菊和」は、その後、二〇一〇年五月に、施工業者をゼネコンから自社に変更し、里山工事用の出入口付近の樹木を伐採して、トラックの乗り入れのための整地を開始しました。

平針の里山の住宅化

名古屋市に残されていた民有地であった平針の里山は、今は、住宅地に変わってしまい、里山の面影はありません。

対策としては、早い段階で、里山を守ってきた元の所有者が生きている間に、その里山を都市緑地法第一二条の「特別緑地保全地区」に指定しておくという方法がありました。「特別緑地保全地区」に指定されれば当該地域に行為制限がかかることとなるため、新たな開発許可申請の前提となる開発行為は事実上不可能になります。しかし、当時の名古屋市には、残念ながらその考えはなく、土地の所有権が開発業者に移って、開発許可申請が出された段階での保全手段は、極めて限定されます。

また、河村市長が当選する直前に行われた「公共施設（市道）管理者の同意等」が、一ヶ月保留されていれば、異なった展開があったとも思います。里山保全運動があったにもかかわらず、これまた当時の名古屋市には里山保全の考えはなく、淡々と里山開発業者の相談に乗り、手続を進めてしまったのです。争点事項について市長選挙が終わるまでは市役所の手続を保留するというような慣行を作るということも今後の教訓です。

住民から緑の保全の要望があったにもかかわらず、また、いくつかの法的手段があったにもかかわらず、漫然と「公共施設（市道）管理者の同意等」を進めた名古屋市の対応は極めて残念なことでした。また、住宅化され、緑もない平針を見ますと、「名進研」の小学校建設を認め、その中で少しでも緑を残すという方法もあったかもしれません。里山保全は、オール・オア・ナッシングではなく、妥協も必要な場合があります。これも一つの教訓です。

しかし、開発を志向する業者の手に里山が渡ってしまった後では、「開発を認めつつ緑地を保全する」ということも、実際には容易なことではありません。やはり、遺産相続の前に「生前整理」をしていただいて、名古屋市としても守るべき緑は守るという制度を作っておくことも課題です。

2　名古屋市天白区相生山保全案件

名古屋市天白区相生山保全案件

相生山《あいおいやま》は、愛知県名古屋市天白区の丘陵に近い標高六〇mの低い山で、その面積は一二三haもあります。特に市内最大級を誇る「ヒメボタル」の生息地であり、名古屋市民にとっても貴重な緑地です。

この相生山緑地を貫くように市道を建設する都市計画決定が昭和三二年になされ、名古屋市は平成五年に愛知県知事の事業認可を受けて着工しました。住民の反対などもあり、平成一六年（二〇〇四年）には環境に配慮するという形で計画変更を若干しました。しかし、蛍の生息地を通る設計になっており、河村たかし市長が誕生したときには、既に八割程度工事が進んでいました。相生山は、都市計画で「緑地」とされている区域です。名古屋市が道路を建設中でしたが、緑地を保全したいという名古屋市民の要望も寄せられていました。

この案件の関係者は、道路を建設する事業者は名古屋市で、関係者は道路を通してほしいと希望する住民と自然を守ってほしいという市民です。

道路建設事業の主体は名古屋市であり、平針の里山問題とは異なり名古屋市がどうするかを決めることができる性格の課題です。しかし、道路建設はそれを望む人もそれに反対する人もいて、市長の鶴の一声で中止したり、工事を進めたりするものではありません。道路を建設する際も建設を中止する際も、どちらも地域住民との話し合いが必要です。

名古屋市が道路を作る際は、道路はネットワークですから、その利益を受ける人は名古屋市民や名古屋に出入りする人々であり、道路建設に反対するのは地域住民の一部という構図になります。ところが、建設予定の道路を廃止する段になると、ネットワークである道路は名古屋市民全体に関わる事項ですが、市民全体で聞くと廃止に賛成という意見も多くなり、道路廃止に反対するのは地域住民の一部という逆転した構図になります。地域の合意を得る努力は必要ですが、道路はネットワークなのですから、名古屋市民のものという基本も踏まえておかなければなりません。

相生山緑地の道路建設に係る学術検証委員会

河村市長は、相生山の件について慎重に手続を進めました。

名古屋市の職員は、これまで道路建設を進めてきた経緯もあって計画通り道路を作りたいという姿勢が明確にあり、工事を中止している間の費用が多額に上るなどの工事を中断することのデメリットの資料を作成する一方で、道路建設をやめる場合のメリットについては資料を作成しませんでした。これは、東京都の築地市場移転問題における東京都中央卸売市場の職員の態度と全く同じであり、選挙を通じた「政権交代による政策変更などはありえない」とする地方自治体の官僚に共通の反応なのかもしれません。

名古屋市職員のマインドが変わらない中で、河村市長は、二〇一〇年（平成二二年一月）に「相生山緑地の道路建設に係る学術検証委員会」を立ち上げ、一二月に報告書が取りまとめられました。

学術検証委員会は、「学術に沿わない個別の道路建設事業の是非についての判断を自ら行うのではなく、政治や行政がそれを科学的根拠に基づいて行うための基本方程式を提供することを目指したもの」と、自らの役割を明らかにした上で、報告書では、「相生山緑地の道路建設事業を含めて、名古屋市が公共事業を企画立案し実施するに当たって根拠とした基本戦略や将来予測等についての検証」及び「現在既に着工され中断している相生山緑地の道路建設自体に関する課題・問題と、道路建設が自然生態環境、とりわけ相生山緑地の生物相に及ぼす影響に関する課題・問題」について検証結果を整理しました。

公共事業については、それを実施するプラスの「公共性」があるからこそ「公共事業」と言いうるのであり、相生山の道路建設についても、「周辺道路の交通渋滞の緩和、相生山緑地へのアクセスの向上、救急車両の到着及び搬送時間の短縮等の交通輸送の効率改善」のほか「緑地全体の防災機能の向上や単一植生化への遷移速度を緩和する効果」も評価対象とされています。また、マイナスの効果として、「誘発交通量の増加や緑地への自動車による入場者増により、新たな交通渋滞や相生山緑地周辺での過密駐車等の道路交通関係に関わる悪影響、また、相生山緑地に関しては緑地面積の減少や水圏環境の変化等がもたらす乾燥化による生物相の貧困化とりわけヒメボタルの生息環境を劣化させる効果が想定される」などとされています。

これらは、評価の項目及び具体的な検証事項のリストアップであり、これらにしたがって、名古屋市において検証が進められていくことになりました。

地下鉄桜通線相生山駅開業の効果などの検討

相生山付近の道路渋滞解消のため、地下鉄工事が進められていました。二〇一一年三月相生山駅が開業し、徳重駅まで延伸されて交通渋滞は大幅に緩和しました。

また、救急車の経路は、救急車が出動する消防署と搬送する病院、そのルートとして相生山の道路を通る可能性などについて検証が進められ、相生山の道路の有無によって大きな変化はないことも明らかになりました。

また、時間をかけて地域住民の声をきめ細かく聞き、他方で、相生山の付加価値を高める方策の検討を進めてきました。生物多様性条約第一〇回締約国会議を開催しての生物多様性への関心とともに、二〇一三年九月に、二〇二〇年の東京オリンピック、パラリンピックの開催が決定し、障害者スポーツや人権への制度も進むことが見通されました。

これらの粘り強い手続を経て、二〇一三年名古屋市長三選を果たした河村市長は、二〇一四年一二月二六日の記者会見で、市道弥富相生山線について道路建設事業を廃止し、予定地をユニバーサルデザインの公園として整備すると表明しました。

相生山公園化の付加価値の検討

名古屋市には多くの緑地があります。都市公園である東山公園は約六〇ha、名城公園は約七三haですが、相生山緑地は一二三haもあり、名古屋市内の大緑地です。

少子高齢化時代を迎え、高齢者も障害者も自然に楽しんで機能維持・回復ができるよう、道路部分も含めて都市公園緑地として整備し、「地の植物（潜在植生）」を再生することによって、ユニバーサル都市公園緑地となり、ＥＳＤ拠点ともなりえます。特に、当初からユニバーサル都市公園緑地として整備する本格的な都市公園緑地は日本では初めてで、名城公園や東山公園のような名古屋の新しい名所とすることができます。

また、相生山を都市公園緑地として整備することにより、保水力も高まり、近年頻発している都市での集中豪雨による災害の緩和にも資することができます。世界ではユニバーサルデザインの公園が既にあります。それらを例にして、名古屋市民が視覚的に理解できるよう、かつ、世界の相生山として誇れるようなデザインのユニバーサル都市公園緑地の姿を示すことが、市民の理解を深めるために必要です。

名古屋市と愛知県は、二〇二六年にアジア競技大会とアジアパラ競技大会を開催することとしています。東京都が東京二〇二〇大会を契機に、トイレの洋式化、公共交通機関の駅のバリアフリー化などの都市改造や、障害者やＬＧＢＴの方々について条例を制定するなどの制度整備を進めたように、名古屋市や愛知県も共生社会づくりが進むものと考えます。

弥富相生山線の道路建設計画の廃止の検討

人口減少・少子高齢化という社会状況の変化に対応した街づくりは、既に現時点での名古屋市の優先課題です。関係者の理解を得て相生山のユニバーサル公園化を実現するとともに、弥富相生山線の道路建設計画廃止の手続を進めなければなりません。

弥富相生山線は、昭和三二年に都市計画決定され、平成五年都市計画事業認可された都市計画道路ですが、都市交通機関として約六七〇億円の建設費をかけて地下鉄桜通線野並・徳重間が開通して、交通の利便性は格段に向上しました。また、日本は既に人口減少傾向に入っており、名古屋市周辺部から市内中心部への自動車通行のための道路の必要性も減少していきます。

建設済みの道路部分については、撤去するのではなく、活用方策を考えることが適当です。二車線のうち一車線相当部分は園路として活用しその余の道路部分上に公園施設を整備することにより、新たに自然に手を加える部分を最小限に抑制することができ、かつ、高架になっている部分は上から自然を見ることができる展望スペースとして活用可能です。ニューヨークには、「ハイライン」という廃止されたセントラル鉄道の支線の高架部を利用した「線形公園」があります。このように建設された線路や道路を活用して公園とすることも新しい試みであり、付加価値が増します。

住民の利便性への配慮

地下鉄野並・徳重間が開通したことにより、通勤時間帯における混雑は緩和されました。さらに通勤時間帯の通過自動車による菅田地区など住宅地への入り込みに対して、速度を落とさせて安全を確保するなど生活道路としての機能を確保する措置や、都市公園緑地の管理運用の方法として緊急時には緊急車両を都市公園緑地内の園路を通行できるような配慮が必要です。

相生山緑地基本計画の素案

二〇一八年一二月に、住民の意見を聞き、一つ一つの課題を検討し、相生山緑地基本計画の素案を取りまとめて、公表しました。

相生山の道路建設を中止し公園として整備する方針は、河村市長の下で決定され、その実現のための住民への丁寧な説明や手順が進んでいます。政権が交代して最初は戸惑っていた市役所の職員も、少子高齢化社会の将来を考え、次第に市長の考えを実現しようと努力するようになりました。

住民にはいろんな意見があります。自然を保全したいという人々は強い主張を持っておられますが、まだ、行政上は、何らの変更手続も行われてはいません。道路決定や都市計画は未だ相生山の道路を通すことになっており、都市計画の変更や道路の廃止決定などの手続も進んでいません。行政は、手続を変更することで進みます。

相生山緑地の保全は、河村市長の強いリーダーシップと粘り強い検討で、相生山緑地基本計画の素案の取りまとめまで来ました。河村市長がこの問題に乗り出してから、既に市長の三期目の任期に入っています。相生山の緑地保全と公園化は、まだ作業の途中です。都市計画手続を進め、後戻りすることのないよう、知恵を出し合って公園整備への確かな前進を確保しなければなりません。

3 愛知県設楽ダム建設案件

設楽ダムの概要

設楽ダムは、愛知県の東三河地方を流れる豊川《とよがわ》の上流に建設予定のダムです。ダム建設予定地である設楽町には、織田・徳川連合軍が武田勝頼を破った有名な合戦場である設楽ヶ原があります。

設楽ダムの概要を次に示します。

○設楽ダムの概要

（一）総貯水量九八〇〇万㎥、有効貯水量九二〇〇万㎥

（二）目的

（1）洪水調節一九〇〇万㎥、（総貯水量の一九％、有効貯水量の二一％）

（2）利水一三〇〇万㎥（総貯水量の一三％、有効貯水量の一四％）

①かんがい用七〇〇万㎥（総貯水量の七％、有効貯水量の八％）
②水道用六〇〇万㎥（総貯水量の六％、有効貯水量の七％）
（3）流水の正常な機能の維持六〇〇〇万㎥（総貯水量の六一％、有効貯水量の六五％）
総貯水量九八〇〇万㎥―有効貯水量九二〇〇万㎥＝堆砂容量六〇〇万㎥、（総貯水量の六％）

（三）設楽ダム建設関係に係る費用（愛知県ＨＰによる）
①ダム本体建設事業費　二〇七〇億円（愛知県負担分七二一億円）
②水源地域対策事業費　九〇三億円（愛知県負担分六六八億円）
③合計　二九七三億円（愛知県負担分一三八九億円）

設楽ダムは、その六割が「流水の正常な機能の維持」のためのダムです。いわば河川環境の保全のためにダムを作ろうとしているのですが、ダム建設によって三河湾に至るまでの環境破壊が起こる可能性があり、「環境保全を逆手に取った環境破壊ダム」なのではないかとも考えられます。「流水の正常な機能の維持」というダム建設の理由は、洪水対策や利水目的ではダム建設ができなくなってきたため、新たにクローズアップされたものです。「流水の正常な機能の維持」という目的については、厳しく検証されなければなりません。

設楽ダムでは灌漑用水として七〇〇万㎥の利用が予定されています。法令によれば灌漑用水を使う農業者はその費用を負担しなければなりませんが、費用を負担してまで灌漑用水を使おうという農業者はおらず、県がその費用を負担することになりそうです。「金を払わなければならないなら、灌漑用水は要らない。タダならもらう。」というのでは、灌漑用水が本当に必要なのかも疑わしいと言わざるを得ません。残るは水道用水六〇〇万㎥（総貯水量の六％、有効貯水量の七％）ですが、大規模渇水の時のリザーブのためであり、このために総工費二九七三億円、県費を一三八九億円使うのかは疑問です。昨今の異常気象の常態化の時代においてはダム以外の対策の方が適切です。特に、人の命や生活に関わる場合は、「流水の正常な機能の維持」にこだわって川に水を流すよりも、人々の生活に水を回すことが合理的です。

設楽ダム案件の性格

設楽ダムは国土交通省が建設を計画したダムで、国の公共事業です。本体工事はまだ始まっていませんでしたが、立ち退き等に対する補償金は支払われていました。ダム建設費用などについては法律に基づいて愛知県の負担もありますから、愛知県が費用負担をすることを承知しなければダムはできません。

ダム建設では、個人には補償金が支払われるほか、建設地の市町村にはダムができることによる地域整備のための予算が国から落ちてきますし、さらに短期的には公共工事による雇用も生まれますから、ダムは迷惑施設であるとともに、見方によっては「金のなる木」です。

当事者はダム建設者の国土交通省と、負担金を支出する愛知県です。関係者は、地元や流域の市町村、ダム建設に賛成する住民や関係業者、ダム建設に反対する住民や県民等です。

設楽ダム連続講座

大村秀章氏が愛知県知事選挙に当選したことを受けて、愛知県においてもこの設楽ダムの検証を行うことになりました。そこで、設楽ダムに関する連続講座を始めました。設楽ダムについての疑問に関するデータや資料を県民に知らせて、県費の使い方として県民がもう一度考える機会を作るというのが、設楽ダム連続講座のねらいです。

設楽ダム連続公開講座（通称「とよがわ流域県民セミナー」）は、愛知県の主催で、平成二四年度と二五年度の二か年で、一〇回開催されました。連続講座は、次の方針を定めて、進めました。

（一）公開・民主の原則による運営

この連続講座は、ダム建設という賛成と反対が先鋭的にぶつかりやすいテーマについて、県民が学ぶ場を提供し、考える材料を提供する場として設定されました。このような連続公開講座が愛知県の主催で開催されたこと自体が画期的なことです。この連続講座の特徴は、徹底した公開性と民主性です。どのような運営をするか、どのような講師を招聘するか等、講座運営に関する委員の議論を公開し、さらに会場に来た人々の意見を求めて運営方法を決定し、実施しました。

一つエピソードを上げれば、運営チーム会合では、「ご理解とご協力」という言葉が問題となりました。「ご理解とご協力」という言葉遣いは随所で聞かれますが、「ご理解とご協力をお願いします」という者は、「自分はこうする、それは変更不能である。したがって、皆さん、従って下さい」ということを意味しているとの指摘がなされました。「言葉の使い方は、一つの思想であり注意しよう」ということが話題にのぼったのも、連続講座の雰囲気を表しています。

（二）事業者の説明責任、国民及び県民の自主的な判断

ダム建設は、多額の費用が支出され、その費用は国民や県民の負担となります。建設しないという決

定にせよ建設するという決定にせよ、国民及び県民が「何が問題なのか」を知り、納得の上で決定することが民主主義の基本です。

国民及び県民にとって必要なことは、「情報を得て、自ら考えて判断すること」であり、これに対応して、公共事業の事業者にとって必要なことは、事業について国民及び県民に対する「説明責任を果たすこと」であり、そのための情報を提供することです。

(三) 多様な意見、セカンド・オピニオンの重要性

日本の政策決定過程においては、行政機関が専門家の意見や住民の意見を聞いて、専門性や民主的手続の担保をすることがあります。これは、行政の独断を避ける上では効果がありますが、他方で、行政があらかじめ用意した結論に導くために、それに賛同する専門家や市町村長の意見を聞くだけということもあります。審議会や専門委員会の委員となる専門家は、行政に協力することにより権威が高められ、研究予算の配分や寄付が得られやすくなり、さらには、大学での昇進にもつながるということにもなり、忖度化が進みます。工学系と文系とを比較すると、工学系では研究に多額の予算が必要となるのでその傾向が強いように思われます。権威ある専門家の意見が行政庁と歩調を一にした場合、セカンド・オピニオンは生まれにくくなります。

批判のないところに反省や進歩は生まれませんが、行政担当者としては批判が無い方が楽です。他方、費用を負担し、政策の受益を享受し、または損失を被るのは国民や県民ですから、国民や県民としては権威ある専門家による単一の意見だけでは判断を誤るおそれがあります。よって、設楽ダム連続講座では、設楽ダムをめぐる課題を抽出し、同じテーマについて、それぞれ異なった立場からの講演を聞くこ

とを原則としました。

行政当局の協力と限界

設楽ダム連続公開講座では、国土交通省中部地方整備局、東海農政局、愛知県も講師として出席し、講演を行いました。行政当局の協力が得られたことは、県民が設楽ダムについて学ぶ上で不可欠なことであり、評価に値します。

他方、行政当局の協力は得られたものの、行政当局とセカンド・オピニオンとしての専門家との間で討論を行うことができなかったことは、連続講座の限界でした。設楽ダム連続公開講座は、講座を聞き、質問をする県民のための講座ですが、討論を行うことによって更に理解が深まったであろうとは容易に推測できます。

なぜ、日本の行政官庁は公開の場での討論を避けるのか。それでは十分説明責任を果たせないからではないかとの疑問が残ります。

日本の行政庁は、想定問答集以外の質問が出てくる可能性のある議論をする訓練を受けていませんし、「言葉尻」をとらえられることを極度に警戒します。また、方針を変更するつもりがない場合には、公開討論会は際限のない論争に巻き込まれるだけであり、時間の無駄であると考えていることもあります。

県民参加の意義と限界

設楽ダム連続公開講座は、多くの県民の参加を求めました。毎回一〇〇人を超える方々が会場においでになり、また、インターネットでも見てくださいました。公開講座の講演内容は大変広範囲にわたり、内容も充実したものでした。

他方、設楽ダム連続公開講座に参加された県民の方々は、流域の住民人口に比してそれほど多くなかったというのも事実です。これは広報の努力不足や開催会場が不便であったという事情もありますが、県民が納税者(タックス・ペイヤー)として、税金の使い道に対して淡白であるからかもしれません。しかし、人々は、市会議員や県会議員の政務活動費に対してはそれが不適切かどうかについて敏感な反応を示しています。にもかかわらず、公共事業についてはそのような反応が生まれにくいのはなぜでしょうか。

一つの仮説として、数万円、数十万円という単位の政務活動費の不正は普通の人が認識できる額であるのに対し、設楽ダム関係の費用、総額約三〇〇〇億円、県費約一四〇〇億円という額は、普通の人にとって、「お金」というよりは、単なる「数字」として受け止められてしまうということなのかもしれません。また、政務活動費は全額がその地方自治体の予算であることに対して、公共工事は国と地方自治体の予算が入っているという違いがあるのかもしれません。

お金は天から降って来るものではありません。公共事業は、税金を原資としており、納税者が負担しているお金です。納税者への説明は、ただ情報を発信すればよいのではなく、情報が納税者に受信され、届くことが大切です。

裁判所の判断をどうみるか

公共工事を裁判で争おうとする場合、事業主体である国土交通省を被告として争うことは現在の訴訟制度では、かなり難しいことです。

そこで、いくつかのケースで、地方自治体の公金支出が違法であるということでの住民訴訟が起こされます。訴訟が提起されれば、地方自治体としても対応をしなければなりませんが、被告とされる地方自治体としては、国土交通省の代理で被告とされているようなものです。公共工事の設計変更や、建設の中止などの権限は国土交通省にあって、地方自治体にはないからです。これは、訴訟制度の不備であると言わざるを得ません。

原告としては、国土交通省との対話の場が設定されないため、裁判所で地方自治体を被告とする住民訴訟を提起して議論を交わすしかないという事情もあります。訴訟でのやり取りで新たな事実が公裁判所に提出されることもあります。被告としては、訴訟で勝つためには主張・立証しなければならないからです。

裁判所の判決では、多くの場合、原告が敗訴しています。裁判所は法令に照らして違法か適法かを判断しますが、法令を起案し、政令以下の命令や通達を作っている国の行政官庁が、自ら作成した法令に違反する行為をするというケースは、稀だからです。

しかし、そのことは、その事業が「裁判所によって認知されたから、議論は終わった」ということにはなりません。裁判所の判断は適法か違法かの判断であり、その事業が適切か不適切か、国費や県費を使うに値する優先順位の高い事業かどうかというのは「民意」によって決定すべき事項、すなわち、民主的手続によって「政治」が判断すべき事項だからです。

民主的な手続とは何か

日本国憲法は、代議制民主主義を採用していますが、直接民主主義の制度も採用しています。特に、地方自治は民主主義の学校であると言われており、地方自治法に数々の直接民主主義の仕組みが採用されています。

代議制民主主義の担い手である議員の中には、直接民主主義の制度は自らの存在理由を脅かす制度であると考え、敵視するかもしれません。多くの住民投票条例が制定されている一方で、具体的な事案での住民投票に議会が反対するという例も見られます。

また、国会議員や地方議会の議員には、直接民主主義の制度を「衆愚政治」だと言う論調もあります。議員自らは「選良」であり、民衆は「愚か者」という考えです。しかし、有権者を信頼しない政治家は有権者から信頼されません。それでは日本の民主主義の基盤が崩壊しかねません。有権者は選挙の時だけの主権者ではないのです。それを制度的に担保するためにも、地域づくりでは、例えば、都市計画法よりも、住民投票によって裏打ちされた住民の民主的意思が優先するという制度改革が必要ではないかと考えます。

今本博健京都大学名誉教授講演「ダムの治水機能について」

設楽ダムの第二回講演会での今本博健京都大学名誉教授の講演は、ダムの基礎知識と批判的な視点を養う上で有益であるので、概要を掲載します。

○「ダムの治水機能について」京都大学名誉教授　今本博健氏

（1）ダムの定義

ダムの定義は国によって異なる。わが国では、高さ一五m以上をダム、一五m未満を堰としている。国際ダム会議では、堤高五m以上または貯水容量三〇〇㎥以上のものを「ダム」と定義し、堤高一五m以上のものを「ハイダム」、それ以下を「ローダム」と呼んでいる。

（2）ダムの歴史

わが国でも水を貯めることは古くから行われていた。水田での稲作を行うためのため池がそれであり、西日本を中心として多くのため池がつくられた。その代表例が大阪の狭山池。狭山池の樋管に使われていた木材が年輪年代法で六一六年であったことが明らかにされているから、一四〇〇年近くの歴史がある。

明治時代になって近代的なダムがつくられる。最初が明治二四年（一八九一年）に完成した旧本河内高部ダムであり、わが国初の近代水道ダム。初の重力式コンクリートダムとして明治三三年（一九〇〇年）に神戸の布引五本松ダムが完成。いずれも外国人居留地への水道用水の供給が目的。

大正時代になって発電用のダムがつくられるようになり、各地の河川で多くの発電ダムがつくられた。「水主火従」としてわが国のエネルギーを支え、これが富国強兵・殖産興業へと結びついた。

後になって米国のＴＶＡを模した河川総合開発が各地で行われるようになり、その中心となったのが治水や利水あるいは発電を目的とする多目的ダムであった。

このように、ダムが歓迎された時期もあったが、水没を伴うため地権者の反対が強く、河川環境に重大な悪影響を及ぼすことから、ダムへの批判が大きくなっている。

（3）ダム事業の見直し

ダムは計画から完成されるまでに長い時間がかかることから「見直し」が求められるようになり、平成七年からのダム等事業審議委員会や平成一〇年からの公共事業評価システムにより、一一五のダム事業が中止された。

（4）ダムの目的

ダムの目的には、洪水を調整する「治水」、灌漑用水、上水道用水、工業用水、消流雪用水、不特定用水、河川維持用水の各種用水を確保する「利水」、貯水による落差を利用して発電する「発電」、ダムと貯水池、その周辺をレクリエーションの場として利用する「レクリエーション」がある。

（5）ダムの治水効果

ダムの効果で最も分かりにくいのが治水の効果である。また、その経済効果には特に誇張が目立つ。例えば、国交省河川局（現水管理・国土保全局）は「昭和六二年から平成一三年の一五年間の直轄・公団ダムによる洪水被害軽減額は約四兆二千億円に達した」としている。平成一一年はとくに大きく一兆九八三億円に上るという。平成一一年にはそれほど大きな洪水がなかっただけに、にわかには信じがたい。

（6）ダムが水害を防げなかった例

ダムが真に水害を防いだ例は皆無といっていいほど少ないのに対し、ダムがありながら水害を防げなかった例はきわめて多い。

①二〇〇四年新潟水害

最近では二〇〇四年新潟水害がそうであった。信濃川の支川の五十嵐川には笠堀ダムと大谷ダムの二つのダムがあり、同じく刈谷田川には刈谷田川ダムがあったが、洪水を調節しきれず下流で破堤氾濫し、三条市などで多くの浸水被害が発生した。

②二〇〇一年紀伊水害

二〇〇一年紀伊水害でも、和歌山県営の三治水ダムが、いずれも満水となって調節機能を失い、水害を防ぎきれなかった。水害を防げなかったばかりでなく、ダムができれば安心との錯覚を住民に抱かせ、洪水への対応を遅らせて、被害を激甚化したとの批判がある。

(7)ダムの治水機能の限界

ダムができると水害がなくなるとの錯覚があるが、ダムで水害を「真に」防いだ例は皆無といっていいほど少ない。ダムで水害を防げないのは、ダムの洪水調節機能に限界があるからである。

①計画を超える規模の洪水には、十分な効果を発揮できない。

第一の限界は、計画を超える規模の洪水が発生すれば、ダムは満水となって調節機能を喪失して役に立たなくなる。一方、計画高水以下で流れる規模の洪水はダムがなくても安全に流下するから、結局、ダムが治水効果を発揮するのは河道の流下能力以上でかつ計画規模以下の洪水というきわめて限定的な洪水に対してだけということになる。

②ダムが治水機能を発揮するのは、雨が集水域に降った場合だけである。

ダムが治水機能を発揮するのは集水域に降った降雨に対してだけである。降雨域がダムの集水域を外れれば治水機能は発揮されない。「当たるも八卦、当たらぬも八卦」の「ギャンブル治水」といわれる所以である。

③ダムは、堆砂により治水機能を低下させ、消失する。

ダムは、堆砂により治水機能が低下し、数十年から百年余りで消失する。現在、堆積した土砂を排除する検討が行われているが、効果的な方法は見出されておらず、実施には多大の経費がかかるうえ、既設のダムのすべてに適用するのは、到底、不可能である。

（8）ダムは建設する時代から撤去する時代へ

先進国では、ダムは建設する時代から撤去する時代へ入っている。

建設したダムがその目的である利水等の必要性が減少したり、ダムに土砂が堆積してその機能を果たすための維持修繕費用を捻出できなかったり、生態系の回復の要求が大きくなったり、理由はさまざまであるが、アメリカやヨーロッパなどの先進国では、新たなダム建設の時代は過ぎ去り、ダムの撤去が行われている。

（9）豊川には伝統工法が活きている

豊川水系の治水には、下流の霞堤に見られるように、江戸時代の治水をリードした伊奈流の技術がいまに引き継がれている。

伊奈一族は徳川家康に引き立てられ、関東郡代として江戸時代の河川改修の一翼を担った。その子孫の伊奈紘氏が豊川の流域におられ、いまの治水にも発言をしておられることに歴史を感じる。霞堤《かすみてい》は、治水に役立つだけでなく、自然環境を育むうえで重要な役割を果たしている。それにもかかわらず、豊川放水路の完成によって豊川右岸の霞堤をもはや不要として無くしてしまったのはきわめて残念である。

（10）既存施設はすべて農水省管轄、新規の設楽ダムは国土交通省の管轄

豊川水系には、流域内の既存施設として、宇連ダム、大島ダム、寒狭川頭首工、大野頭首工、牟呂松原頭首工、寒狭川導水路があり、流域外の天竜川水系からも大入・振草導水路や佐久間導水路を通じて導水されている。

しかし、これらはすべて農水省の管理施設である。河川管理者の国交省としては自前の施設を持ちたくて設楽ダムを計画したと噂されるほど、このダムの必要性には疑問が多い。

(11) 豊川水系の利水

豊川水系の利水は、水系の水だけでなく天竜川水系の水まで引き入れ、流域外の渥美半島などまで潤している。この地域にとってまさに「命の川」である。

それだけに、さらなる開発を目指すのは理解できなくもないが、社会の変化とともに水需要の状況も変化し、水利権の転用や利水システムの見直しにより「さらなる開発は不要」となれば、話が違ってくる。そのような検討がなされることなくダムの建設に走るとなれば、ダムをつくることが目的化されているとの批判が出るのも当然である。

知事の設楽ダムの建設容認

設楽ダム建設は、周辺道路の整備や補修など関連事業を含む総事業費約二九七三億円のうち、愛知県は一三八九億円の財政負担を求められる事業です。大村知事は判断を留保し、設楽ダムの連続講座も開催していました。

しかし、地元市町村のダム建設の要望も強く、二〇一三年の夏に、設楽ダムと同じ豊川水系の宇連ダムの貯水率が一時〇・八％まで落ち込み、東三河地域で「渇水」が発生したことをダムの必要性として説明され、二〇一三年一二月に建設を容認する考えを示しました。あわせて、「ダムの本体工事着工前に国と県が事前協議をする場を設けること、県の財政負担の軽減を図ること」などを要望しました。

継続する豊川ダムに関する活動

設楽ダムの連続講座は、設楽ダムの問題点を指摘してきましたが、国土交通省との直接対話ができなかったことは、課題の解決策を見いだしていくうえで残念なことでした。国土交通省は、今後とも、環境対策や費用の削減対策の検討を行っていくことと考えますが、そのメンバー選定は、役所主導で行われ、異なる意見を持つ有識者を排除して行われるのが常です。

現在、設楽ダムの建設に向けて、必要な調査や取り付け道路工事などが行われている一方で、設楽ダム建設によって三河湾に運ばれてきた土砂がなくなり、三河湾の漁業に大きな打撃を与えるのではないかなど、慎重な対応を求める運動も継続しています。

4　長良川河口堰開門調査案件

長良川河口堰

長良川は、大日岳（岐阜県郡上市）に源を発し、岐阜県・愛知県・三重県を経て伊勢湾まで流れる全長一六六km、流域面積一九八五km²の一級河川です。その流れは、四万十川（高知県）とともに日本を代表する「清流」として知られます。

長良川河口堰ができるまで、長良川は本州で唯一「本流にダムのない川」でした。川の河口部では、潮の満ち引き（潮汐）によって海の水面が上下することで、川に海水が入り込んだり、引いていったりして川の水位が変動します。この影響を受ける区間を「感潮域」と言いますが、長良川では長良大橋（河口から約三九km上流）まで、その影響があったといわれています。

長良川河口堰は、長良川河口から五・四kmの場所に設置された河口堰です。右岸の三重県桑名市福島と左岸の同市長島町十日外面《とおかども》の間の長さは六六一m（川の部分は五五五m）あります。

長良川河口堰については、一九六五年度（昭和四〇年度）に策定された「木曽川水系工事実施基本計画」において洪水対策と利水対策を目的にして河口堰が計画され、一九六八年度（昭和四三年度）には、利水について「木曽川水系水資源開発基本計画」が策定されました。一九七三年（昭和四八年）に事業認可が下り、一九八八年（昭和六三年）三月に堰の本体工事に着手、一九九四年（平成六年）から試験運用を行い、一九九五年（平成七年）三月に竣工、七月に全ゲート操作を開始しました。それとともに、長良川の川底にできていた「マウンド」とよばれるでっぱりを含む河床の浚渫工事を行い、一九九七年（平成九年）七月に全ての工事を完了しました。

長良川河口堰の建設には一四九三億円かかっています。そのうち、治水費用は五五八億四四〇〇万円、利水費用は九三四億七一〇〇万円で、治水対利水は三七％対六三％です。水を作る費用の方が六割と多くなっています。費用面の比率から見ても長良川河口堰の第一の目的が利水にあったことが分かります。

治水費用五五八億四四〇〇万円は、国が六八％（三七七億八〇〇〇万円）、愛知県、岐阜県、三重県がそれぞれ一一％程度（各六〇億二二〇〇万円、合計一八〇億六二〇〇万円）を負担しました。

利水費用については、新たな水の開発費用は、水利権（開発水量）の割合に応じて受益者（その恩恵を受ける人）が負担します。愛知県の負担額は四六七億三五〇〇万円（返済利子を含めると七九七億四七〇〇万円）、名古屋市は八三億八〇〇〇万円（同一六五億一五〇〇万円）、三重県は三八四億二八〇〇万円（同五八四億一九〇〇万円）です。

しかし、運用開始から二一年経った二〇一七年現在、水道用水として使っているのは全体のわずか一六％だけです。愛知県は二五％、名古屋市に至っては水道用水の使用は〇％です。河口堰建設の分担金は水道料金に上乗せしています。また、工業用水としても愛知県は使い道がありません。愛知県民（三重県民・岐阜県民も）は、河口堰を造るために巨額な支払いをしていますが、ほとんど使っていないことが分かります。これでは、利水計画は誇張されていたと言わざるを得ません。

長良川河口堰開門調査案件の性格

長良川河口堰は国の公共事業で、国土交通省によって建設され、独立行政法人水資源機構によって運用されている河口堰です。長良川河口堰開門調査は、直ちに長良川河口堰を開門しようとするものではありません。河口堰を開門し、長良川の汽水域を取り戻し、また上流から下流までのダムや堰のない流れを回復して伊勢湾に流れる生態系を回復するために、まずは開門調査をして、開門するために必要なデータを得ようとするものです。

当事者は、水資源機構と国土交通省、建設時の費用負担と維持管理に係る費用の負担をしている愛知県、名古屋市、岐阜県、三重県です。関係者は、長良川の水を使っている三重県の工業用水道、愛知県の知多地域の水道、漁業者、塩害被害を懸念する輪中の農業者、それに長良川の環境を回復したいと願う住民等です。

長良川河口堰は水資源機構が管理していますから、開門調査を行うには、国土交通省と水資源機構の理解を得ることは必須条件です。

長良川河口堰検証プロジェクトチーム

二〇一一年(平成二三年)二月六日に行われた愛知県知事選挙及び名古屋市長選挙で当選した大村秀章知事及び河村たかし市長は、選挙時の共同マニフェストに「一〇大環境政策で環境首都アイチ・ナゴヤを」として、生物多様性条約ＣＯＰ10の成果を引き継ぐこととともに、「長良川河口堰の開門調査」を掲げました。

長良川河口堰は建設時には大きな問題になりましたが、建設後は反対運動も鎮静化し、河口堰は風景となりました。しかし、「長良川は死んだ川のようになった」という川漁師の大橋兄弟の話のように生態系は確実に変化しました。他方で、オランダや韓国では河口堰の開門への動きがあり、諫早干拓地でも水門を開けることをめぐる議論が継続していました。

長良川河口堰では、まず、「開門調査」の前提として、河口堰の検証をゼロベースで行うこととし、「長良川河口堰検証プロジェクトチーム」を立ち上げました。プロジェクトチーム及び専門委員会の委員の人選にあたっては、長良川河口堰を管理する水資源機構にも相談しました。

「長良川河口堰検証プロジェクトチーム」には、愛知県政策顧問一人、地元の大学関係者の中から、これまで国土交通省や水資源機構の長良川河口堰に関連した委員等をつとめてきた方二人、そうではないが長良川河口堰の調査に携わってきた方及び流域管理についての学識のある方二人、計五人を委員に選任し、「県民にとって最適な長良川河口堰の運用のあり方」についての検討を知事が委嘱しました。報告書も、事務局が案を作成するのではなく、ＰＴ委員自らが案を執筆し、審議の上報告書を取りまとめました。また、プロジェクトチームの中に「専門委員会」を設け、治水、利水、環境の専門家を配置して、網羅的に検討を進めました。

専門委員会では、激しい議論が行われ、両論併記の形で整理することとしていましたが、残念ながら、最終とりまとめ段階で水資源機構に相談をして委嘱した委員の方々が、自分の意見が受け入れられていないと主張され、辞任をされました。

両論併記は、議論を戦わせ、それでも合意点が見いだせなければ、それぞれの議論を分かりやすく記述し、意思決定者の参考にするものであり、また、報告書を読む人に判断を委ねるものであって、自分と考えを異にする意見を了承するものではありません。専門家であれば、水資源機構の指図を受けて行動することなどはありえないことだとは思いますが、同様の理由を挙げて複数の委員の方が辞任をされたことは残念です。報告書には作成段階の委員が記載されますから、水資源機構推薦の委員の名がないことによって、水資源機構とはかかわりのない報告書であるとか、水資源機構の推薦した委員が入っていないから偏った報告書であるとかいう批判をしたかったのかもしれません。国土交通省や水資源機構の専門家への影響力の強さがうかがわれます。

専門委員会での論点の整理

専門委員会では、次のような論点について、整理が行われました。
①長良川河口堰の建設・運用に伴う環境変化と開門による環境改善効果
②河口堰建設を必要とした長良川の浚渫による治水効果
③河口堰建設による塩水遡上の阻止効果と実際の被害への防止対策
④長良川河口堰から取水している水の代替措置
⑤長良川河口堰の水の平均利用率の実態からみた利水効果の判断と公営企業会計の健全性など

そして、長良川河口堰の機能である「治水」機能とそれに伴う「塩害防止」の機能、「利水」について、次のように知見を集約しました。

(一)「治水」については、
洪水の疎通阻害となっていたマウンドの除去をはじめとする浚渫によって河積を拡大し、これによって洪水時の水位低下を図ることによって治水効果を挙げているとの事業者側の見解と、地盤沈下、砂利採取、河口堰運用前に終わっていた浚渫による河床低下により、河口堰運用後の浚渫は不必要であったとする専門家の見解が述べられています。

(二)「塩害防止」については、
河口堰の建設・運用によって、塩水が遡上することは阻止されていることは事実ですが、河口堰を開門することによってどこまで塩水が遡上するか、及び塩害が発生するかに関しては、三〇㎞付近まで遡上するとのシミュレーション結果に基づく事業者側の見解と、このシミュレーションは実際の測定によって検証されておらず、実際にどこまで遡上するかは開門調査をしなければ分からないというこれと異なる専門家の見解が述べられています。

(三)「利水」については、

河口堰運用開始後一六年を経過しても一六％しか利用されていない現実を踏まえて、二〇〇四年のフルプランは渇水対策として水資源の確保が必要であり水余りでは無いという事業者の見解と、現実は水余りであり渇水対策は節水や水利権調整で行うことが費用効果的であるというこれと異なる専門家の見解が述べられています。

(四)河口堰を開門した場合の「環境」改善効果については、

「河口堰を開門することによって、失われた汽水域・感潮域の生態系を回復し、豊かな河川環境をとりもどすことができる。」とし、河口堰のゲートを開けることにより、変化する水質・底質環境と、それにより影響を受けると考えられる水生生物について、その想定される効果を記述しています。

また、「生物多様性条約第一〇回締約国会議（COP10）では、『生物多様性の損失を食い止めるため効果的かつ緊急に行動をとる』とする『愛知ターゲット』を採択した。河口堰を開門して、生物多様性を回復することは、愛知県・日本が世界に誇るべきこととなる。」としています。

これら(一)から(四)までの専門的知見の集約及び整理を踏まえて、「河口堰の開門調査が『環境復元』になる可能性が極めて高いことから、河口堰の目的である『塩害防止』、『利水』が他の方法でも達成されること、あるいは、ゲートを弾力的に運用することでも達成されることが示されれば、河口堰開門は『環境復元』に寄与し、より良い運用になる。」とし、環境、利水、塩害について、開門調査による支障の解決に関して、具体的な検討が行われました。

PT報告書の概要

ＰＴ報告書では、専門委員会での専門的知見の集約及び整理には立ち入ることをせず、公開ヒアリングと専門委員会報告を受けて、その課題を次のように整理しました。

（一）長良川河口堰が適切な事業であったかどうかについては、

長良川河口堰の機能は、「治水」機能とそれに伴う「塩害防止」の機能、それに「利水」であり、それらの機能が適切に発揮されているならば、愛知県五〇〇億円超、名古屋市一〇〇億円の費用負担による河口堰建設・運用は、それぞれの納税者や使用料支払い者に対して適切な事業であると説明することができる。

（二）長良川河口堰による「環境」の変化については、

長良川河口堰が建設・運用された時点の環境認識ではなく、日本・世界の中の愛知県民の利益を考えれば、二〇一一年時点において国際的に共有されている環境認識に立って、河口堰建設・運用により河川環境がどのように変化したか、そのような変化によってどのような不都合が生じているか、その変化が許容できるものであるかどうか、あるいは、改善することが適切であるかどうか、これらを検証することには大きな意義がある。

㈢ 長良川河口堰の最適な運用方法については、

「河口堰を常時閉める」から「河口堰を常時開ける」までの間に存在する運用方法の中から、「愛知県民にとって最適な河口堰の運用のあり方」を検討することとなるが、その最大の論点は、愛知県・名古屋市が主張する「河口堰上流に塩水を遡上させる運用を行う」のか、または国土交通省・水資源機構が主張する「河口堰上流に塩水を遡上させない運用を行う」のかにある。

合同会議の設置の検討

長良川河口堰検証PTは、専門的な知見の整理の上にたって、利水に支障を生じさせず、塩害が発生しないことを前提に、次の提案をしました。

①長良川用水がかんがい用水の取水をしない一〇月一一日～翌年三月三一日のできるだけ早い時期から開門して調査をすること

②開門調査期間は、季節ごとに変化する環境変化の全過程、河口堰の運用により深刻な影響を受けたと考えられる生物の全生活史についての観察を要することから、五年以上とすること

そして、議論の相違について、次のように述べています。

○長良川河口堰の運用最適化の議論に関する前提の相違

長良川河口堰の運用の最適化の考え方に関する論点は、「河口堰上流に塩水を遡上させる運用を行う」のか、それとも「河口堰上流に塩水を遡上させない運用を行う」のかであり、この前提の違いが、「開門

調査」を掲げる愛知県知事及び名古屋市長と国土交通省・水資源機構との取り組みの違いとなっている。

このようなギャップは、行政間で調整が図られる必要があるが、ＰＴの提言は、「河口堰上流に塩水を入れないことを前提とする運用」をしている現行の「弾力的な運用」にとらわれず、「全面的な開門」も含めたより包括的な運用をも含む前提に立ち、「より良き運用に向けての知事への提言」とすることとした。

〇合同会議の設置とその運営

実務的には、愛知県が設置する専門家の会議と国土交通省が設置する専門家の会議との合同会議を設置して審議し、その審議結果を、委員を委嘱した愛知県及び国土交通省に報告して長良川河口堰に運用に関する政策形成に活かしていくことが考えられる。その場は河口堰の弾力的な運用から更なる弾力的な運用、そして開門調査までのあらゆる可能性を、テーブルの上に載せて審議することが前提となる。

このような合同会議では、市民・県民更には国民に開かれた議論を行うべきであり、さらに一般の方々からの意見を受け付けて専門家の議論に生かし、かつ、様々な分野の専門家から信頼を得られる運営が行われることが望ましい。なお、合同会議の運営の方法については、通常、合同会議での合意により決定されることになる。

合同会議準備会

合同会議を開催するために、二〇一二年（平成二四年）六月、元愛知県副知事の稲垣隆司氏を座長として、「愛知県長良川河口堰最適運用検討委員会」から藏治光一郎東大教授と小島敏郎座長が、水資源機構の「長良川河口堰の更なる弾力的な運用に関するモニタリング部会」から関口秀夫三重大学名誉教授と松尾直規中部大学教授をメンバーとする「合同会議準備会」を設置しました。

合同会議準備会は、二回開催されましたが、専門家の間の議論では、愛知県の委員会と水資源機構のモニタリング部会の委員とで議論する場を設置することに異論はありませんでした。

そこで、座長が水資源機構と相談することとなりましたが、水資源機構は公開の場で双方の委員会のメンバーが議論することには反対であるとの立場を示し、水資源機構が反対しているため、「愛知県長良川河口堰最適運用検討委員会」と「長良川河口堰の更なる弾力的な運用に関するモニタリング部会」と「合同部会」は、現在に至って実現できていません。長良川河口堰の効果に疑問を呈する学者・専門家を排除する国土交通省の姿勢は、国土交通省が委嘱する学者・専門家は「役所の意向を忖度する御用学者である」との批判を裏付けることともなり、委嘱された方々の評価にもかかわります。多様な意見を交わす「議論の場」は民主主義の基本です。専門家は議論に対してオープンなのに水資源機構は議論を避ける、これが日本の河川行政の現実です。

愛知県長良川河口堰最適運用検討委員会での検討

愛知県では、二〇一二年（平成二四年）五月に、愛知県長良川河口堰最適運用検討委員会を設置し、かつ、県庁内のプロジェクトチームも設置して、開門調査の検討を進めました。

合同会議の設置を水資源機構が拒否している中で、文書による質問・回答のやり取りが続きました。その内容は専門的かつ膨大な量になっており、それを簡潔に分かりやすく県民の方々にお示しする作業が課題となっています。また、長良川河口堰開門調査に対する県民の方々の関心を広げ、理解を深めていただくために、連続公開講座の開催、現地見学会の開催、「１６６キロの清流を取り戻すために」パンフレット（https://www.pref.aichi.jp/soshiki/mizushigen/nagara-sasshi.html）も作成しています。

取水制限と渇水、給水制限と渇水被害

連続講座では、「水は賢く使う時代が来た」等の講演が行われ、連続講座を踏まえた新しいパンフレットの作成を進めています。藏治光一郎東大教授の講演から、渇水と渇水被害、取水制限と給水制限についてのエッセンスを次に記します。

○藏治光一郎東大教授の講演より

（一）自然現象としての渇水と生活影響としての渇水被害

ダムや河口堰の議論において、「渇水対策」は大きな課題です。しかし、「渇水」については、メディアを含めて理解を深めなければならない課題があります。

まず、渇水は、川の水の量が減る「自然現象」です。人々への影響は、需要との比較で水の量が足りない「水不足」、水不足の程度が大きくなって生じる「被害」という段階で発生します。しかし、メディアなどでは、自然現象の「渇水」を、「水不足」や「被害」の意味で使うことがあります。

（１）渇水は、川の水の量が相対的に少ない状態」という自然現象を表す言葉

「渇水」という言葉は、誰でも聞いたことがある言葉ですが、実は「渇水」という言葉は、業界、専

門分野によって違う意味に使われています。

自然科学の分野では、渇水というのは「川の水の量が相対的に少ない状態」という自然現象を表す言葉です。川の水の量は、大まかには雨が降ってくる量で決まりますので、雨が少なくなればそれに応じて川の水の量は減ります。これを「渇水」と呼びます。

川の水の量が多いか少ないかは、私たちの市民生活にとって水が足りるか足りないか、何か支障とか被害が生じるかどうか、といったこととは無関係の「自然現象」です。

（2）生活への影響は「水不足や渇水被害」、不便や被害の程度を表す言葉で表現

私たちは「渇水」という言葉を聞くと、何かすごく私たちの生活が不便になり、不自由になるという意味を思い浮かべます。

つまり、渇水という言葉には、次の二つの意味に使われることがあります。

その一は、需要と供給のバランスが崩れる「水不足」という意味の「渇水」です。人は、川の水を取水して水道や工業用水、農業用水などに使っていますから、川の水の量が少なくなる「渇水」という自然現象が起きると、需要に対して川の水の量が足りない状態になります。これを「水不足」と呼びます。需要より供給が少なくなれば、需要をそのまま維持すれば供給不足が生じますから、「水不足」ということです。これは自然現象による「川に流れる水の量」だけでなく、「人が使う水の量」という「需要」に影響を受けます。

その二は、「被害」という意味での「渇水」です。ほんのちょっと水が不足したくらいで、私たちの生活はそんなに被害は受けませんが、著しく不足すれば私たちの生活はいろんな支障が出るでしょう。

それがある限度を超えれば被害という言葉を使ってもいいでしょう。これを自然現象である「渇水」と区別するために「渇水被害」と呼ぶことができます。水不足になった時には、それがどのくらい私たちの生活に影響を及ぼすかという「影響のレベル」が問題になります。

㈡渇水対策としての取水制限と給水制限

私たちは、「取水制限」という言葉を聞くと直ちに「渇水被害」を思い浮かべます。この「取水制限」とは、ダムからの取水量を制限することです。ダムを管理する人が生活への被害が生じないよう、予防のために行うものであり、水道局が水道の供給水量を減らす「給水制限」とは違います。

（1）取水制限は、ダムの水を大切に使うための、水を供給する側の対策

「取水制限」は、私たちに供給される水の量が制限されることではありません。「取水制限」とは、私たちがダムに溜めた水を利用する時に、ダムから取水しますが、通常の取水に比べて、少し節水して、少なめの水を取るように変えましょうということです。

（2）取水制限をするタイミング

「取水制限」は、例えば、木曽川水系でいうと、水の供給側の水資源機構が、渇水対策本部を設けて、「貯水率が例年に比べてちょっと少なめに推移しているので、そろそろダムの水の使い方を節約しないとダムの水が枯れてしまう危険があるんじゃないか」という時に、実施し始めるわけです。

多くは梅雨の始まる頃に検討されることが多くて、もし梅雨の時期に通常どおりの雨が降れば、水は回復するからたぶん大丈夫だろうとなります。しかし、「その梅雨が始まる時にダムの貯水率が低めだから、万が一、梅雨の期間の雨量が少ないといけないので、渇水リスクを予防しておこう」とい

うときには、早めに「取水制限」を行います。つまり、水不足または渇水被害が起きる前の段階で、予防策としてやるということです。

もし梅雨の期間に例年通りの雨が降ってくれれば、貯水率は回復しますので、取水制限も取りやめになります。実質的な渇水被害もゼロです。

仮に梅雨期に通常の降雨がない場合は、これは大変だということで取水制限の率を上げて対応する。それでも雨が降らない場合、木曽川水系緊急水利調整協議会を開催して、さらに上げるかどうか、調整していくことになります。

（3）「給水制限」の対策は、減圧給水、時間給水

「取水制限」と聞くと、まるで取水制限しているから水道の水が出なくなるんじゃないかと誤解してしまうかもしれませんが、実は全然違うものです。

「給水制限」という「取水制限」にとてもよく似た言葉があります。「取水制限」をしても、ダムの水量が回復せず、深刻になってきたら、水道を供給する人が「給水制限」などの対策を行います。

「給水制限」は、ダムを管理している人の対策ではなく、水道事業体が水道事業体の判断で行うことです。その方法は二種類あって、ひとつは「減圧給水」、ひとつは「時間給水」です。「減圧給水」とは水道の圧力を下げることで、「時間給水」とは時間を区切って給水を停止するということです。時間給水は減圧給水より一段階強い給水制限ということになります。

水は賢く使う時代

水が「足りない、足りている」とは、「需要と供給のバランス」の問題です。東日本大震災で、電気について、私たちは、一時的に需要を減らすことで、さらにそれを習慣づけることで、需要を大幅に減らすことを学びました。

東日本大震災の直後は、多くの発電所が停止して電力の供給が少なくなり、その対策として駅の蛍光灯の三分の一は消すなどの「節電」が行われました。当初は、「計画停電」などの措置が講じられるという話もありましたが、需要側での大々的な「節電」により、非常事態を乗り切ることができました。

東日本大震災の後も、次々と原子力発電所が停止し、全ての原子力発電所が停止した時期が続きましたが、それでも停電はおきませんでした。原発が必要であるとの論拠に「原発が止まると電力不足で停電する」という話がありましたが、電気を使う側が努力すれば原子力発電所がなくても、生活や事業活動に支障がないことが証明されることになりました。人々は、巨額の資金を使ってたくさん発電所を作らなくても、需要側の一人一人の心遣いで需要と供給のバランスを保つことができるという経験をしたのです。

水について電気との類似性で考えると、残念ながら電気というのは電圧を下げて給電するということはできないので、電気で供給制限する場合は計画的に時間停電することしかできないのですが、水道の場合は「減圧給水」という手段があります。他方で、電気は作ることができますが、水は作ることができない、または、作ることができてもコストが高いと言われてきました。

しかし、今では水も作ることができます。イスラエルでは、飲料水の六〇％以上が海水から作られており、そのコストも一㎥あたり七〇円前後です。東京都で一ヶ月一〇～二〇㎥使うとすれば一㎥あたりの水道料金は約一三〇円程度です。イスラエルの飲料水は世界で最も安く、少なくとも渇水に備えてダムを作るより、イスラエルの海水淡水化技術を導入する方が安いと言えます。

「水と安全はタダ」という時代は終わっています。無制限に需要を満たすために、供給を増加する時代も終わっています。財政も無限ではありません。二〇年に一度の渇水や想定外の渇水に備えて、ダム建設などのハード整備を行うことの費用対効果と、河川水を利用している生活用水、農業用水、工業用水、河川の自然流量などを調整しながら既存のダムなどを総合運用するなどのソフト対策をすることの費用対効果とを比較して、最も適切な対策を講じる「水は賢く使う」時代が来ています。

開門調査に向けた粘り強い活動

公共工事をする行政側は、何十年でも、社会経済情勢が変化しても、その都度目的や説明を変えて、建設を決してあきらめません。それに対して、公共事業の問題点を指摘し、改善を求める側の多くは、建設に着手され、または、完成してしまった後は取り組みがなくなってしまうことが多くみられます。建設側の取り組みに対峙するには、同じように長期的な取り組み姿勢を崩さないことが大切です。

設楽ダムのケースもそうですが、国土交通省のダム担当は、専門家との公開討論を徹頭徹尾嫌います。その姿勢は問題です。同じ国土交通省でも、自分たちの仕事を進めるためなら羽田増便のための地域説明会には積極的に出張って住民説明会を行っています。設楽ダムや長良川開門調査の場合も愛知県民の理解をえるため、質疑応答や専門家との討論も行うべきではないかと思います。

国会は、内閣の見解を糺す役割を負っています。国会での質問には各省庁は答えなければなりません。

国会議員には河川工学に詳しい専門家がいませんが、代議士としてのスキルがある国会議員なら、委員会で国土交通省のダム担当の官僚や大臣らの政治家と一問一答の質疑を行ってその答えを国会の議事録に残すことができると考えます。

また、地方議会での理解の輪を拡大していく努力や、若い人々を含めて長良川河口堰や設楽ダムへの関心を高めていく努力も必要です。

なお、県民への説明や理解の浸透にはメディアの影響も大きいのですが、長良川河口堰開門調査の検討過程では、メディアは報告書が取りまとめられたら次は河口堰の開門だというように記事を求めて自己回転します。開門調査が進まず記事が書けないと一転して開門調査に取り組む知事を批判すれば記事が書けるというような態度が見られました。これは、記者の都合が優先する日本のメディアの特性です。残念です。

5　ダム撤去の時代

「コンクリートから人へ」と「国土強靭化」

民主党政権が崩壊してから、民主党に属していた政治家の口からも「コンクリートから人へ」という政策が消えてしまいました。代わって、「国土強靭化」による公共工事が進められています。

かつては公共事業が景気対策として使われ、不要不急なダム事業も行われてきました。「コンクリートから人へ」という政策の下でダム工事が検証の対象となり、ダム計画はいくつか廃止されました。これは、財政規律の面からも良いことであったと考えます。

また、「国土強靭化」のために河川工事を見直すことは、災害が頻発している昨今の状況に鑑みれば必要なことです。その場合も、防災対策を検証し、そのデータを国民に開示し、費用対効果を明確にして、合意を得ながら必要な工事を行っていくことが必要です。

しかし、気候変動が現実のものとなり、災害を全て公共工事によって防止することはできません。また、それを国民に保障するとすれば、災害による損害賠償責任を国が過剰に負うことになります。雨の降り方が大きく変化し、局所的豪雨だけでなく、豪雨が何日も継続することも起きています。ですから、災害対策も「タイムライン」の考え方が重要になり、個々人の命を守るために「マイタイムライン」の定着が重要になります。江戸川区では、「ここにいてはダメ」という避難の合言葉のハザードマップを作りました。人命を救うための「国土強靭化」では、既にハード対策とソフト対策を効果的に使うようになっているのです。

また、雨の降る時期や場所も従来のデータとは異なってきています。ダムがある山間部に雨が降らず、都心は豪雨ということもありうるわけで、「都心に豪雨が降っているのに渇水」ということにもなりかねません。「渇水対策」についても、ハード対策とソフト対策を効果的に使う時代となっており、かたくなに「維持水量」を川に流すのではなく、人々の命と生活に高い優先順位を置く政策に転換すべきです。

ダム撤去の時代

アメリカもヨーロッパも、近代化の一つの形として、自然の川を人工化し、作れるところにはすべてダムを作らないと気が済まないとばかりにダムを作ってきました。

しかし、ダムも人工物であり、維持管理が必要です。特に、ダムに溜まる砂の量が多くなり、ダムの機能を損ねるようになっています。道路や橋梁、更に公営企業についても、維持管理費や大修繕費、更新費用をどのように捻出するか、費用面でも大きな課題となっています。

他方、二〇一〇年の生物多様性条約第一〇回締約国会議（COP10）では、TEEB（生態系と生物多様性の経済学）の最終報告書が公表されました。私たちが世界の生態系サービスから受ける恩恵は一年間で約三三〇〇兆円といわれ、生物多様性や生態系サービスの価値を経済的に評価することの重要性が注目されています。

アメリカではダム建設の時代が終わり、グラインズキャニオンダムの撤去をはじめとして自然をとりもどす大規模なダム撤去工事が増え続けています。EUでは多くの国々の研究者やNGOが集まり、河川再生会議が毎年のように開かれていますし、堤防と河口堰の国オランダでもハーリングフリート河口堰の開門への動きが進んでいます。韓国でもナクトガン河口堰が開門に向けて手続が進められています。

時代は、自然との共生、川と人のつながりを取り戻す方向に動いています。これまでダム建設に情熱を注いできた河川工学者も、柔軟な発想でダム撤去を選択肢の一つとして考えるようになって頂きたいと考えます。

第六章　原発事故とエネルギーの問題

1 三・一一東日本大震災と原発事故

二〇一一年三月一一日

二〇一一年三月一一日は、日本人にとって忘れられない日です。その日私は、東大三鷹寮で共に暮らした友人が起業した東進スクールの幹部と会う予定で新宿の京王プラザホテルにいました。一度大きく揺れ、その後もう一度大きな揺れがありました。震源地は分かりませんでしたが、交通機関も止まり、車道は混雑で動けない自動車で一杯でした。どこに向かっているかわからない人で歩道はあふれており、とりあえず研究室がある青山学院大学に向かって歩き始めました。その時は、まだ福島第一原発が事故を起こして大変なことになっているとは知りませんでした。

その後、テレビやラジオで福島第一原発事故が伝えられましたが、国民を安心させるためか、当初は事故を過小評価する報道がなされていました。しかし、原発の水蒸気爆発の様子がテレビ中継され、さらにメルトダウン（炉心溶融）、メルトスルー（溶融貫通）を起こしていることが、広く知られるようになりました。また、原子炉爆発による広範囲かつ高濃度の放射性物質の拡散の危機を、現場の人々の献身的な努力と多くの偶然によって、幸運にも防止できたということも後になって分かりました。

福島第一原発事故により、「チェルノブイリやスリーマイル島とは違い、安全対策を十分講じているから地震国日本の原発は安全である」という神話が打ち砕かれました。人々は、原発は事故が起きる確率は小さくとも起きたときには甚大な被害をもたらすものであることを、肌感覚で知ったのです。

原子力発電所案件の性格

原子力発電所の課題は、巨大技術がもたらす便益と、巨大技術を制御する技術と人為的なスキル、それでもなお起きることがある事故の確率と事故が起きたときの甚大な影響というリスクへの対応の問題です。脱原発は、原発によるリスクをゼロにするリスクフリーを志向する政策であり、ベストミックスの政策は、リスクをマネジメントできるという前提の下にリスクとともに生きる政策です。

原子力発電所は、研究用もありますが、主として電力会社が公益事業として建設している発電所です。電気、ガス、水道などと同じくライフラインを提供していますが、水道事業は地方公共団体が事業主体であるのに対して、電気やガスは民間企業が事業主体です。よって、原子力発電所を建設し、運転し、廃止するのは電力会社が判断することであり、株主総会で決定することということになります。

原子力発電所には原子力規制委員会による規制があり、電力会社はその規制には従わなければなりません。他方で、原子力発電所の建設は国家政策として進められ、立地自治体に対しては多額の税金が投入される仕組みが出来上がっています。また、原子力発電所の事故による補償金はとても一企業で負担することができません。ですから、一旦事故が起きれば会社は破産するのが道理ですが、その場合も国による支援が行われ、事故を起こしても電力会社は破産しません。

よって、原子力発電所に関する当事者は電力会社と国、そして電力会社の株主、議員を選ぶ有権者も当事者です。関係者は、立地自治体、事故時に影響を受ける自治体や住民など多数に及びます。原子力発電所に頼らない電力供給や送電や配電システムに関わる事業者、使う電力を選択し、電力需要を減らすことができる電力消費者も関係者です。

原発にどう向き合うか

福島第一原発事故を契機に、多くの人が日本の原発のあり方を考えました。最も端的な事件は小泉純一郎元総理大臣の「脱原発」宣言です。

地球温暖化対策に関わってきた環境庁・環境省においても、自民党政権の下では原子力のリスクを掘り下げることはタブーであり、「安全性の確保を大前提にして」という決まり文句をつけて、政府の一員として原発推進に加担してきました。原子力産業にかかわっている企業の労働組合は原発推進でしたから、個別の立地についての反対はありましたが、原発廃止を明確に宣言する政党はありませんでした。

原発をめぐる三つの神話

神話とは、検証なしに無前提で正しいと信じ込む事柄です。原発には、「国策」で作られ疑ってはいけない三つの神話がありました。神話には、触れてはならない「タブー」があります。

第一は、「原子力発電所は安全だ」神話です。

原子力安全神話の触れてはならないタブーは、「原子力にはリスクがある（危険だ）」と言ってはならないということです。危険だと言う学者は、タブーを破ったものとして「村八分」にされます。

巨大技術は大きなリスク無しに使うことはできません。リスクには「想定内のリスク」と「想定外のリスク」があります。安全神話では、専門家の頭の中で「リスクは想定される範囲内でしか存在しない」との設定が作られ、「想定されたリスクに対しては安全である」というレトリックが語られます。しかし、巨大技術のリスクとして考えなければならないのは、「想定外の事象」が起きたときです。リスク管理は

「予測可能、計測可能、収束可能」を前提に成立しますが、想定外の事象が起きたときは「予測不可能、計測不可能、収束不可能」です。風力発電所であれば倒壊した風車を作り直せば良いのですが、福島第一原発が示すように、原子力発電所では放射性物質が拡散して「収束不能」となりかねません。これが、巨大技術を使う利便性と引き替えの「リスク」です。

第二は、「自然エネルギーでは原子力の穴埋めはできない」神話です。エネルギー供給面でのタブーは、「自然エネルギーで、日本の電力をまかなうことができる」と言ってはならないということです。そういう輩は、夢を見ているだけであり、「自然エネルギーは原子力の代替にならないおもちゃのようなものである」として排斥されます。

この神話は、度重なるプロパガンダによって日本国民に浸透しているように見えます。しかし、世界に目を転じてみると、設備容量では自然エネルギーは原子力発電を上回り、しかも自然エネルギーの拡大ペースには勢いがあります。自然エネルギーの会社は急成長を続けていますが、その中に日本企業はなく、日本は世界の市場から脱落中です。

第三は、「電力需要は青天井だ」神話です。

エネルギー需要面では、「電力需要は今後も増え続ける」という神話があります。電力会社の供給責任の根拠は、求められるだけの電力を供給することにあります。「原発は要らない」という人に対しては、「じゃあ、ランプで暮らすのか」という批判が浴びせかけられます。福島第一原発事故の際の「計画停電」も、『東京原発』という映画に出てくるように、「電気のありがたみを思い知らせてやろう」という企みではないかとも思えてしまうのです。

しかし、利便性を確保しながら、需要を減らすことはできます。「利便性」と「原発リスク」はバーターではありません。「自動販売機の利便性と原発の事故リスクのどちらをとるか」という議論ではないのです。自然エネルギーは純粋な国産エネルギーですから、その拡大は、「国策」の観点からも、化石燃料の減少によって国富の流出を防ぎ、地震国日本における原発リスクを最小化することができます。

首都圏にとっての浜岡原発のリスク

今や、日本国中どこに行っても原発に突き当たります。原発事故のリスクはどこにもあります。首都圏にとっての浜岡原発、関西圏にとっての敦賀原発は、大きなリスクです。

特に、南海トラフ地震のリスクは大きく、その中心に位置する浜岡原発をどうするかは、「原発推進政策転換」を行動で示すことができるかの試金石です。

中部電力浜岡原発について、大地震の際の「想定されるリスク」の範囲を拡大して津波対策など安全対策を強化することはもちろんですが、「想定外のリスク」が本当に起きたときの被害は、静岡県だけでなく、首都圏の生活・経済活動、更に中部圏の生活・経済活動全般に及びます。仮に、地震による原発事故の損害を国が保障しないとすれば、中部電力は事故時の損害を全て負いきれず、倒産の危機に直面します。自由主義経済のルールが行われていれば、中部電力は企業の運命を浜岡原発に賭けているということになるのです。株主だけでなく、国民が中部電力に委ねているリスクは、とてつもなく大きく、とても一民間企業が負えるようなリスクではありません。

中部電力の原発依存率は一〇％程度です。一〇％の電力需要抑制策は直ちに可能であり、需給関係から見ても必須ではありません。地震による浜岡原発の事故リスクから解放されるのであれば、中部電力管内の企業も人々も、浜岡原発停止・安全措置実施という方法を選択するのではないでしょうか。原発の事故リスクに関する情報を開示して国民の選択に委ねるべきでしょう。

2　エネルギー問題

エネルギーシフト

地球温暖化の国際協定として、今世紀後半には温室効果ガスの排出をゼロにするパリ協定があり、化石燃料からの脱却はそれほど先のことではありません。

では、その時のエネルギーは原子力や核融合などの巨大技術に依存しているのでしょうか。その可能性もありますが、原発は出力調整ができず、需給の変化に対応できません。化石燃料を使わなくなった場合、全てを原子力で対応することはできません。また、巨大技術のリスクを全て想定することはできません。「想定外のリスク」の下で人々は生活し、産業活動を行うことになりますが、「想定外のリスク」が現実のものとなり、「ふるさと喪失」という状態に至った時に人々が対応できるかは疑問です。

エネルギーの転換には一定の期間が必要です。化石燃料による「地球温暖化のリスク」は異常気象の常態化によって現実になっており、更に加速しています。原発事故による「ふるさと喪失リスク」は、安全技術の進歩があるとしても、天災リスクや人災リスクの増大によって更に高まっています。

原発は、「過渡的エネルギー」です。直ちになくすべきという人もおり、そうすることができれば、それに越したことはありません。しかし、多くの人の合意を得るという観点から、原発利用の終期を明確に設定して、速やかに原発依存を脱することも、選択肢として考慮すべきです。

エネシフジャパン

福島第一原発事故の様子が分かってきた二〇一三年四月、エネルギーシフトを進めるため、数人の友人が集まって運営資金を出し合い、エネシフジャパンという勉強会を立ち上げました。

エネシフは勉強会ですが、具体的な政策変更のための法律を作ることを目指しました。原発推進政策から自然エネルギー推進政策へのシフトには、国民と政治家の相互理解と連携が不可欠です。政策は、法律、予算、税制で具体化されるため、エネシフジャパンでは政治家と国民が一緒に勉強することにしました。そこで、国会議員の事務局、民間人事務局をそれぞれ作り、双方が相談しつつ進めることとしました。

原子力の推進のための法律には、原子力災害特別措置法、原子力損害賠償法、電源三法（電源開発促進法、発電用施設周辺地域整備法、電源開発促進税・特別会計）などがあります。原発推進政策から自然エネルギー推進政策へ「政策をシフトする」ため、法律・予算・税制を変えていくことが不可欠であり、それは政治家が国会でやっていただかなければなりません。

国民的広がりをもった活動を進めるため、各界から呼びかけ人を募り、拡大しました。幸い、勉強会には、有識者の方々が講師として出席して下さり、勉強会場の議員会館の会議室は盛況でした。

「6・15エネシフ・ナウ」菅・孫プロジェクト

欧米の経験から、エネルギーシフトを進める鍵になる制度は、電力の自由化、スマートグリッドの整備、再生可能電力固定価格買取制度（Feed-in Tariff, FIT）などであると考えました。二〇一一年の通常国会には、再生可能電力固定価格買取制度の法律案が提出されていましたが、国会対策委員会・議院運営委員会では、この法律案の審議の優先順位が低く、このままでは通常国会では審議にも入れず、成立しない可能性が高いことが分かりました。

これまで、原子力一辺倒で自由な議論ができなかった自然エネルギーの大々的普及政策について、福島第一原発事故を契機に、自然エネルギー普及に不可欠な制度的インフラ「電力の自由化、発電と送電の分離」、「自然エネルギーの全量固定価格買い取り制度」の法律成立への機運が出始めたところでした。他方、電力の地域独占維持を図り、再生可能エネルギーを促進する法律に対する自由な議論を封じてきた従来の原発推進路線に回帰する動きもありました。

そこで、少なくとも、この国会で菅内閣が提出した再生可能電力固定価格買取制度の法律は成立させたいと考えました。政治的に審議の優先順位を上げる方法を考えました。再生可能エネルギー促進法成立を求める有志国会議員による総理らへの要請行動、民間団体の要請行動を一連の運動として展開し、それらを踏まえて、菅直人総理にエネシフに登場していただく場として、「6・15エネシフ・ナウ」菅・孫プロジェクトを設定しました。

官邸サイドは、このような場に総理が出席することについてかなり神経を使っている様子でした。孫正義さんサイドも様々な配慮があり、結果的には菅総理と孫社長が会話を交わす機会がありましたが、直前まで二人が同席するかどうかを含めて進行案を詰めていました。

そして、二〇一三年六月一五日夕方、衆議院第一議員会館大会議室で開催したエネシフの会合に、孫正義社長が出席し、続いて菅総理が入ってきました。エネシフでは、小林武さんらが菅総理に再生可能電力固定価格買取法案の審議、成立を要請し、激励することにしていましたが、菅総理から、この会の趣旨を受けて「菅内閣でこの法律を成立させる」との発言がありました。この発言を機に、国会では法案審議の優先順位が上がり、法案は審議入りし、成立しました。

エネシフとしては、自民党による菅内閣退陣の攻勢が高まる中で、菅直人総理が思い切って脱原発を掲げて国会解散に打って出る「脱原発解散」ができないかも考えていました。野田佳彦総理の「社会保障と税の一体改革のために消費税を一〇％に上げよう解散」よりは、よほど争点がはっきりしていて、国民の考えを聞くにふさわしいテーマでしたが、残念ながら実現しませんでした。

3　脱原発シナリオ

原発のない日本へと転換する意思

エネルギーシフトには、原発から自然エネルギーに転換しようとする政治的意思が必要です。これまで、原発は廃止できないと言ってきた代表的意見には、次のようなものがあります。

「原発が止まると、電力不足で停電になる」

「電力料金が大幅に値上がりし、国民生活に大きな影響が出る」

「国内産業が空洞化し、雇用が減少する」

「再生可能エネルギー電力は、不安定でベーロード電力になりえない。追加的国民負担が生じる」

しかし、原発ゼロ、それに近い状態が続いていますが、暮らしや経済は成り立っています。実際、二〇一三年九月に関西電力の大飯原発三号機と四号機（福井県）が停止し、二〇一五年八月九州電力川内原子力発電所一号機が再稼働するまでの約二年間、日本は原発ゼロでした。

ですから、次のように言うことができます。

「二年間、日本は原発ゼロであった。原発が稼働しなかったからといって、停電にならなかったし、国内産業が空洞化し、雇用が減少したわけでもない」

「電力料金は値上がりしたが、暮らしや経済はその値上がり分を吸収し、成り立っている」

脱原発の工程表

エネシフの活動を踏まえて、当時、次のような脱原発工程表を考えていました。

第一に、明確な目標設定をします。それを、「二〇三〇年までに、全原発を廃止する」とおきます。

「原発稼働四〇年原則」を遵守して、順次、原発を廃止します。

二〇二〇年までに、「再処理工場の廃止／高速増殖炉廃止」、「使用済み核燃料・プルトニウムの保管」、「原発廃炉の本格化」、「建設中でまだ稼働していない原発は廃止」、「四〇年以上経過している原発は即時廃止」、「原発・再処理工場などの立地地域の再生」などの政策を講じます。

「再稼働」については、原子力規制委員会の審査に合格した原発は、事業者の判断で稼働の判断することとします。その際、自由主義経済原則に立ち戻り、事故時損害賠償リスクへの国の特別措置は無しにして、その前提で株主総会において判断していただきます。

このような措置を講じた上で、原発稼働四〇年原則を適用し、原発を廃止します。

（1）二〇二〇年までに、四〇年以上経過の原発一二基を廃止する。

（2）二〇二五年までに三〇年以上経過の原発二八基を廃止する。

（3）二〇三〇年までに、残りの原発八基を廃止する。

第二に、脱原発工程表の政策の三本柱を明確にします。

（一）脱原発政策

原発からの段階的撤退・計画的廃炉。このため、経過措置を設けて、「原発特別措置廃止一括法」によりすべての原発推進国策措置を廃止します。

（二）省エネルギー政策

二〇三〇年に電力消費量を三〇％削減、需要量は約五七〇〇億kWhを達成します。

（1）省エネ法対象事業所に義務付け（二〇一五年を基準）

（i）二〇二五年までに、エネルギー消費の二〇％削減。

（ii）二〇三〇年には三〇％削減。

（2）建築基準法で、新規建築物にエネルギー効率化を義務付け。

断熱強化基準、再生可能エネルギーの熱利用、植物、風の活用。

（3）自治体として、街全体のエネルギー消費を削減する努力。条例による義務付けと助成施策。

（三）再生可能エネルギー政策

これまでの原発推進政策に代わり、新たに国策として、原発推進のために講じてきたのと同様の再エネ推進特別措置を講じます。

電力消費量を二〇三〇年に三〇％削減の場合、発電量は六二〇〇億kWhとします。

（1）風力発電五万基一〇〇GW計画（年間二〇〇〇億kWh）

（2）太陽光発電一〇〇GW計画（年間一〇〇〇億kWh）

（3）小水力、地熱について最大限開発促進、バイオマスは限定的に利用。

脱原発を成長戦略に位置づけるエネルギービジネスのシフト

エネルギーシフトの目的は、二〇三〇年原発ゼロによる原発リスクフリーです。国民は、「確率は低いが被害は壊滅的なリスク」からフリーになり、安全・安心な日本を作ることができます。原発ゼロですから、原発のリスクヘッジ費用はゼロになり、事業者は、「規制強化への投資、損害賠償の負担」からフリーになります。

二〇三〇年までの間は、脱原発のリードタイムです。いわば激変緩和期間です。この間に、省エネルギー・再生可能エネルギーを「国策として推進」し、期限内の廃止には、経営、地元への支援措置を講じます。

エネルギーシフトの経済効果もあります。これにより新たな産業育成と雇用創出が図られます。廃炉、省エネルギー、再生エネルギーで雇用二〇〇万人創出という試算もできます。さらに、エネルギー費用の海外流出もありません。

自由主義経済原理の中での脱原発

脱原発は、国が強制的に進めるものではありません。原発を自由主義経済原則の中に置き、株主が電力自由化の下で、国の支援なしに原発を維持するリスク、原発の事故リスクを負うこととして、株主の判断に委ねるのです。電力自由化は進められ、既に小売全面自由化や料金規制の撤廃が始まっています。

具体的には、次のように措置します。

(一) 電力自由化を踏まえ、国策として講じてきた原発への国の特別な措置をすべて廃止し、平等な競争条件を設定します。これにより、事業者に対して「原発からの撤退(廃止)の経営判断」を促します。

(1) 原発のライフサイクルコストは、事業者が負担する。

(2) 原発の事故時の損害賠償は、通常の民事責任による。

(3) 安全対策のための追加コストは、事業者が負担する(支援措置ナシ)。

(二) 原発への特別措置は、経過措置を設けます。

(1) 経過措置内での原発廃止に対しては、別途、国の支援措置を講じる。

(2) 経過措置を過ぎた後は、事業者の経営責任において対処する。

(三) 原発の再稼働は、原子力規制委員会の審査によります。ただし、原子力災害の場合における住民避難措置を含む民事責任は、国も地方公共団体も負わず、「事業者がすべての責任」を負います。

脱原発を加速する条件整備の例

原発に対する国の特別措置はすべて廃止することを前提とします。それ以外の措置には、次のようなものがあります。

（一）ベースロード電源市場、容量市場の開設中止。
（二）高レベル放射性廃棄物規制のための法的措置として、保管管理施設の整備。
（三）使用済核燃料再処理の中止。使用済核燃料・プルトニウムは、現在地で乾式貯蔵にする。
（四）統合廃炉会社の設立。
（1）各電気事業者から原発を引き取り、廃炉作業を行う。
（2）各電気事業者の発電部門は、原発不保有会社として再出発。
（五）原発立地地域の復興支援（特例法）。脱原発に協力する自治体は、産業振興のための助成を実施。

新たな国策としての再生可能エネルギーへの支援措置

従来の原発推進政策に代えて、次の再生可能エネルギー推進策を講じます。

（一）再エネ特措法の改正。再エネ電力の優先接続・優先給電制度の復活。
（二）送電網運用ルールの変更。
（1）「接続可能量（三〇日等出力制御枠）」（発電の抑制措置）の廃止。
（2）「接続負担金（電設備と送電線をつなぐための費用）」の廃止。
（三）大規模再エネ規制ルール。再エネを拡大する上で、環境破壊等を引き起こさないための規制。

（四）一〇電力会社の地域間連系線を増強する計画。
（五）不要な送電網の廃止計画。原発建設等と同時に作られた超巨大送電線を更新せず廃止。

第七章　東京都築地市場豊洲移転案件

1 二〇一六年都知事選挙前の状況

築地市場の豊洲移転問題のアジェンダ

築地市場の豊洲移転案件は、オリンピック費用の見直しと並んで、小池知事就任後の一大案件でした。石原知事の時代に築地市場の豊洲移転の意思決定がなされ、多額の土壌汚染対策予算がつぎ込まれ、また、巨大な建物が建設されてきました。石原知事の意思決定以後、事業の妥当性が検証されることもなく、二〇一六年一一月七日の豊洲移転が当然のようにスケジューリングされていました。

無害化を掲げた土壌汚染対策はその目的を達成したのか、中央卸売市場の取扱量と取扱金額が半減する中で、豊洲市場の開場後の会計収支はどうなるのか、また、独立採算を旨とする市場会計の健全性は確保されるのか、さらに、食品流通の形態が大きく変化して卸売市場法の大改正が議論されている中で、巨大な豊洲市場は時代の変化に対応できるのかなど、重要な課題についての議論もなく、問題はあるかもしれないが、とにかく移転することが先決で、問題があるなら移転してから考えれば良いという空気が支配的でした。

改革において最も重要なことは、何をアジェンダとして取り上げるかです。そして、責任を持った意思決定をするには、法令やルールに則り、具体的なデータをそろえ、意思決定者である知事が納得の上で行うことが必要です。これは、思い付きや、奇をてらったワイドショー的な行動とは全く無縁のものです。

卸売市場とは

二〇一六年都知事選挙の際の卸売市場法では、中央卸売市場は、法律で卸売市場での営業が規制されている一方で、地方自治体のみが設置できるとし、安い使用料で使用できるよう便宜が図られていました。卸売市場法では、次のような定義規定が置かれていました。

（1）卸売市場とは、生鮮食料品等の卸売のために開設される市場であって、卸売場、自動車駐車場その他の生鮮食料品等の取引及び荷さばきに必要な施設を設けて継続して開場されるものをいう。

（2）中央卸売市場とは、生鮮食料品等の流通及び消費上特に重要な都市及びその周辺の地域における生鮮食料品等の円滑な流通を確保するための生鮮食料品等の卸売の中核的拠点となるとともに、当該地域外の広域にわたる生鮮食料品等の流通の改善にも資するものとして、第八条の規定により農林水産大臣の認可を受けて開設される卸売市場をいう。

また、卸売市場法により、卸売市場が法律で規制され保護されている理由として、卸売市場は、生産者と小売業者・消費者との間に位置して、集荷・分荷、価格形成機能、代金決済機能、情報発信機能を果たしているとされていました。

（1）集荷（品揃え）、分荷機能（全国各地から多種多様な商品を集荷し、需要者のニーズに応じて必要な品目・量に分ける）

（2）価格形成機能（需給を反映した迅速・公正な評価による透明性の高い価格形成）

（3）代金決済機能（販売代金の迅速・確実な決済）

（4）情報受発信機能（需給に係る情報を収集し、川上・川下に伝達）

また、これらの機能が必要とされる前提条件として、青果物、水産物、食肉、花きの生鮮食料品等について、次のような特徴が挙げられていました。

（1）生産が天候や自然に影響されやすく、品質、形状、味覚にばらつきが大きいため、供給サイドの事情で価格が変動し、適正な価格を設定しにくい。

（2）生産地は分散している一方で消費地は大都市などに集中しているため、時間の経過による商品価値の劣化を防止する鮮度保持や迅速な物流の仕組みが必要となる。

（3）生産を担当する農業者、漁業者の担い手は、全国各地に分散しており、その生産規模は小さく経営が小零細であるため、生産者は販路開拓力や価格交渉力が弱い。

全国的な卸売市場の役割の減少

卸売市場の役割は全国的に減少傾向にありました。生鮮食料品の卸売市場経由率は、平成元年から平成二六年度までの間に大きく減少しています。

（1）水産物で、平成元年度七四・六％（うち中央卸売市場六四・六％。以下同じ。）から平成二六年度五一・九％（三九・六％）に減少。

（2）青果で平成元年度八二・七％（四九・〇％）から平成二六年度六〇・二％（三六・四％）に減少。

また、中央卸売市場の取扱金額は、平成五年度から平成二六年度までの間に大きく減少しています。

（1）水産物で平成五年度三兆一四七七億円から平成二六年度一兆五八三九億円（平成五年度比五〇・三％）に減少。

（2）青果で平成五年度二兆八二三四億円から平成二六年度一兆九一〇四億円（平成五年度比六七・七％）に減少。

その第一の原因は、少子高齢化に伴う生鮮食料品需要の減少、消費性向の変化による魚介類の減少、さらに魚介類の乱獲等による水産物供給の減少などによる生鮮食料品市場全体の縮小です。農林水産省が行った少子高齢化の傾向を踏まえた「二〇二五年における我が国の食料支出額の試算」によれば、次のようになっています。

（1）生鮮品への支出割合は、一九九〇年以降減少傾向にある。
（2）生鮮品への支出割合は二〇一五年の二三・五％から二〇二五年には二一・三％に減少する。
（3）品目別支出割合のうち、魚介類は二〇一五年八・〇％から二〇二五年七・二％に減少する。

第二の原因は、卸売市場は、食料品の配給制度などの国家統制の時代、あるいは物資の不足や流通システムなどが不十分な時代では、公が関与して小規模な農林水産業者を保護し、消費者に確実に生鮮食料品を届けるために必要な社会インフラでした。しかし、卸売市場を取り巻く情勢は大きく変化し、産地直送、スーパーマーケット自身による流通、インターネット販売などの市場外の流通が増加しています。

東京都の中央卸売市場の取扱量・取扱金額の減少

東京都の中央卸売市場の水産物も減少していました。

平成二年と比較すると平成二八年には、取扱量が八四・七万トンから四三・四万トンに五一・二％へと減少（築地市場は、七四・七万トンから四一・〇万トンに五四・九％へと減少）し、取扱金額も八四三七億円から四五四七億円に五三・九％へと減少（築地市場は、七五五〇億円から四二九二億円に五六・八％へと減少）しました。

東京都の中央卸売市場の青果は、平成三年と比較すると平成二八年には、取扱量が二六五万トンから一九九・三万トンに七五・〇％へと減少（築地市場は、四四・六万トンから二六・二万トンに五八・七％へと減少、大田市場は、八四・六万トンから九五・二万トンに一一二・五％へと増加）し、取扱金額は、七七〇五億円から五九九三億円に七七・八％へと減少（築地市場は、一四〇〇億円から九〇九億円に六四・九％へと減少、大田市場は、二七六三億円から三〇〇九億円に一〇八・九％へと増加）しました。

また、築地市場の水産仲卸の売業者数は、平成元年に一〇八〇、平成一五年八八二、平成二八年五五八であり、平成一五年から平成二八年の一三年間に三二四の業者が廃業しており、年間平均では二五の仲卸が廃業している計算になっています。

築地市場の再整備が議論になり、豊洲市場移転へと舵をきるまでの昭和末期から平成一一年までの築地市場の取扱量の減少傾向は明らかであり、さらに、築地再整備が計画された平成二年と比べて、四〇％から五〇％減少していることが分かります。

築地市場の移転計画は、このような中央卸売市場の役割の低下、築地市場を含む東京都の中央卸売市場の取扱量や取扱金額の減少傾向を考慮に入れることなく、高度経済成長時代の発想で四二haの土地が必要であるとした巨大市場の建設計画だったのです。そこには経済合理性や市場経営という考えは皆無でした。

豊洲市場用地の「無害化」を達成するため、土壌汚染対策工事に巨額の予算を投入

豊洲市場用地は、東京ガスの工場跡地で、その土壌はひどく汚染されていましたが、土壌汚染対策法上は、人への暴露経路は遮断されていて、「安全」と評価されていました。

しかし、その土地を中央卸売市場として活用するに当たって、市場業者の不安の声もありました。東京都は、これに対応して操業由来の汚染土壌を「無害化」するとの目標を立て、かつ、それを実現できると考えて、多額の予算を投入しました。

無害化目標は、「平成二二年度東京都中央卸売市場会計予算に付する付帯決議」で次のように明確にされています。また、東京都は、議会答弁で、「無害化三条件」を明確にしています。

なお、議会での付帯決議は、平成二二年度のものであり、その後について議会は責任を負わないという主張をする議員があるかもしれませんが、執行機関に「無害化」を求め、執行機関がその措置を講じたら、それ以降の年度について議会は責任を負わないという態度をとるとすれば、全くの無責任という以外の言葉はありません。共同で責任を負うか、少なくとも教唆した責任を負うべきです。

○平成二二年度東京都中央卸売市場会計予算に付する付帯決議

「2　土壌汚染対策について、効果確認実験結果を科学的に検証し有効性を確認するとともに、継続的にオープンな形で検証し、無害化された安全な状態での開場を可能とすること。」

○平成二三年（二〇一一年）二月二三日　平成二三年予算特別委員会岡田中央卸売市場長答弁

「汚染土壌が無害化された安全な状態とは、

一　技術会議により有効性が確認された土壌汚染対策を確実に行うことで
二　操業に由来いたします汚染物質がすべて除去、浄化され、
三　土壌はもちろん、地下水中の汚染も環境基準以下になること、であると考えてございます。」

無害化の効果を確かめるため二年間モニタリングを実施中

東京都が定式化した「無害化三条件」の達成の法律的効果は、土壌汚染対策法上は、「形質変更時要届出区域」の指定解除、または「形質変更時要届出区域（自然由来）」に変更することにつながっています。法的には、技術会議により有効性が確認された土壌汚染対策を確実に行ったことの効果を判定するために、地下水の二年間モニタリングを行い、その測定値が環境基準以下であることが確認できれば、操業に由来する汚染物質がすべて除去、浄化されていると判断できるので、第一条件の工事の効果を第三条件で判定し、環境基準以下であれば第二条件を確認することができる構造になっています。

東京都は、二〇一四年一一月一八日地下水モニタリングの第一回の採水をして二年間モニタリングを開始しましたので、二年間のモニタリング終了日は二〇一六年一一月一七日となっていました。

(一)土壌汚染対策法では求めてはいませんが、東京都として自発的に土壌汚染対策を行う。具体的には、「技術会議により有効性が確認された土壌汚染対策を確実に行う」こととする。（第一条件）

(二)土壌汚染対策の効果を判定するために地下水の二年間モニタリングを行い、その測定値が環境基準以下となることを実現する。これにより、「土壌はもちろん、地下水中の汚染も環境基準以下になること」を達成する。（第三条件）

（三）現在土壌中に有害物質を封じ込めているがゆえに「形質変更時要届出区域」となっている区域について、有害物質が除去されていると判定できるようにする。すなわち、「操業に由来いたします汚染物質がすべて除去、浄化」（第二条件）を達成する。

土壌汚染対策法上求められていない「無害化」を約束した理由

東京都は、土壌汚染対策法上は求められていないのに、なぜ「操業由来の汚染土壌の除去」（無害化）の工事を行って、「形質変更時要届出区域」の指定解除、または「形質変更時要届出区域（自然由来）」に変更をしようとしたのでしょうか。その経過を整理すると、次のようになります。

（一）平成一五年に土壌汚染対策法が施行され、操業由来の汚染がある区域のみが「指定区域」に指定。

（二）平成二一年改正土壌汚染対策法が改正され、新たに操業由来・自然由来のいずれかの汚染がある区画を「形質変更時要届出区域」に指定することになり、附則第三条の規定により、土地改変を行う場合に区域指定することとなった。

（三）平成二二年四月、改正土壌汚染対策法が施行され、豊洲市場用地も改正法の適用対象となり、「形質変更時要届出区域」に指定された。この段階で、豊洲市場は生鮮食品を取り扱う場所なので、安全性の確保のために、開場までに「形質変更時要届出区域」の指定解除を行うこととした。

（四）平成二二年一一月、自然由来の汚染（ヒ素と鉛）を除去するには、更に約六五〇億円かかるため、操業由来の土壌汚染のみを除去して、自然由来の汚染は除去しないこととした。この段階で、「形質変更時要届出区域（一般管理区域）」の指定変更又は解除のための土壌汚染対策費八四九億円は予算措置するが、「形質変更時要届出区域（自然由来特例区域）」は「無害化」の約束の範囲外であるとして、更なる土壌汚染対策費六五〇億円は予算措置しないこととした。

（五）平成二三年八月から平成に六年一〇月まで、土壌汚染対策工事を実施。

この間、平成二四年三月に、市場用地全域にわたり、不透水層（有楽町層）内で、自然由来の汚染があることが確認された。よって、「形質変更時要届出区域（一般管理区域）」の指定解除は、一部区域についてもできず、「形質変更時要届出区域」から「形質変更時要届出区域（自然由来特例区域）」へと変更されるにとどまることが確認された。

（六）平成二六年（二〇一四年）一二月九日に舛添知事が「安全宣言」を行った。

（七）平成二七年（二〇一五年）七月一七日の新市場建設協議会で、東京都から豊洲新市場の開場日を二〇一六年一一月七日とする提案を行い、了承された。

豊洲市場の開場の条件を、「操業由来の汚染土壌をすべて除去」に設定した東京都

土壌汚染対策法では、「形質変更時要届出区域」（土壌汚染状況調査の結果、汚染状態が土壌溶出量基準または土壌含有量基準に適合していないが、土壌汚染の摂取経路がない区域）は、健康被害が生ずるおそれがないため、そのままの状態では汚染の除去等の措置は必要ではありません。ただし、土地の形質変更時に知事に計画の届出が必要（法第一二条）であり、工事等により、汚染土壌をいじる（形質変更）場合は、その汚染土壌に対する処理は必要になります。

また、「形質変更時要届出区域」の上に市場を開場してよいかは、土壌汚染対策法の問題ではありません。それは、卸売市場として開設するかどうかの東京都の行政上の判断であり、それで農林水産省が認可するかどうかの卸売市場法の問題です。他方、土壌汚染対策法上、「形質変更時届出区域」の指定解除をするには、二年間の地下水モニタリングによって環境基準を超えないことの確認が必要となります。

舛添知事の安全宣言は、法律的には、「形質変更時要届出区域」だから安全であるというにとどまります。東京都は「無害化」のために土壌汚染対策工事を行ったのに、その効果を確認しませんでした。舛添知事は、「土壌汚染対策工事が終了した」ことを専門家も確認したと言いましたが、それは都庁官僚の言葉をうのみにしたにすぎず、自分で確かめたものでもありませんでした。実際は、「技術会議により有効性が確認された土壌汚染対策」である工事は、行われていなかったことが後に判明します。また、「無害化」は豊洲市場開場の法律的な条件ではないと述べ、「無害化」実現の約束を放棄しました。そして、「無害化」が達成されたかどうかについては、全く言及していません。

それなら、「無害化」を達成すると称して操業由来の汚染を除去する土壌汚染対策のために投じられた約八六〇億円もの予算は、もともと不必要な支出であったことになり、石原知事ら土壌汚染対策工事を実施してきた知事は、東京都に対して損害賠償をしなければならないのではないか、この問題がクローズアップされてきます。

無害化目標達成努力と無害化のなし崩し的無視の併存

豊洲市場用地の「無害化」は、土壌汚染対策法上は「形質変更時要届出区域（一般管理区域）」の指定解除又は指定変更という行政手続につながるものですが、豊洲市場建設の担当部署である「東京都中央卸売市場」は、一方で無害化目標を達成するための土壌汚染対策とその効果判定のための二年間モニタリングを実施しつつ、他方で、無害化目標を達成しなくても豊洲市場は開場できるよう、「無害化」目標を「なし崩し的に」骨抜きにしようとします。

それが、「『形質変更時要届出区域』の指定解除、または『形質変更時要届出区域(自然由来)』への変更は、市場開設の要件ではない」という説明です。

確かに、豊洲市場用地は、土壌汚染対策法上は「形質変更時要届出区域」ですし、土壌汚染対策法上はそれ以上の土壌汚染対策の実施を求めていませんから「市場開設の要件」ではありません。しかし、「無害化」は、東京都自らが設定した豊洲市場開場の条件です。議会決議の「無害化された安全な状態での開場を可能とする」及び都議会での答弁によって「無害化」は「市場開設の要件である」となっていることは明確であり、そのための予算も投入しています。

都の中央卸売市場の姿勢は、一方で「無害化」目標の達成を公言して多額の予算を投入しながら、他方で「無害化」ができないのではないかという不安があり、「まあ、ここまでやったから良いじゃないか」的に「無害化」達成を「あいまい」にし、豊洲市場に移転させてしまえば、業者も「無害化」の達成を言わなくなるだろうという、「既成事実の積み重ねによる議論封じ」という官僚の悪弊そのものです。このような都議会や都知事の方針を中央卸売市場の職員が勝手に変更するという中央卸売市場という組織の体質は、議会決議や議会答弁を無視するものと言わざるを得ません。

そして、舛添知事の「安全宣言」は、安易に中央卸売市場の職員の考えに乗ってしまったということ

豊洲市場における区域指定について

<table>
<tr><th colspan="2" rowspan="2">経緯</th><th colspan="3">都の考え方</th></tr>
<tr><th>区域指定</th><th>2年間モニタリング</th><th>開場</th></tr>
<tr><td>平成15年2月</td><td>土壌汚染対策法施行
・操業由来の汚染がある区画のみが「指定区域」に指定</td><td rowspan="2">—</td><td rowspan="2">—</td><td rowspan="2">—</td></tr>
<tr><td>平成21年4月</td><td>改正土壌汚染対策法公布
・操業由来・自然由来いずれかの汚染がある区画を「形質変更時要届出区域」に指定
・附則第3条の規定により、土地改変を行う場合に区域に指定</td></tr>
<tr><td>平成22年3月</td><td>〈改正土壌汚染対策法の豊洲市場用地への適用〉</td><td rowspan="2">「形質変更時要届出区域」を解除</td><td rowspan="2">「形質変更時要届出区域」解除のために実施</td><td rowspan="2">開場までに区域指定を解除</td></tr>
<tr><td>平成22年4月</td><td>改正土壌汚染対策法施行
・自然由来の汚染のある区画も形質変更時要届出区域に指定</td></tr>
<tr><td>平成22年11月</td><td>〈経済的観点から自然由来の残置を決定〉</td><td rowspan="4">「形質変更時要届出区域」の一部区域を解除</td><td rowspan="4">「形質変更時要届出区域」の一部区域解除のために実施</td><td rowspan="10">区域指定の解除は開場の要件とせず</td></tr>
<tr><td>平成23年7月</td><td>改正土壌汚染対策法施行規則公布・施行
・自然由来特例区域等を新たに規定</td></tr>
<tr><td>平成23年8月</td><td>〈 土壌汚染対策工事着手〉</td></tr>
<tr><td>平成23年11月</td><td>「形質変更時要届出区域（一般管理区域）」に指定</td></tr>
<tr><td>平成24年9月</td><td>〈不透水層（有楽町層）内で自然由来の汚染を確認〉
・市場用地全城にわたり自然由来の汚染があると確認</td><td rowspan="6">全区画で「形質変更時要届出区域」が解除できず</td><td rowspan="2">○形質変更時要届出区域の解除のためではなく、台帳の記載事項変更のために実施
○基準を超えた区画は、再度2年間に渡りモニタリングが必要</td></tr>
<tr><td>平成26年10月</td><td>〈土壌汚染対策工事完了〉</td></tr>
<tr><td>平成26年11月</td><td>技術会議の開催
・土壌汚染対策工事の完了と安全性を確認
→知事が安全性を宣言（平成26年12月9日記者会見）</td><td rowspan="4">○リスク管理の一環として、安心に資するために実施
○地下水管理システム稼働後は、同システムを活用し、地下水質を継続して監視・管理</td></tr>
<tr><td>平成26年12月</td><td>〈市場開場時期の決定〉</td></tr>
<tr><td>平成27年6月</td><td>〈地下水管理システム整備に着手〉</td></tr>
<tr><td>平成28年
8・9月</td><td>〈地下水管理システムの稼働〉</td></tr>
</table>

にすぎません。また、議会も業者も、そしてメディアも、舛添知事の「安全宣言」が「無害化」約束を放棄したものであることを認識していなかったことを指摘しておきます。

無害化目標を、無意識のうちに放棄した舛添知事の「安全宣言」

中央卸売市場の職員が画策した「無害化目標のなし崩し的な骨抜き作戦」に迂闊にも乗ってしまったのが舛添知事の「安全宣言」でした。舛添知事は、豊洲移転への道筋をつけるために、平成二六年（二〇一四年）一二月九日の記者会見で「安全宣言」を、次のように行っています。

【記者】すいません、もう一つ。土壌汚染工事の関係なんですけれども、この間の技術会議で場長はこれで土壌汚染は解消したというふうに認識しているということを最後に言われたんですけども、それは実質的な安全宣言だと捉えていいんでしょうか。

【知事】基本的には、まさに何重にも安全な措置を取ったということが一つ。それから、この土壌の安全措置というのは、絶対にやれという法的に決められたものではなく、これはこれできちんとやる。しかし、そこに市場を開設するかどうかは、その措置をやらないとできないというような、そういう決まりではありません。法律を調べればわかりますけれど、念には念を入れてきちんとそれをやったということをしっかり申し上げたのであって、これをやらなかったから開けませんとか、これやったから開きますという因果関係の話には法的にはなっておりません。しかしながら、きちんとそれはやって、安全だということで進めていくということです。もし不明であれば担当に聞いてください。どの法律の何に基づいてどうだということを、私よりきちんと説明できると思います。より明確に根拠を示せると思います。

【記者】法律に基づいて云々というんじゃなくて、都として安全だと思っていると。

【知事】そうです。ですから仕事を進める訳です。そこまで莫大なお金をかけて土壌を改良して、勝手にこちらが点検した訳ではなく外の人たちを入れて、専門家を入れて点検して、安全だということです。

【記者】じゃあ、市場関係者とか外に向かってここは安全ですよと宣言したということとイコールだと捉えても大丈夫なわけですか。

【知事】大丈夫ですよ。間違ってほしくないのは、それがなければ開けないというマストの条件ではありませんけれどやったということ。よく誤解があって、それもやっていないのに開くのか、それやって結果が出たらどうなると。その因果関係は、法律上は全くありませんということを申し上げたいので、私はこれで十分安全であると、ですから市場を開設しますということを、責任持って申し上げたいと思います。

メディアは、法律を読みませんし、これまでの経緯も調べていません。メディアは「知事が安全宣言をした」というニュースを書きたいという一心から、その答えを引き出すための質問をしていることが分かります。ですから、例えば次のような質問が続かないのです。

(1)「法律」とは「土壌汚染対策法」のことで、土壌汚染対策法上は「形質変更時要届出区域」に指定された時から「安全」であり、かつ、「土壌汚染対策法」は市場の開場について何ら規定していないことは自明の理ではありませんか。

（2）東京都の土壌汚染対策の目標は「無害化」であり、それは、都議会の付帯決議や都庁の議会答弁でも明確にされ、その達成のために多額の予算が投入されてきたのではありませんか。対策工事は完了したと言われましたが、工事の目的である「無害化」が達成されたというのは、どうやって確認されたのですか。（後に、建物地下空間が発見され「工事完了」も虚偽だったことが判明）

（3）無害化の達成を確認していないにもかかわらず、「安全宣言」を出したということなら、東京都として「無害化」目標を放棄したということでしょうか。

（4）「無害化」を放棄したのであれば、その達成のための支出された多額の土壌汚染対策費の支出の責任の所在を明確にすべきではありませんか。

（5）無害化を確認していないが安全・安心だという根拠として、東京都は「無害化」に代わるどのような「安心の基準」を設定したのですか。それを、業者の方々にも説明して理解いただいたのですか。

選挙戦最中の築地解体工事契約の締結

東京都は、都知事選挙期間中の知事不在の二〇一六年七月二二日に解体工事を契約して、豊洲移転に向けた既成事実を積み重ねていました。また、小池知事就任後、築地市場の豊洲移転が延期されるのではないかと懸念する立場から、都庁職員が作成した「延期の場合一日当たり七〇〇万円の経費がかかる」という経費を過大に見積もった資料がリークされ、ある新聞に掲載されました。

立ち止まって考える（Stop to think）

政策は、国民の間に政策ニーズがあるからこそ立案され、法律や予算・税などの政策手段が講じられます。特に、新たに責任あるポストに就任して、既に進行している重要な事業に対する判断を行うときは、判断に必要な具体的なデータを取得し、それを整理整頓し、そのデータに基づいて熟慮し、合理的な判断がなされたものであるかどうかを精査しなければなりません。

築地市場の豊洲移転問題は、都知事選挙の争点の一つでした。築地市場の豊洲への移転は、二〇一六年一一月七日の開場の予定で進んでいました。築地市場（二三ha）の豊洲（四〇・七ha）移転の理由は、次のようなものでした。

（1）築地市場の施設が老朽化していること
（2）築地市場では衛生管理が困難であること
（3）築地市場は狭隘で過密状態にあって作業が非効率的であること

また、タイミングとしては、二〇二〇年のオリンピックを控えて、環状二号線を完成させるため、築地市場を更地にする必要があり、早期に築地から豊洲に中央卸売市場を移転させなければならないと言われていました。

他方で、築地市場は、世界の観光ガイドにも紹介されている場内市場と場外市場が一体となった「東京都の名所」であり、そこで働く人々だけでなく、そこを訪れる人々のにぎわいは、「日本の食文化」を育ててきた大切な「都民の財産」です。また、豊洲の新市場に対する環境汚染、地震液状化、使い勝手などの懸念が払しょくされていないことも指摘されていました。

都知事選挙の段階では、どの候補者も、都庁内にどのような資料があり、どのような議論が積み上げられてきたかについて、詳細な材料を持っていません。判断材料は公開情報だけでした。

さて、このような段階で、候補者は、責任をもって、どのような判断を行えるでしょうか。

この段階で、是非は別にして論理的に考え得る案として、次のようなものがありえます。

A案　予定通り一一月七日に移転する。（築地市場の跡地利用が課題）。

B案　時期はずれるが、検証後、そのまま、又は追加工事等の条件付きで豊洲に移転する（築地市場の跡地利用が課題）。

C案　豊洲移転は取りやめ、築地市場の改築を行う（豊洲新市場の市場以外の活用が課題）。

D案　築地市場の本体機能を維持し、豊洲を築地市場のストックヤード（市場外の倉庫機能）等として活用する（築地市場と豊洲の連携、分担が課題）。

E案　築地市場の修繕を行って、そのまま使用し続ける。

F案　この段階では考え付かないとしても、検討の中で出てくるその他の案。

「予定通りに二〇一六年一一月七日に豊洲市場を開場するという案」（A案）はどうでしょう。自民党が推薦する候補がこれを明言していました。これは「借り物の判断」であり、「考えるのをやめる（Stop thinking）」そのものです。自民党の政策をそのまま採用したものであり、それまでの都庁の判断を是とするという表明に他なりません。全く関わって来なかった案件について、候補者自ら必要な情報を得て、自ら熟慮して、責任をもってした判断とは、考えられません。この時点で責任をもった判断をすることは不可能です。

B案は、検証の結果、そのようなことになるかもしれないということで、予断を持った検証は適切ではありません。

C案の築地市場用地での再整備案はどうでしょうか。これは共産党の主張であり、共産党員の候補者であればともかく、この時点で候補者がそのまま採用するのは責任ある態度ではありません。

D案は、築地市場が手狭ならこのような方法もありうるということにとどまり、検証もないままそう結論付けることは不適切です。

E案は、地震対策も必要ですし、部分的な修繕だけで対応できないので、移転や再整備の議論が起きたのだと推測され、詳細な資料もない段階で、このような考えは取りえません。

よって、この段階では、「立ち止まって考え（Stop to think）」、選挙に勝って当選した後に、速やかに方針を決定することが最も適切な判断です。もちろん、「立ち止まる」ということと、「考える」ということの合わせ技ですから、どのように考えるのか、その選択肢も想定しておかなければなりません。既に豊洲新市場の建物はできていることを踏まえ、複数の選択肢をテーブルの上に載せておくことが必要です。

2　二〇一六年一一月七日に豊洲移転をしていたらどうなっていたか

二〇一六年八月下旬、農林水産大臣の認可申請

小池知事は二〇一六年八月三〇日に移転延期を決断しましたが、仮にこれまでの成り行きに従って、

都庁官僚の言う通りに二〇一六年一一月七日豊洲移転を決断していたら、その後判明した事実の中で、豊洲市場はどうなっていたかを想定します。

二〇一六年八月下旬に東京都から農林水産省に公文書として認可申請書を提出します。筑地市場を豊洲市場に移転するには、農林水産大臣の認可が必要だからです。一一月七日に豊洲市場への移転のためには、引っ越しの準備のための運送会社との契約の詰めも終わらせなければならないため、農林水産省は、一〇月上旬には結論を出すスケジュール感で食料・農業・農村政策審議会にて審議を開始したと想定します。

九月七日、地下ピットの存在・盛土なしの発覚

九月七日、日本共産党都議団が豊洲市場の現地調査に入りました。東京都が農林水産省に豊洲市場に移転する認可申請を出した直後というタイミングになります。

豊洲市場用地は、東京ガスの工場操業当時の地盤面から深さ二mにわたり土を掘り下げ、厚さ四・五mの「盛土」を行う「土壌汚染対策」が行われているはずであり、東京都は工事の完了を確認して、豊洲市場への移転日を二〇一六年一一月七日と決定していました。

しかし、日本共産党都議団の調査により、新市場の建物の下では四・五mの盛土が行われておらず、深さ五mの地下空間が存在し、底面には砕石層や薄いコンクリートが敷設され、地下水がたまっていたことが判明しました。

これは、操業由来の汚染土壌がすべて除去されているかどうかという「工事の効果の判断」以前の問

題で、そもそも東京都が確認したはずの「無害化の第一条件」である「技術会議により有効性が確認された土壌汚染対策を確実に行うこと」、すなわち「土壌汚染対策工事完了」ができていなかったということになります。いわば、「東京都は嘘をついた」という信頼に関わる問題が発覚しました。

九月一六日、地下空間の地下水汚染発覚

九月一六日、共産党都議団が、豊洲市場の建物に地下空間に溜まっていた水に微量のヒ素が含まれていたことを指摘しました。

豊洲市場が「危ない」という記事が出ましたが、環境基準の性格から、そのこと自体によって健康被害のおそれがあるということにはなりません。問題は、豊洲への移転の「安心」確保の条件であった「無害化」、すなわち約八六〇億円の予算を投入した「操業由来の汚染土壌をすべて除去する」という約束を実現できているかどうかです。

注目すべきは、微量のヒ素を含んだ地下空間の水が地下水であったということです。中央卸売市場の職員は、地下空間に滞留した水は雨水であると説明しようとしました。確かに、その可能性はありますが、ヒ素は通常雨水に含まれていない物質ですから、地下室に滞留していた水は地下水が上昇したものと考えるのが合理的です。そうすると、「無害化の第三条件」である「土壌はもちろん、地下水中の汚染も環境基準以下になること」が達成されていない可能性があります。

建物地下の地下水には有害物質が含まれていること、それは、土壌汚染対策工事の目的であった「無害化の第二条件」である「操業に由来いたします汚染物質がすべて除去、浄化され」が達成されていな

い可能性を示唆します。また、これまで地下水モニタリングによってヒ素が検出されなかったことと、地下空間に上昇してきた地下水にヒ素が含まれているという事実を、どう整合性をとって理解するかという問題を生じます。

九月三〇日、二年間地下水モニタリング値、環境基準越えを初めて検出

九月三〇日、この日に公表された八回目の地下水モニタリングの結果は、ベンゼン（環境基準〇・〇一mg／ℓ）について五街区（L30の1）が〇・〇一四mg／ℓ、五街区（J35の6）が〇・〇一一mg／ℓ、ヒ素（環境基準〇・〇一mg／ℓ）について五街区（O28の4）〇・〇一九mg／ℓと、五街区の三か所において、土壌汚染対策法における地下水基準を超える結果となりました。

地下水、コントロールできず、地震時液状化のおそれ

建物地下ピットの地下水は依然として引かない状態が続いています。地下ピットに地下水が侵入していることは、液状化対策のための地下水位のコントロールができていないことを意味します。

豊洲市場建物建設地内の地盤では、液状化対策が行われたことにより、中地震（レベル1相当）及び大地震（レベル2相当）に対して目標とした改良効果が得られており、大地震（レベル2相当）においても液状化の危険度「なし」から「軽微」の状態におさまっているという判断や、豊洲市場建物建設地外の地盤では、中地震（レベル1相当）に対して液状化しないよう十分な締め固め対策がなされたことにより、大地震（レベル2相当）においても液状化の危険度が「小」の状態におさまっていると判断されています。

この判断は、市場施設完成後に、地下水位をA. P.＋一・八mに維持することで、液状化しない表層を四・七m確保することにより担保されます。また、A. P.＋六・五mよりA. P.＋二・五mまでの埋め戻し土の締まり具合によっては、地震時の地盤沈下、地下水上昇時の液状化などが問題になる可能性があるので、地下水位をA. P.＋一・八m以深に維持することが必要とされています。

よって、建物地下の空間に地下水が侵入している状態を放置することは、地震の際には液状化の被害が生じる恐れがあるということになります。

中央卸売市場の組織としてのガバナンス、嘘が公然とまかり通った理由

土壌汚染対策として、建物地下にも「盛土」を施すという専門委員からの提言、それを実施する技術委員会の検討、さらに東京都が「盛土」を含む土壌汚染対策工事の完了を確認して都のＨＰにもその旨が掲載されていたのにもかかわらず、どうして共産党都議団の調査によって指摘されるまで、議会のチェック機能も働かず、「盛土」がないことに気付かなかったのでしょうか。

事実確認の杜撰さ、都のＨＰで都民や都議会に説明したことが虚偽であったこと、これは中央卸売市場が組織として機能しているのかどうかという観点から見過ごすことができない問題です。

中央卸売市場では、「土壌汚染対策工事」は終了し、完了したことを確認した上で二〇一六年一一月七日の築地市場の豊洲移転を決定しています。「土壌汚染対策工事」が当初の計画通りには終了していないにもかかわらず、「土壌汚染対策工事が完了した」とはどういうことでしょうか。実際に土木工事や建設工事に携わった都の職員が知らないはずはありません。これは中央卸売市場という組織の「事なかれ主

義」が原因かもしれません。

なぜ、このようなことが起こったのか。その一つの糸口として、豊洲市場建設工事を急ぎ、工程管理が的確に行われなかったことが考えられます。

二〇一〇年（平成二二年）一〇月、石原知事が豊洲への移転を決断しました。本来、土壌汚染対策を終了し、二年間のモニタリングを行って工事の効果を確認した後に、建物の設計に入るという手順をとれば問題は起きなかったと思われます。しかし、豊洲市場建設では、二〇一〇年一一月に建物基本設計プロポーザル、二〇一一年三月契約、六月基本設計というように、二年間モニタリング完了以前に建物の基本設計が行われました。建物建設後も、土壌汚染対策の効果確認のための二年間モニタリングを行うこととなるため、建物地下にモニタリング空間を設ける必要が生じます。中央卸売市場の担当者は、二〇一〇年一一月「起工書　豊洲新市場設計工事基本設計」にその旨を特記したのではないか、他方で、「モニタリング空間設計」をすることと、「土壌汚染対策としての盛土」との関係を詰めると豊洲移転が遅れるので、技術会議にも明確に説明せず、対外的にも説明しなかったのではないかとも思われます。この間の経緯は、建物の基本設計・実施設計・施工管理と全体を把握する立場にあった日建設計も承知していたものと推察されます。

そこで、東京都の中央卸売市場の担当者が、知事や議会の方針を無視した「建物下盛土なし」の決定をするに当たり、専門家会議の報告書とは異なることの認識はあったか、技術者会議での審議をしないで独断で決定したことの認識があったかどうか、なぜこの変更について専門家会議を再招集し報告するなどのことをしなかったのかなど、中央卸売市場という組織の「コンプライアンスの欠如」という重大な問題が浮かび上がります。中央卸売市場という組織には、このほか、築地市場内の違法建築の放置、土壌汚染調査の懈怠等数々の違法行為を放置してきた事例が積み重なっています。

建物地下の「盛土なし」事件の経緯は、次のとおりです。

(1)二〇一〇年(平成二二年)一一月一日起案、一一月一二日決定の「起工書　豊洲新市場設計工事基本設計」では、「モニタリング空間設計等は本設計に含む」となっており、設計業務プロポーザル案件公表時点(同年一一月二五日起案、一一月二六日決定、一一月二九日施行)では、建物地下に空間を作ることが明確になっています。

(2)基本設計に対して、日建設計と久米設計から応募があり、二〇一一年(平成二三年)二月九日起案、同日決定、二月一五日施行予定の「東京都設計業務等委託契約に係るプロポーザル方式施行案件の技術提案等の評価結果について」で、日建設計を選定しました。そして、同年三月三日起案・決定の「随意契約による委託契約の締結について」に基づき、三月四日着手・六月三〇日完成の「豊洲新市場建設工事基本設計一式」の契約が締結されました。

(3)二〇一一年(平成二三年)六月に納入された日建設計の基本設計では、建物下は「A. P.+二・五m」と窪地になっています。これは「モニタリング空間設計」とされており、「建物下窪みあり、すなわち建物地下に盛土なし」は、二〇一〇年(平成二二年)一一月一日起案時に既に意思決定されていたということになります。

(4)このため、「モニタリング空間設計等は本設計に含む」、すなわち、「建物地下に窪みが作られ、盛土はない」という都庁内での現場レベルの意思決定は、二〇一〇年(平成二二年)一一月一日以前に行われたということができます。

これらの経過によれば、中央卸売市場の対応は、議会の付帯決議や「技術会議により有効性が確認された土壌汚染対策を確実に行う」という議会答弁を反故にするものであり、現場の職員の判断で議会や知事の方針を勝手に覆すことは許されません。また、都民向けの東京都のＨＰも修正されませんでした。工事を変更するのであれば、その時点で議会や業者に情報公開し、かつ、盛土がなくても「無害化」を達成できるかどうかについて専門家会議等の意見を求めるべきでした。

手続的価値の重要性

建物地下に盛土がなされていないことについて、「それが良い結果であれば、公務員は勝手にやっても良いし、嘘をついても良い」という議論が起きました。

豊洲用地の土壌汚染対策工事は、専門家会議、技術会議を経て、「建物下にも盛土をする」ことになっていました。都知事をはじめとして現場にかかわらない都庁の職員は、意思決定した通りに工事が進められていると考えていました。

官僚組織では、現場が勝手に知事の意思決定を覆すことはありえません。それは、「職務上の義務に違反し、又は職務を怠つた場合」に該当し、懲戒処分の対象となります。仮に、現場の職員が業務命令に誤りがあると考えた場合は、まずその業務命令の問題点を指摘し、権限がある者によって業務命令の内容の変更を求めます。しかし、それでも業務命令が変更されないことがあります。その場合でも、その業務命令に従って業務を遂行するのが、公務員の仕事です。これが職務分担と指揮命令・監督権限によって統率される「官僚組織」です。

官僚組織の最たるものは「軍事組織」です。戦争を行う場合、現場の判断だけで戦争を開始することは許されません。近代の戦争は、軍隊だけがコロシアムで戦うのではありません。国民を巻き込み、自国の国民にも相手国の国民にも死者が出ます。ですから、戦争は、国家全体に責任を持つ決定権限を持っている人によって判断されなければならないのです。

かつて、日本では「満州事変」がありました。これは、関東軍が東京の本部の指揮命令を仰ぐことなく、現場の判断で戦闘行為に入ったものです。メディアも満州事変をあおりました。この段階では、日本軍は勝利を得て、「結果良ければすべて良し」という考えが蔓延しました。その結果、日中戦争に突入し、制御できなくなり、日本は破滅に向かうことになりました。権限は責任の所在と表裏一体なのです。これをないがしろにすることはできません。

官僚組織や軍事組織に限らず、会社組織でも、社長や取締役会での決定を、現場が勝手に変更しても良いというような組織は、組織としての体をなさず、責任の所在もあいまいになり、正常な業務を行うことはできません。

最近では、政権が自分の信条と異なった政策を進める場合には、サボタージュや面従腹背をして抵抗することを「是」とする風潮もあります。選挙で選ばれない官僚が、自らの正義をかざして勝手なことをして良いということであれば、何のための選挙なのか、官僚組織の崩壊だけでなく、民主的統制もできなくなります。賛成できません、官僚の独走を是とする姿勢は、大きな問題です。

建物下の地下空間の意味

建物地下空間は、何のために設けられたのでしょうか。

建物地下の空間については、建築家から、建物地下に張り巡らされた様々なパイプの維持管理のために必要であり、これは「建築家の知恵」だという意見がありました。これを検証してみましょう。

仮に、様々なパイプの維持管理のために必要であったと仮定します。そのために地下空間が建設されているのが七街区にある「管理棟」です。この「管理棟」では、地下水が上昇してこないように、厚いコンクリートが壁の間の隙間もなく敷かれています。

ところが、卸棟、仲卸棟、青果棟は、管理棟のようなしっかりしたコンクリート構造にはなっていません。壁と床下のコンクリートも密着しておらず、地下水が地下空間に侵入してきます。構造的に地下空間を作ろうとしたと考えたのだとすれば、地下水が侵入してくるような構造は不適切です。「パイプの維持管理のために地下空間を設ける」というならば、「管理棟」のように、地下水が侵入してこないような構造にすべきです。管理棟のような構造になっていなかったことから、設計段階では「パイプの維持管理のための地下室」を設ける意図はなかったと思料します。

知事らの意思決定に反して、現場を預かる職員らがどう考えて地下空間を設けたのか。それぞれの判断があったのかもしれませんが、契約のプロセスを検証してみると、直接的には「二年間モニタリング」を行うための「モニタリング空間」として設けられたのではないかと考えます。さらに、地下に機器を入れて工事をすることを想定している図面があることを勘案すれば、「操業由来の汚染土壌が除去されていない」場合に、機器を地下に入れて汚染土壌を除去する場合にも備えていたものと考えられます。

一〇月上旬、農林水産省の認可

一〇月上旬、農林水産大臣の認可が得られたと仮定します。

八月の認可申請後に、地下ピットの存在の発覚、盛土なしの事実、地下水位の上昇による液状化の懸念、そして九月三〇日に地下水モニタリング結果が環境基準値を超えるなど無害化約束の達成への疑問がありつつも、東京都が善処するとの約束で、農水省は豊洲市場が中央卸売市場として適切だと判断し、築地の業者も、「舛添知事の安全宣言」があるとして了承したと仮定します。

一一月七日、豊洲市場への引っ越し

一一月七日に豊洲への引っ越しが終わった後、東京二〇二〇大会のために、直ちに築地市場の解体工事が行われ、業者は豊洲市場で頑張るしか方法はなくなります。まさに背水の陣です。

そして、豊洲市場は、建物地下空間に地下水が滞留したまま、かつ盛土がなかったという騒動の中で二〇一六年の年末商戦を終えて、新しい年を迎えます。年末商戦や初荷がどのようなものであったか、盛り上がっていたのか、想像すらできません。

二〇一七年一月一四日、豊洲移転後、衝撃的な境基準越えの地下水モニタリング値が明らかに

二〇一七年一月一四日、新年早々の専門家会議で公表された第九回の地下水モニタリングの結果は、これまでのモニタリング結果と比較すると衝撃的なものでした。

ベンゼンの環境基準越えの測定地点三五カ所で最大〇・七九㎎／ℓ、ヒ素の環境基準越えの測定地点

が二〇カ所で最大〇・三八㎎／ℓ、シアン（環境基準不検出）の環境基準越えの測定地点が三九カ所で最大一・二㎎／ℓだったのです。

東京都は、約八六〇億円の土壌汚染対策費を投入して「東京ガスによる操業由来の土壌汚染はすべて除去する」としていました。それが達成できているかどうかは、土壌汚染対策法上二年間の地下水モニタリングの結果が環境基準値以下であるかどうかによって、判定されます。もし、環境基準値が満たされない場合は、その値が検出された時から更に二年間の地下水モニタリングが必要となります。その場合、「東京ガスによる操業由来の土壌汚染はすべて除去する」という約束をどう評価するのかという問題が生じてきます。

地下水モニタリングの第一回の採水日は二〇一四年一一月一八日ですから、二年間のモニタリング終了日は二〇一六年一一月一七日です。東京都は、土壌汚染対策工事の完了は確認していますが、その効果の確認はしていませんでした。

三月一九日、衝撃的な環境基準越えの地下水モニタリング値が確定値に

二〇一七年三月一九日の専門家会議で、第九回の地下水モニタリングの結果は正しいことを確認し、「暫定値」を外して「確定値」としました。

豊洲市場は、不安の中で、一月、二月、そして三月を迎えましたが、専門家会議は、衝撃的な環境基準越えの値を「暫定値」として、検証のための再調査を行うこととしました。その結果、正しい値として確定値になったのです。

それまで環境基準値以下だった地下水モニタリングの測定値が、二年間モニタリングの最後の段階になってなぜ環境基準値を超える値となったのかは、よく分かりません。ですから、測定値が知事交代前後で大きく変わったのは小池知事より前の測定値が操作されていたか、または小池知事以降の測定値に誤りがあったかという疑念もあります。環境基準を超えた値については、専門家会議で検証を行い、測定値に誤りはないこと、そして、専門家会議の立ち合いの下に行われたその後の測定によっても環境基準値を超えていたことから、測定は正確に行われたことが確認されました。

検査機関はサンプルを渡されて検査しますし、それに誤りがあれば検査機関は信用を失墜しますので、検査機関で操作があることは、まず考えられません。そうすると、サンプル採取の段階で操作があったかということになりますが、それについては厳密な検証はできません。

他方、豊洲市場用地で、知事交代前後に起こった出来事で地下水の挙動に関係する出来事として、地下水位を安定させるためのポンプが作動したことに注目しました。それが土壌中の汚染物質の地下水への溶出を促し、環境基準値を超える値が検出される原因となった可能性はあります。

豊洲移転後の混乱の中で、三月二〇日、石原知事出席の一〇〇条委員会が開催され、石原知事からは「無害化は高すぎる目標だった」という趣旨の発言が述べられます。混乱の中で営業する業者はどう反応すれば良いのでしょうか。

六月一一日、無害化は近い将来も達成できないとの専門家の判断下る

二〇一七年六月の専門家会議では「無害化」は実現できておらず、近い将来に実現することも困難で

あることを明確にします。

二年間モニタリングの最後のモニタリング結果の衝撃から、さらに三月、四月、五月が過ぎ、六月を迎えます。専門家会議は、これらのモニタリング結果を受け、ついに「無害化達成できず」の判断を下します。豊洲市場用地の「無害化」は、約八六〇億円の予算を投入して行われましたが、達成できませんでした。

東京都が約束した「汚染土壌が無害化された安全な状態とは」の、第一条件である「技術会議により有効性が確認された土壌汚染対策を確実に行うこと」については建物地下空間についても「盛土」を行うことになっていたがそれが行われていなかったこと、第二条件の「操業に由来いたします汚染物質がすべて除去、浄化されること」と第三条件の「土壌はもちろん、地下水中の汚染も環境基準以下になること」については、二年間地下水モニタリングで環境基準値を超える汚染が検出されたことで除去、浄化されていないことが明らかとなったことから、いずれも実現されていないことが明らかになりました。

専門家会議、代替措置を提案

専門家会議が建物地下に「盛土」をすることを提言したのは、土壌中に有害物質が残っていて、それが揮発して劣化したコンクリートの隙間を通って室内に入ってくる可能性を遮断することにありました。

そこで、汚染物質を全て除去する「無害化」ではなく、地下水を飲料水として使用しないこと、汚染土壌に直接触れることがないようにすることに加えて、土壌汚染対策法では規定されていない「大気経由の有害物質暴露の可能性を遮断すること」を確保することで「安全」の基準とし、市場関係者の理解を求めることとしました。そして、そのため、有害物質を含む地下水が建物地下に浸透しないようにコンクリート敷設工事、地下水コントロール施設の改良、換気装置の設定などの工事を行うことを、代替案として提案します。

豊洲で営業しながらの建物地下工事は無理、為すすべがない東京都

予定通り、豊洲市場は二〇一六年一一月に開場していますから、食料品の搬入・搬出、仲卸業者や買出人のトラックが行き来をし、千客万来施設の建設も始まり、豊洲周辺の交通は混雑しています。駐車場不足などの問題があるため、市場内もそこかしこに自動車やバイク、自転車が無断駐車をしています。

そのような中で、建物地下ピットの地下水排出のためのポンプ設置や浸水防止工事等を行うことはできません。

豊洲市場は建物地下に地下水がたまったまま、また、無害化ができないことが明らかになったまま、豊洲市場の土壌汚染対策の失敗、地下水コントロールシステムの失敗だけが印象付けられたままで、営業を継続することになります。

杜撰極まりなかった二〇一六年一一月移転

豊洲市場についての最大の関心事は、高濃度汚染の東京ガスの工場跡地に生鮮食料品を扱う中央卸売市場を設置して果たして商売が成り立つのかということでした。

東京都が土壌汚染対策工事として行っていたと説明していた建物地下の盛土もなく、地下ピットに侵

入していた地下水の排除も地下水位の安定のための工事もできないまま営業を開始することになります。その後、二〇一七年一月になって、これまで環境基準値以下であった地下水モニタリングの値が、衝撃的な結果をもたらし、更に六月には専門家会議が、東京都が約束してきた「無害化の達成はできない」ことを明確にします。これらの事実が開場したばかりの豊洲市場に畳みかけるように明らかになってきます。地下水コントロールもできませんから、地震の時の液状化の不安はそのままです。

建物地下の排水工事や地下水コントロールの工事、さらに地下ピット内の工事をするには、豊洲市場の営業を停止しなければなりません。他方で、築地市場では解体工事が始まっていますから、築地に戻ることもできません。東京都は、豊洲市場の営業を止めて排水工事などの工事をすることもできず、なす術もありません。

石原知事以来、約八六〇億円の予算を投じて「無害化」しようとしたことが科学的にも不要なことであり、法律上は「飲料水として使わないこと、直接土に直接触れないこと」で足りるという説明に終始するしかありません。ですから、排水工事も代替工事も不要であると突っぱねるしかありません。

生鮮食料品を扱う中央卸売市場の建物の地下には有害物質を含む地下水がジャブジャブたまっており、やっているはずの工事もしておらず、除去したはずの有害物質は残っていて東京都が約束した「無害化」は実は無理な約束だったのだと言う中で、豊洲市場は開場し、営業するのです。

東京都が何一つ約束を守れない中では、業者は安心して取引を行うことはできません。生産者や消費者から見放されてしまいます。この時には、築地市場は既に解体工事が始まっていて、業者にとっては帰るところもないのです。

それでも、二〇一六年一一月に開場すべきだったというのでしょうか。二〇一六年一一月移転という決定は、杜撰極まりない決定だったのです。

もしかしたら、二〇一六年一一月開場を主張する人々は、二〇一六年九月に地下ピットの空間があり、盛土がないことが発覚し、かつ、地下水が上昇し、その地下水から有害物質が検出されていても、それを無視して地下水モニタリングも中止してしまえば、都民も業者も何も知ることはなく、心配もすることがなく、豊洲市場は円滑に運営されたと考えているのかもしれません。それは「民は由らしむべし、知らしむべからず」という封建政治そのものに他ならず、その政治姿勢の方がより深刻な問題です。

3　安全と安心

土壌汚染における「安全」と「安心」

豊洲市場用地をめぐっては、科学的な判断である「安全」と、営業活動や消費行動における「安心」との関係をめぐって、議論がありました。行政は科学的な知見に基づいて政策を決定し、進めていかなければなりませんが、それが住民らに必ずしも受け入れられない場合があることは、商取引の現場などでも見られることです。行政を進めるに当たっては、住民の安心の求めに対しても配慮しなければなりません。事例を挙げて説明をします。なお、豊洲市場の「安心」は、気持ちというあいまいなものではなく、都議会と都庁が約束した「無害化」という明確な安心基準でした。

豊洲市場用地では、「安心」の目標設定が「無害化三条件」として明確にされましたが、なぜ、東京都は土壌汚染対策法を超える対策を行ったのでしょうか。

それは、現実の売買の現場では、心理的要素が大きく作用しているからです。

商品を選択できる場合は、消費者は、「安全」という価値とともに、「安心」という価値を選択します。例えば、「遺伝子組み換え大豆を使用している豆腐」も「遺伝子組み換え大豆を使用していない豆腐」も販売が禁止されていないので、いずれも「安全」ですが、日本の消費者は「遺伝子組み換え大豆を使用していない豆腐」を選択して買う傾向があります。この場合、「遺伝子組み換え大豆を使用している豆腐」は「安全」ですが、多少値段が高くでも「安心」という付加価値に消費者はお金を払うのです。

不動産取引でも「事故物件」があります。「事故物件」とは、過去に自殺現場となった物件や、殺人事件、火災、忌まわしい事件・事故等があって、心理的な面において住み心地の良さを欠くような物件のことで、「心理的瑕疵」として売主に告知義務があり、それを告知しなかった場合は瑕疵担保責任を負うことがあります。すなわち、物理的な瑕疵がなくても、心理的な要素は不動産の価格を引き下げる方向に働き、場合によっては取引が成立しないこともあるのです。

卸売市場として購入する汚染土壌がある土地の売買価格は、土壌汚染地の価値、安全のための費用、卸売市場としての用途として適切な土壌汚染対策費用（安心のための費用）、例えば卸売市場として用いる場合の風評被害・スティグマ（心理的嫌悪感）克服のための土壌汚染対策、その他の費用などを考慮して決定されます。

スティグマの価格への影響は、殺人事件や自殺者が出た家は、買い手や借り手が気にするので、売買価格や家賃が安く設定されることに現れます。豊洲でも、いくらアスファルトやコンクリートで覆われているといっても、地面の下に高濃度の有害物質が埋まっているというのでは、業者は一歩引いてしまうでしょう。

豊洲市場の土壌汚染対策では、形質変更時要届出区域に指定された後も、地中に「ベンゼン環境基準の四万三〇〇〇倍、シアン化合物環境基準の八六〇倍、シアン化合物同九三〇倍」の汚染土壌がありました。いくら安全だと言われても、それで「商売ができるか」という業者の懸念、「商品を買うか」という消費者の選択に対する対応が求められます。

豊洲市場で商売をしようという業者、豊洲市場で買い物をしようという買受人らがいなければ、中央卸売市場は営業できません。ですから東京都は、「無害化」すると約束したのです。それは「科学への冒涜」ではなく、土壌汚染のある所に建てられる中央卸売市場では買わないで、他の市場や業者から買おうとする「生鮮食料品を取引する」業者や消費者の選択なのです。

安全と安心・国民の受容

環境政策において健康被害を予防する対策としては、次の方法があります。

（1）無害化　有害物質を集めて、無害化する。
（2）希釈・拡散　安全な濃度にして、環境中に放出する。
（3）隔離・貯蔵　有害物質を集めて、貯蔵する。
（4）立ち入り禁止・遮断　危険な場所に立ち入りを禁止する。有害物質に接触しないようにする。

閾値のある有害物質については、健康被害が生じないように安全率を考慮して「望ましい基準」を環境基準として設定し、その達成に向けて技術開発などの要素を考慮して規制基準を設定しています。

しかし、科学的に設定した基準でも、それを国民が受容するかどうか、現実には難しい問題に直面することもあります。

例えば、放射性物質について基準値を超える魚介類が水揚げされたと仮定します。そもそも基準値は毎日基準値越えの魚介類を食べることを前提に設定されています。通常は、基準値越えの魚介類を毎日大量に食べるわけではありませんから、多少食べても、科学的に安全であり、健康上問題はありません。しかし、基準値越えの魚介類を流通させても、買い手がいないのが実情です。

例えば、基準値を超える小中学校の校庭の汚染土壌が見つかったと仮定します。その土壌を、コップ一杯ずつ、あるいはバケツ一杯ずつ、全国の小中学校の校庭に拡散すれば基準値以下なので科学的に安全で健康上問題がありません。しかし、それを引き受けようとする小中学校があるでしょうか。

福島第一原子力発電所事故では、大量の汚染水、汚染土壌が蓄積されています。汚染水を海に流したり、汚染土壌を広くばらまいたりするのは、希釈・拡散ということになりますが、科学者が安全だと言っても現実にはその実施は困難です。

これらを受け入れない人々に対して、「科学を冒涜している」などと科学者が上から目線で説教を垂れ、受け入れない漁民や住民を批判したとしても、問題は解決しません。

○参考　環境基準とは

環境基準とは、環境基本法第一六条で、政府は、「人の健康を保護し、及び生活環境を保全する上で維持されることが望ましい基準」（環境基準）を定めることとしています。環境基準値は、安全率を見込んで設定されており、環境基準値を超えたからと言って健康被害が生ずるものではありません。行政の目標値として、規制等の手法によって、達成され、維持されることが望ましい基準として設定されたものです。

環境省の説明によれば、環境基準とは次のとおりです。

「人の健康の保護及び生活環境の保全のうえで維持されることが望ましい基準として、終局的に、大気、水、土壌、騒音をどの程度に保つことを目標に施策を実施していくのかという目標を定めたものが環境基準である。

環境基準は、『維持されることが望ましい基準』であり、行政上の政策目標である。これは、人の健康等を維持するための最低限度としてではなく、より積極的に維持されることが望ましい目標として、その確保を図っていこうとするものである。また、汚染が現在進行していない地域については、少なくとも現状より悪化することとならないように環境基準を設定し、これを維持していくことが望ましいものである。

また、環境基準は、現に得られる限りの科学的知見を基礎として定められているものであり、常に新しい科学的知見の収集に努め、適切な科学的判断が加えられていかなければならないものである。」

環境基準の値は、例えば、ベンゼンの水質環境基準値は、「アメリカＥＰＡによるＩＲＩＳ（一九九九）の、ヒト経口摂取による発がんリスク10のマイナス５乗相当レベルとして基準値を〇・〇一㎎／ℓ以下」

としている。また、シアンについては、「シアンの経口致死量については、人間の事故による事例、動物実験の結果に基づく考察により、シアン化カリではほぼ一五〇〜三〇〇㎎／人と考えられており、シアン換算で六〇〜一二〇㎎／人が半数致死濃度の致死量と考えられる。通常、人間が一回に飲用する水の量は〇・五ℓ程度であることから飲用時における許容濃度は安全率を一〇〇倍に見て許容限度は一応二㎎／ℓと考えられる。現行の基準値は、これからさらに安全率を見込み、『検出されないこと（定量限界〇・一㎎／ℓ）』とした」としています。

（環境省　環境基準項目等の設定根拠等　https://www.env.go.jp/council/toshin/t090-h1510/02.pdf）

豊洲市場の「安心」に関するいくつかの議論

豊洲市場の「安心」について、いくつかの議論がありました。

第一は、築地市場にも汚染はありますが、「築地市場はコンクリートで覆われているから安全だ」というなら、「豊洲市場もコンクリートで覆われているから安全だ」から、今すぐ開場すべきだというものです。

「築地市場はコンクリートで覆われているから安全だ」ということは「暴露経路が遮断されているから安全だ」ということであって、それは、築地市場も豊洲市場も同じです。これは、土壌汚染対策法上の「安全」です。

ただし、築地市場は土壌汚染が部分的には確認されていましたが、現に中央卸売市場として営業しており、開発する予定がなかったため土壌汚染対策法上の指定を受けていないという違いはあります。また、築地については「無害化」せよという業者の要望もありませんし、都議会も東京都も「無害化」するとの目標を設定していたわけでもありません。他方、豊洲市場の開場にあたっては、東京ガスの工場跡地で高濃度の土壌汚染が確認されていたことから、東京都及び都議会が土壌汚染対策法上の「安全」だけでなく、「無害化」という「明確な安心の基準」の実現を約束し、事実、その達成のために多額の予算が投入されました。東京都にも都議会にも多額の予算投入の責任がついて回っています。これが大きな違いです。

第二に、「安心は心の問題であり、明確な基準がない。そのようなあやふやな基準で豊洲市場を開場するかどうか判断するのはいかがなものか」というものです。

豊洲市場の「安心」は、豊洲市場で商売ができるかどうかという主として業者の安心の確保ですが、その「安心の基準」は、都議会の付帯決議及び東京都の答弁において「無害化」を実現すると明確にされ、その具体的な内容として「無害化三条件」として定式化されていました。「心の問題」でも無ければ、「あやふやの基準」でもありません。

第三に、「無害化」は、「リスクゼロ」を目指すものであって、リスクマネジメントの観点からしても不適切であるとの議論がありました。

「無害化」目標の達成は、多額な費用もかかりますし、難度の高い目標です。有害物質対策としてはPCBのように強い毒性がある物質について無害化処理が行われていますが、多くは希釈・拡散・遮断という措置が取られています。しかし、豊洲市場の土壌汚染対策においては、都議会も石原元知事も、あえて「無害化」する目標を是として設定し、かつ、それが実現できると考えて多額の予算を投入してきたのです。

よって、この批判は、「無害化」を決めた都議会や石原知事に対して向けられるべきもので、都議会や石原知事がこの批判を認めるならば、不適切な目標を設定して東京都に対して損害を与えたということになりますから、石原知事は東京都に対して損害賠償を支払うべきということになります。実際に多額の予算が支出されているのですから、損害賠償まで行きつかなければこの議論は完結しません。論者がそうせよと言うなら、議論としては首尾一貫したものになりますが、そこのところは明確ではありません。きっと、それは専門外であるとして、論評を避けるでしょう。

立地上の過失

東京都では、築地市場の移転先を決定する際に、五つの代替案を検討したと言われています。その選択肢は、四〇haの土地が必要であるという条件を付した上での代替案の検討であり、「豊洲」が選択されるよう誘導したものです。豊洲を移転先としたことは臨海部の工場跡地における土壌汚染対策の技術及び費用を著しく軽視したものであり、後の費用増大をもたらすことになる「不適切な立地上の選択」であったと言わざるを得ません。

汚染土壌が発見された場合、法令の定める措置は講じなければなりません。科学者の思いとは別に、現実の不動産取引では、「心理的瑕疵」が一つの価値として存在し、法律を超える土壌汚染対策が行われています。そうでなければ、不動産は売買されない現実があるからです。

土壌汚染対策は、テナントの使用料の負担能力や財務状況などを勘案し、市場の「経営戦略」が成立する範囲内で、必要かつ可能な対策を講じることとすべきでした。しかし、豊洲を移転地に決定した後は、移転先を見直すことなく、業者や都民の懸念に対応するために「無害化を達成する」という判断がなされ、そして、「無害化」ための技術があるかどうか、その技術を使用する場合の費用対効果はどうかなどの分析がなされないままに、多額の土壌汚染対策費用を投入し、その挙句「無害化」という目標を達成できなかったのです。その責任は重いと言わざるを得ません。

「無害化」に代わる「大気経由の暴露可能性の遮断」の「安心」目標

豊洲市場の「無害化」は、市場の業者団体も求めてきたものでした。他方で、無害化ができなくても豊洲市場に移転したいということも業者団体の意向でした。これは矛盾した考えですが、行政としては、そのような一見矛盾した業界団体の意向を汲み取って解決策を見いだしていかなければなりません。

無害化三条件の第一は、「技術会議により有効性が確認された土壌汚染対策を確実に行うこと」でした。これは、建物地下に「盛土」がなされていなかったことにより、実現していませんでした。

そもそも、メンテナンスのためとしても、日建設計が、地下水が滞留するような地下空間を設計したと考えるのは不適切です。日建設計は、管理棟ではしっかりとしたコンクリートに覆われて地下水が地下空間に浸透しないメンテナンス空間を設計しています。地下水ジャブジャブの地下空間でメンテナンスする、そんな設計を是とする設計者はいないと思います。

専門家会議・技術会議が建物地下に「盛土」をすることを提言したのは、土壌中に有害物質が残っていて、それが揮発して劣化したコンクリートの隙間を通って室内に入ってくる可能性を遮断することにありました。

そこで、汚染物質を全て除去する「無害化」ではなく、地下水を飲料水として使用しないこと、汚染土壌に直接触れることがないようにすることに加えて、土壌汚染対策法では規定されていない「大気経由の有害物質暴露の可能性を遮断すること」を確保することで「安全」の基準とし、市場関係者の理解を求めることは一つの判断です。

そのため、有害物質を含む地下水が建物地下に侵入しないようなコンクリート敷設工事、地下水コントロール施設の改良、換気装置の設定などの工事を行い、その上で、知事が「安全宣言」を行うことで、豊洲移転を希望していた市場業界団体は是とし、豊洲市場の土壌汚染問題の「安心」の決着を図ることとなりました。

これらの追加工事なしに「安全宣言」をすべきだという主張もありました。それは、舛添知事の安全宣言を是とする主張ですが、それは「無害化約束の放棄」だけでことを済まそうとする主張で、無害化のため多額の予算をつぎ込ませた石原元知事と都議会の責任をどう考えるかの議論なしに済まされることではありません。

4　現在地再整備の技術的側面と組織的側面

現在地再整備に対する認識

築地市場の現在地再整備は、過去に頓挫したことがあり、技術的に無理だという思い込みがありました。そこで、建築技術の革新で技術的には可能であることを東京駅などの事例を示しながら、指摘しました。しかし、実際に、施設を使用しながら再整備するには、一元的な指揮命令系統が存在しなければなりません。

東京都について言えば、働いている人が病院職員である都立広尾病院では、病院機能を発揮しながら現在地での建て替えが可能です。これに対して、築地市場で働く業者は東京都の職員ではなく、それぞれ独立した民間事業者です。さらに多岐にわたる業種があり、それぞれ業界団体を組織しており、一元的な指揮命令系統はありません。したがって、現在地整備を行うには、計画どおりに移動してローリング工事を円滑に進めるよう、主要な業界団体がこぞって現在地再整備に協力しなければなりませんが、豊洲市場で「無害化」が達成できないことが明らかになりつつあった段階でも、築地再整備に賛成する業者団体はありませんでした。

建築技術の革新で可能となった築地現在地再整備

築地の現在地再開発については、かつて一旦決定して工事が行われましたが、約四〇〇億円を投入した段階で中止されました。民主党が都議会の多数派を占めたときにも検討されました。しかし、それ以降は、「現在地再整備は無理」ということで、検討が止まり、「現在地再整備は技術的に無理」という思い込みが支配していました。

そこで、この間のリノベーション技術の進展を踏まえて、「現在地再整備は技術的に可能か」について検討を行いました。

具体的には、種地を創出し段階的に改築を行ない、営業を継続しながら機能的な築地市場のリノベーションをする方法の検討です。すると、今日では、多くの人が行きかうターミナルビルでさえも、その機能を損なうことなく、現在地再整備を行っており、築地市場においても、「技術的には」現在地再整備が可能であることが分かりました。営業しながら建物を建替える事例は、格段の進歩を遂げています。最も身近な事例は東京駅の修復であり、南海ターミナルビルの建替えです。

機能を発揮しながら、建替えを実施するための第一の要素は、施設の段階的更新です。種地を順送りに創出し、動線を含め工事区域と営業区域を明確に分離、そして、最小限の引越しで順送りに機能更新します、また、駐車場の台数も確保します。

第二の要素は、施設の機能更新です。耐震・防火機能の向上、アスベスト対策、そして、費用効果的なコールドチェーン化を行い、害獣・害虫対策含めて衛生管理の機能向上を図ります。また、駐車場台数の増設をします。

第三の要素は、新しい中央卸売市場の価値の向上です。搬入・セリ・搬出といった商品の流れを情報技術の時代にふさわしいものとして再構築し、観光・アメニティ機能を向上させ、さらに緑地・親水空間の整備をして、全体としての付加価値を高めます。

築地は中央卸売市場として立地上最適

新しい建築技術による築地の現在地再整備によれば、既に議論されていた卸売市場法の改正に対応できる中央卸売市場を作ることができます。

築地市場から豊洲市場への移転が必要であるという理由の一つは、中央卸売市場としては築地の二三haは狭いということでした。しかし、既に取扱量は減少の一途をたどっており、築地市場の課題は狭さの克服ではなく、効率的で衛生的な中央卸売市場の建設でした。豊洲市場は四〇haとは言え道路で三つのエリアに分断され、多層階構造で上下の行き来もあり、物流効率や買い回りに不便さがあります。

この点、築地では同一平面で効率的な物流ができ、買い回りも容易です。また、品質管理に必要な冷房も、必要な部分だけ必要な温度を保つようにし、また天窓や通気性も確保することによって、明かりを取り入れ、働きやすい環境をつくりだすとともに、電気代を節約する構造にもできます。また、温度変化による結露も防止できます。交通の利便性は、買い物に来る人にとって最大の利点です。物流としては周辺の道路の混雑の問題はありますが、環状二号線を引き込むことにすれば緩和することができます。さらに、中央卸売市場の機能を効率化することにより、二三haの土地に市場以外に使える余裕ができます。新しい築地市場は、「稼ぐ市場」として効率的で衛生管理が行き届いた中央卸売市場というだけでなく、隣接する桂離宮を活かし、一般のお客さんも集う「いちば」や良い食材と使ったレストランを開設し、さらにビルを建設することも可能です。

築地市場は、関東大震災後の首都復興の一環として、一九三四年に開場しましたが、築地市場の扇型の機能的工業デザインの建物は当時の旧丸ビルの建設費が九〇〇万円だったのに対して一六五〇万円もの巨額の予算が投じられた建物で、「登録有形文化財」として保存されるに値する建物です。これを活かして再整備することにより、新しい築地市場に歴史的価値を付与することもできます。

このように、現代の建築技術を駆使すれば、豊洲市場とは比較にならない多様な魅力に富んだ新しい中央卸売市場を建設することが可能となっていました。

しかし、築地市場の運営システムは前近代的で、市場としての経営を担う責任者もなく、また、経営方針を立てたとしてもそれを実行する指揮命令系統もない状態でしたので、現在地再整備は技術的には可能でも、それを実施する組織に問題点がありました。それは、築地の現在地再整備についてだけでなく、豊洲移転を行ったとしても、新しい卸売市場法に適応して食品流通の変化に対応した市場経営ができるかどうかにも、影響する大きな課題です。

現在地再整備には一元的な指揮命令秩序が必要

東京駅についてはＪＲ東日本が、大阪の南海ターミナルについては南海電鉄が、施工計画を立て、テナントもそれに従って移動するという「一元的な秩序」があり、駅舎を使いながら再整備することが可能でした。これが普通の企業であり、普通の企業組織ならば現在地再整備は可能です。

また、公営企業でも、都立広尾病院の現在地再整備（建替え）のように、働いている人が病院の職員という形態であれば「一元的な秩序」があり、可能です。

しかし、築地市場は、日本最大の中央卸売市場であり、江戸時代からの伝統があります。また、卸業者、仲卸業者、売買参加者や関連事業者など多くの業者があり、それらが団体を作っていて、中央卸売市場の運営を仕切っています。

築地市場は「公設公営」の市場という形式をとっています。東京都は業者から使用料をとる「公設」の市場であることは確かです。では、「公営」についてはどうでしょうか。

東京都の中央卸売市場は、市場の経営計画を立てる能力も、計画を実行する力も持っていません。すなわち、中央卸売市場が、市場外の流通事業者との競争的環境の中で生き残り、発展していけるかどうかの鍵となる「一つの経営体としての一元的な秩序」は築地市場にはありません。それは、市場内で事業を行っている個々の事業者がその経営責任として考えることであって、東京都にはその権限も能力もないというのが実情です。

現在地再整備は、この現実の下では、築地市場の主要な業者団体が意思決定を行い、その工事を遂行するための「一元的な秩序・司令塔」を作り上げることがなければ実現できません。現在地再整備が実現できるかどうかは、築地市場の業者団体が、それを望むかどうかという意思決定にかかっていました。

築地現在地再整備を求めた業者団体は皆無

中央卸売市場は、「公設」であり、東京都は「施設管理者」であっても運営権限を持ってはいません。これが中央卸売市場の実態です。この現実を踏まえれば、事実上の決定権を持っている業者団体の動向が重要になります。

平成二九年四月八日に、「築地再整備は技術的には可能である」ことを含めた「豊洲市場移転案と築地市場機能向上改修案等に関する事項の説明、意見の交換」を築地市場で行った際には、卸売業者の団体らから、「その話は聞きたくない」としてのボイコットや、「これはプライベートな説明・意見交換会であり、専門委員が勝手に『私案』を説明すべきではない」などの批判がなされました。

既に、地下水モニタリングの結果、環境基準を超える測定値が観測された地点が多く見いだされ、「無害化」目標の達成はできないことがほぼ明確になっている中で、築地市場の業者団体が「築地再整備は技術的に可能」という技術の進歩の話も聞きたくないという対応を示したことは、「何が何でも豊洲移転」という強い決意を示したものでした。

要請行動よりも選挙で選ばれた組合の意思が業界の意思

多くの人数を抱えている仲卸業者は、築地現在地再整備を望む人が多かったのかもしれません。「築地市場の豊洲移転は反対です」という署名を集めて、これが仲卸業者の意思だという運動もありました。

しかし、仲卸の方々は、全員参加の「東京魚市場卸協同組合」（東卸組合）を組織しています。東卸組合では、組合員は総代を選び、総代が理事を選び、理事が理事長を選ぶという間接民主制を採用しています。このような仕組みの下においては、東卸組合の意思をもって仲卸業者の意思とすることは、民主主義のルールとして当然のことです。仲卸業者の意思がどこにあるのかを考える際には、責任を持った意思は東卸組合が機関決定した意思です。その機関決定が手続的に違法であれば、それは組合員によって是正されなければなりません。

署名や要請行動も意思表明の手段ですが、残念ながら、署名や要請行動を好まれる方々は自分が属している組織の選挙活動には熱心ではありません。あるいは、熱心であるとしても、選挙では仲卸業者の中の付き合いや義理人情が働いて、多数派を占めることができなかったのかもしれません。だとしても、自分の会社の未来を決定する重要な選択なのですから、組合の組織としての意思決定は、代表を選んだ業者の責任ある判断として尊重すべきだということになります。

技術的には築地の現在地再整備は可能であっても、現在の市場の意思決定の仕組みの中では、東京都が統一的に指揮できる状態になく、業者団体の意向が不可欠な要素です。そして、業者団体の意向は、豊洲市場への移転でした。これは、判断の重要な要素です。

5　豊洲市場の経営

変化に対応できなかった高コストの巨大市場

築地市場の取扱量は半減していますが、豊洲市場の計画は、築地市場が最盛期で二三haという広さが狭く感じられた時期に始まり四〇haという広さの土地を求めました。

豊洲市場は近代的な設備を備えていますが、ライフサイクルコストやランニングコストを全く考えずに設計されているため、開場後は年間一〇〇億円の赤字、ランニングコストだけでも二〇億円の赤字となり、都にとっても、業者にとっても高コストの施設になっています。

東京都の市場会計は、一般会計から無償で提供された市場用地を一般会計に返す際に「有償所管換え」と称して一般会計から市場会計に税金を投入することによって成り立っており、その額は一兆円に達しています。いくら東京都が裕福でも、そのままで良いわけはありません。

築地市場の再整備計画が作られたのは一九八八年（昭和六三年）、築地再整備工事が約四〇〇億円を費やして頓挫したのは一九九六年（平成八年）頃、豊洲市場への移転が正式に決定されたのは二〇〇一年（平成一三年）でした。そして現在に至るまで、生鮮食品の流通は大きな変化を遂げています。

消費者との接点であった街の魚屋さんや八百屋は激減し、卸売市場の主要な顧客はスーパーマーケットや料理屋・レストランになっています。また、産地直送など卸売市場を通さない流通経路もインターネットの発達に伴って合理化され、拡大しています。情報通信技術を活用した流通は、アマゾンや楽天などの新しい業態を生み出しています。本の流通をみれば、大手の本屋さんは頑張っていますが、インターネットと宅配業者によるものが多くなっています。流通は様変わりしています。

豊洲市場の建設は、築地市場が狭隘になったため、また、規模の拡大による市場機能の拡大を求めてのものです。しかし、その長い経過の中で、生鮮食品の流通は、人口減少社会による消費量の減少、一人世帯の拡大による調理離れ、食生活の変化による魚の消費量の絶対的減少など、市場規模そのものが縮小する傾向が顕著になっています。また、情報通信技術を活用した産地直送などの競合する流通形態の増加、それらに伴う卸売業者や仲卸業者の減少、中央卸売市場の取扱量と取扱金額の減少傾向も顕著です。

かつて、株の取引を行う兜町は、大蔵省の免許を受けた証券会社の仲買人（取引員）が、証券取引所に出向いて株の取引を行っていたものでした。しかし、金融ビッグバンで株式会社も登録制となり、株の取引も電子化されました。現在の証券取引所には、ひしめいていた仲買人はいません。

情報通信技術による変化は、広範囲にわたっており、中央卸売市場を維持するならばその変化に対応した中央卸売市場でなければなりません。ところが、豊洲市場は、「新しい市場を創造する」のではなく、「昭和のシステムである築地市場を豊洲に移転する」というものであり、縮小を続ける中央卸売市場の施設規模を巨大化するというものでした。

これは、太平洋戦争開戦時には、既に空母の時代になっていたにもかかわらず、戦艦巨砲主義の考えの下に戦艦大和を建造し、そのランニングコストや石油の確保も考慮しなかったがために、むざむざと沖縄に航行させ、沈没させた事例を思い出させます。

しかし、豊洲市場への移転も選択肢の一つですから、豊洲市場をどう活かしていくかについての検討も必要です。

食品流通は多様化、効率化の時代へと転換

中央卸売市場は、食糧難の時代には不可欠な食品流通機構でした。しかし、中央卸売市場に税金を投入して、地方自治体住民の台所として機能していた時代は、終わりを告げています。

二〇一六年（平成二八年）一一月に政府の「農林水産業・地域の活力創造本部」の「農業競争力強化プログラム」は、卸売市場については合理的理由のなくなっている規制は廃止することを明記しました。規制に守られた中央卸売市場を競争的環境の中で強くしようという改革の方向が明記されたのです。このことは、やがて、二〇一八年（平成三〇年）の卸売市場法の改正として明らかになります。競争的環境の中で生き残っていくには、新たな経営戦略が欠かせません。

考慮すべきライフサイクルコスト

企業組織においては、施設を建設する際には「ライフサイクルコスト」を考慮することが一般的です。

建物のコストのうち、光熱費、一般管理費、点検・保守費、修繕・改築費などの費用全体を考えると、初期の建設費はその一部にすぎません。これはマンション購入においても同じことで、マンション購入者には、購入費用、月々の水光熱費などの費用、共有部分の管理費用、大規模修繕積立金、さらに最後の解体費用などがかかります。その用意がなければ、老朽化するマンションは街に高くそびえる墓石のようになってしまいます。

企業経営体では、経営責任を有する責任者が統一的な指揮命令系統を有して、経営に当たっています。経理担当責任者は、施設建設に当たってライフサイクルコストを計算し、施設使用料などから大規模修繕を含む費用を捻出できるかどうかを計算して、経営判断に活かす責任を負っています。

豊洲市場は、高コストの建物です。特に、空調施設などの設備が高額です。設備は、点検・整備などのメンテナンスや、入れ替えなどが必要です。入札制度があるとはいえ、メンテナンスなどは通常設備を提供した企業やその関連会社が請け負っています。よって、設備を納入した企業にとっては、将来にわたって、仕事を確保でき、設備が高ければ高いほど収益も上がる「金のなる木」です。

豊洲市場の建物の費用は短期間の間に増額され、建物の坪単価は、青果棟は一七七・二万円、六街区の仲卸棟は一六五万円、五街区の卸棟は一七一・六万円、七街区の管理棟は二一七・四万円です。坪単価は、高級ホテルでは一三八・六万円程度、高層ビルでは一一五から一三二万円であり、生鮮食料品を扱う物流センターとはいえ、通常の大型物流センターの坪単価が五九・四から八二・五万であることに鑑みれば、豊洲市場の建物の坪単価は極めて高く、この高い建物価格が市場会計収支の減価償却費を押し上げる原因になっています。

都庁も都議会も無関心だった豊洲市場の収支

二〇一六年秋、豊洲市場が開場した場合の収支はどうなるかと、東京都に求めたところ、「それはない」ということでした。これまで、誰もこの問いを発しなかったということです。これは、都庁にも都議会にも「経営」という意識が全くなかったということを意味します。「開場後の収支の数字がない」という状態の下で豊洲市場への移転を都庁が決め、都議会が承認できたのは、他の地方自治体から見れば、東京都は「財政が豊かであるがゆえの放漫経営」であったということです。

地方自治体では、一般に、財政にゆとりができると知事は自分の功績として建物などの施設を作りたがります。そして、そのランニングコストや建替え費用がかさみ、福祉を含めて新しい行政ニーズが出てきても財政的な余裕がなく、住民が適切な行政サービスを受けられない事態が生じます。現状では、東京都以外の地方自治体では財政が厳しく、新しい施設を作るに当たっても、施設建設費だけでなく、その後のランニングコストを計算して施設を作ることが適切かどうかを判断しなければなりません。また、民間企業であれば、黒字転換の目途が立たない施設をそのまま維持することは、企業経営上許されないことです。現に永続的な不採算部門があれば、そこから撤退し、更なる赤字が出ないよう「損切り」をします。

収支がないのですから、まず、開場後の収支を明確にするよう中央卸売市場に求めました。そして、この時は、豊洲市場の各年度の収支は、減価償却費を含めて約九六億円の赤字、フローで約二〇億円の赤字ということが分かりました。この数字は、今後の精査により若干変わると思いますが、大きくは変わりません。

都庁も都議会も市場会計の健全性や経営に無頓着であったわけですので、市場会計がどのように運営されてきたのかの検討が、また、開場すればほぼ永続的に赤字となる豊洲市場に対して、「税金をつぎ込むことの意義」についての検討が必要になります。

市場会計は「本業収支」で健全性を判断

東京都の中央卸売市場会計は、「市場のいわゆる『本業収支』である営業収支は一貫して赤字であることから、抜本的な体質の転換が必要となっている。」という考え方を、現在も維持しています。公営企業会計は「儲けることは本業」ではありませんが、いくら赤字でも良いということではありません。大規模修繕費や建て替えの費用も独立会計の中で賄うことが原則であり、有料道路も、通行料金で日常的なランニングコストさえ賄えば良いのではなく、建設費を償還するように考えられています。

「減価償却を除いた収支が黒字であれば、公営企業体として健全である」という考え方は、財政的に富裕な東京都だからそれで十分といえる考えであって、一般の地方自治体に通用する理屈ではありません。

無償提供された土地の切り売りで維持する東京都の市場会計

東京都の中央卸売市場の市場会計の黒字は、一般会計（都民）から無償で提供された神田市場用地を一般会計に戻す際に「有償所管換え」と称して、約三七〇〇億円を一般会計から市場会計に投入したことによって維持されているものです。業者からの使用料収入は、年間一一〇億円程度であり、その三〇年間分以上の資金が、一般会計から市場会計に投入されたのです。中央卸売市場会計は市場業者からの使用料収入で賄うことが原則ですが、東京都の市場会計はこの原則に従えば破綻するため、税金投入によって支えているのです。

神田市場の有償所管換えによる市場会計への税金投入は、都議会に対しても「一般会計への売却」と説明されていました。一般に、「売却」とは法人格が異なる者の間のモノとお金の交換であり、一般会計に「売却」した後に民間にいくらで「売却」したかは、都議会も都民も関心を示してきませんでした。

○神田市場跡地の開発の経緯

神田市場跡地の開発は、産業労働局管轄、特定目的会社によって迅速に進められた。

神田市場跡地（約二七、〇〇〇㎡）は、一般会計が市場会計から引き継ぎ、秋葉原にITセンターを作る構想により産業労働局に所管が移された。土地区画整理事業に伴う換地処分を経て、東京都財産価格審議会により二二九億円と評価された一六、〇〇〇㎡の土地を、二〇〇二年（平成一四年）にユーディーエックス特定目的会社（UDXは、NTT都市開発（株）、鹿島建設（株）の出資による特定目的会社）及びダイビル株式会社に、約四〇〇億円（売却面積は約一六、〇〇〇㎡）で売却した。

残りの一一、〇〇〇㎡は、約一、八〇〇㎡は都有地（神田消防署約一、六〇〇㎡、都建設局事務所約二〇〇㎡）として活用し、それ以外の約九、二〇〇㎡は減歩分（交通広場、道路、街区公園、保留地）となっている。なお、この減歩（九、二〇〇㎡）は、他の地権者からの減歩と合わせて、事業区域内の公共用地等に充当するものであると説明されている。

売却された土地一六、〇〇〇㎡については、次の経過をたどった。

（1）二〇〇三年五月秋葉原ダイビル着工
（2）二〇〇三年八月秋葉原ＵＤＸ着工
（3）二〇〇四年四月「秋葉原ＩＴセンター（仮称）」から「秋葉原クロスフィールド」に決定
（4）二〇〇四年一〇月株式会社秋葉原クロスフィールドマネジメントがＮＴＴ都市開発、ダイビル、鹿島建設の三社により設立
（5）二〇〇五年三月秋葉原ダイビル竣工（「秋葉原クロスフィールド」オープン）
（6）二〇〇六年一月秋葉原ＵＤＸ竣工
（7）二〇〇六年三月「秋葉原クロスフィールド」グランドオープン

工事着工から竣工まで三年と速やかに工事が行われた。このように当初から民間が関与すれば、工期も工費も費用効果的な実施が可能となる。なお、株式会社秋葉原クロスフィールドマネジメントは二〇一一年三月解散した。

東京都から民間への売却価格は約四〇〇億円でしたが、神田市場廃止に伴って昭和六三年から平成四年までの五年間に三七〇〇億円が「神田市場売却資金」として一般会計から市場会計に移されました。東京都は、市場会計から土地を引き継いだ際に、一般会計が支払った約三七〇〇億円については、近傍の地価水準や、対象地の形状・面積（広さ）などを踏まえ、算出を行ったと説明しています。
また、三七〇〇億円が四〇〇億円となり、三三〇〇億円の差額が生じていることについて、東京都は、売却面積が約二七、〇〇〇㎡ではなく約一六、〇〇〇㎡と売却した土地面積は五九％であったこと、近傍

公示地価が昭和六三年一、九四〇万円／㎡が平成一四年三七〇万円／㎡と一九％に下落したことを挙げています。

しかし、市場跡地は市場会計から直接民間事業者に売却することも可能であり、当初から市場会計が跡地を管理し処分するケースと比較すると、一般会計の差損は三三〇〇億円ということになります。

市場会計の赤字補てんに投入された税金は一兆円

東京都の中央卸売市場の本業収支である営業収支は一貫して赤字であり、市場会計の黒字は、昭和五九年度の旧江東市場跡地、昭和六三年度の旧神田市場跡地の「有償所管換え」により、維持されています。さらに、二〇一八年度の補正予算で築地市場跡地を約五四〇〇億円で「有償所管換え」したことにより、累計で約一兆円近い税金が市場会計に投入されました。中央卸売市場用地は、一般会計から無償で提供されたものであり、使用料を原資として購入した土地ではありません。一般会計から無償で提供された土地を一般会計に戻す際に、市場会計の赤字補填のために有償で戻さなければならないということは、自明の理ではありません。

市場会計は、独立採算を旨とする公営企業会計の経営的見地からすれば既に破綻していると評価すべきではないか、税金を投入しても市場会計の営業収支の黒字化は見込めず「穴の開いたバケツ」に税金をつぎ込むだけではないか、という疑問が生じてきます。

また、有償所管換えは、「特別会計の独立性を乱さないための趣旨」とされていますが、独立採算制の趣旨は、使用料によって公営企業体を運営することにあり、「土地を切り売りして」経営することを趣旨としているわけではありません。

さらに、市場会計に一兆円近い税金を投入してまで維持すべき「公益性」とは何かを明確にしなければなりません。例えば、都立病院については、民間の病院ではできない「行政的医療」や「地域医療の中核的機能」などがあり、そのために税金を投入する合理性があります。

改正された卸売市場法は、「開設区域」（都民の台所）の規定が削除され、「公益性」は「適正な取引ルール」が設定されています。改正法が示す卸売市場の新たなビジネスモデルとしての「輸出促進」や「市場間ネットワーク」などは、都民のためのビジネスではありません。一兆円の税金投入に見合う新たな「都民のための公益」の説明が必要です。現在では、市場外取引も活発に行われており、それらに従事する事業者は、税金の投入を受けて食品流通事業を行っているわけではありません。これらの事業者との比較を踏まえた上で、中央卸売市場を税金で設置し、運営する「公益」を、「水産物市場の公益性」、「青果市場の公益性」、「花き市場の公益性」、「食肉市場の公益性」を明確に説明することが求められています。

財政の豊かさに安住した収支に無頓着な市場会計

豊洲市場移転後、豊洲市場の大幅な赤字が市場会計全体の破綻をもたらす可能性があります。築地市場の有償所管換えを含めて一兆円の税金を投入しても、それを使い果したらまた市場用地を「有償所管換え」して税金を投入することになります。東京都の中央卸売市場は、豊洲市場開場後の収支計算もしていなかったのですから、経営収支を黒字化する考えもありませんでした。「お金がなくなったら、また、市場用地を有償所管換えして、税金投入すれば良い。なにしろ、東京都は一一も中央卸売市場があるのだから、金に換えられる土地は沢山ある。自分たちが職員の間は大丈夫」とでも考えていたのでしょうか。

東京都が施設を設置したのだから税金でそれを運営するのは当然だとする考えもありますが、中央卸売市場は、市場業者が商売をする場所なのです。しかも、都心にあるにもかかわらず、一㎡当たりの使用料の月額は、卸業者で四二八円、仲卸業者で一六九〇円、事務所で一七三〇円です。別に、卸金額の〇・四％、仲卸販売額の〇・四％の売上に応じた使用料も支払わなければなりませんが、それでも、超格安です。

他方で、市場外の生鮮食品の流通業者は、全て自前で商売をし、拡大をしています。これらの事業者も都民に生鮮食料品を提供する役割を果たしています。競争条件があまりにも違います。卸売市場法の改正は、保護と規制に安住してきた中央卸売市場の事業者に対して、これらの卸売市場外の食品流通業者との競争を促しているのです。

東京都は、財政的に裕福な地方自治体ですが、いかに裕福な東京都といえども湯水のように税金を投入できるわけではありません。また、そのような経営を許容する東京都に対して、他の地方自治体が理解を示してくれるはずもなく、「東京は裕福なのだから、もっと東京から他の地方自治体に財源を移転すべきだ」ということになります。

中央卸売市場の経営努力は不可欠です。これは、中央卸売市場が豊洲に移転しようが移転しなかろうが大きな課題です。いまだ、その解決策は示されていません。

6　市場問題の検討と総合判断

無害化達成できず、豊洲開場後の経営は赤字

築地市場の豊洲移転に関する検討事項について、無害化は達成できないこと、地震の際の液状化を防止するには地下水位のコントロールが必要なこと、現在地再整備は技術的には可能だがそれを望む業者団体はいないこと、豊洲開場後の経営は赤字であり、市場会計も赤字を脱する見込みがないことなど、知事が判断するために必要な材料が整いました。

豊洲市場についての検証結果は、次のとおりでした。

第一に、土壌汚染の「安心」確保の目標であった「無害化三条件」は近未来にはいずれも実現できないこと、しかし、追加的工事をして「大気経由の汚染物質暴露を遮断する」ことが提案されていること。

第二に、現在地再整備は技術的には可能であること。しかし、築地市場の業者団体は現在地再整備に反対の意思を示していること。

第三に、豊洲市場開場後の経営は、永続的な赤字を抱えこむこと。

第四に、既に多額の資金を投入して、豊洲市場が施設としては完成していること。しかし、地下水位管理のためには永続的な費用投入を要し、かつ、市場の使い勝手には改善の余地が大きく、さらに、東京都の管理ルールを業者に徹底する必要があること。

これらを踏まえれば、次の選択肢が考えられます。

A　豊洲市場への移転の条件が充たされていないのだから、豊洲市場への移転をしない案

この場合、老朽化した豊洲市場の再整備をすることに市場関係者が合意して、一元的な指揮系統の下で、整然と現在地再整備工事を行うことが条件になります。また、既に整備した豊洲市場施設の処分、または、他の目的での活用も必要となります。

B　明確になった条件下で、豊洲市場に移転する案

この場合、土壌汚染について、無害化に代わる新たな「安心」対策として提案された追加工事を実施すること、または、もともと豊洲市場の開場には土壌汚染対策法の安全の確保だけで良く無害化は必要なかったとして、石原知事への損害賠償請求を行うかの選択が課題です。また、豊洲市場開場後の赤字にどう対処するか、移転後の築地再開発をどう進めるかという課題もあります。

C　A案とB案の変化形の案

既に議論の俎上に上っていた卸売市場法の改正を踏まえれば、地方自治体としては今後新たな中央卸売市場の設置は行うことはなく、かつ、中央卸売市場は新しい経営形態に脱皮することが求められています。そこで、豊洲市場の将来的な姿は、相対取引の減少、情報通信技術の活用、交通流の効率化と衛生管理の徹底を進め、取引のＩＴ化と物流機能の効率化を実現することとします。他方、交通の利便性が高い築地の再開発では、その一部に、これまでの規制に守られた業者ではなく、鋭い経営感覚を持った競争に勝ち抜ける業者によるリアルな店舗展開を図って、民間による市場機能を持った場所をつくる案もあります。その場合、先進国では姿を消し、中央卸売市場でもその割合は大きく低下している「せり売り」は、観光資源として、意識的に残していく努力が必要となります。

小池知事の総合的判断

豊洲市場への移転問題について、専門家会議、市場問題プロジェクトチーム、都庁内の各種会議等の検討結果を踏まえて、小池知事は知事の権限と責任の下で平成二九年六月二〇日に記者会見で方針を発表しました。（http://www.metro.tokyo.jp/tosei/governor/governor/kishakaiken/2017/06/20.html）

小池知事の基本方針は「築地は守る、豊洲を活かす」ということでした。

その第一は、築地市場の豊洲への移転です。

もちろん、「無害化」はできていないのですから、土壌汚染問題は残ったままですが、暴露経路の遮断は、飲料水経由、汚染土壌の直接接触に加えて、大気経由の暴露についても、対処することとしました。豊洲市場への交通アクセス問題は、豊洲に移転用地を求めた時点からの課題であり、施設管理者として、引き続きの対応が必要です。

第二に、築地市場跡地の再開発です。

都心の一等地に残された大規模な土地を、都が所有権を維持しながら、再開発をすることが基本方針です。「新たな築地の姿」として、三つの要素を掲げています。

（1）仲卸の目利きを活かしたセリ・市場内取引を発展

（2）築地のノウハウとブランドを活かした消費者向け新事業（商業、外食、教育、芸術、スポーツ等）

（3）地域との一体化で一大環境拠点として発展

課題の検討の深さと、政治・メディアの情報感覚の齟齬

豊洲市場の検討においては、重要な事項が検討されないまま、二〇一六年一一月一〇日の移転を決定していたことは、大きな驚きでした。二〇一七年八月三一日の移転延期記者会見、二〇一七年六月二〇日の「方針」に関する記者会見、追加対策工事を経て二〇一八年一〇月一一日に開場するまで、約二年間かかりました。

この二年間を、「無害化というゼロリスクにこだわって、豊洲開場を送らせ、余計な金がかかった」という人もいます。豊洲市場用地の「無害化」目標を多額の土壌汚染対策費を投じてきたのは、石原知事から舛添知事までの歴代都知事です。「余計な金がかかった」という批判をするなら、それは二年間の検証のための費用ではなく、そのベースとなった「無害化」を決定し、それまでに投じた約八六〇億円という多額の予算を投入した石原知事に対して発し、石原知事が東京都に与えた損害を賠償するということであれば、一応筋が通っています。「無害化三条件」を自ら約束しながらいずれも実行できなかったことの始末をどうつけるのか、その当事者は全く責任を負っていません。

予定通り二〇一六年一一月七日に移転し、「盛土もなされていなかった」、「建物地下は水浸し」、「二年間モニタリングでは環境基準越えの値が出て、約束していた無害化はできなかった」、「豊洲市場に移転した後、市場会計は大赤字」などの中で豊洲市場が営業していたら、果たして正常に機能していたか大いに疑問です。

豊洲市場の収支も知らず、また、神田市場の土地の売買がどうなっていたかも関心がない一方で、延期のコストが予算の無駄遣いだという議論は、全体のバランスを失した議論です。

熟慮の民主主義の基本は、必要な情報がそろい、それを人々が知ることができる状況に置くことです。

それらの情報を基礎に、各人が下す判断もまたそれぞれです。必要なデータを得るには時間がかかります。そのスケジュールは、適宜明らかになっていましたが、マスメディアは記事を書くことが仕事ですから、記事の都合で自己展開し、結論を急ぎます。政治の世界も同じで、データを踏まえた議論ではなく、「時間がかかれば決められない政治」、「スピード感をもって進めれば拙速な政治」と紋切り型の批判が行われます。

批判者は責任を持っていません。無責任でも許されます。しかし、意思決定権限を有している者は無責任ではいられません。政治やメディアの批判が無責任なものであれ、それに対応することも現実の世界の所与の条件の一つです。その中で、意思決定をする権限を持った者は、できるだけ判断に必要なデータを整え、熟慮し、内閣のように合議制でない限り、一人で意思決定を行わなければなりません。

7　中央卸売市場の発展の方向

卸売市場法及び食品流通法の改正への対応

中央卸売市場をめぐる経営環境は、依然として厳しいものがあります。豊洲移転後も取扱量は減少傾向を続けています、卸の取扱金額の落ち込みが取扱量に比べてそれほどでもないのは、仲卸の売り上げが減少していることを示しています。また、豊洲市場での電気代や人経費の増加等のコストアップが仲卸業者の経営を圧迫しています。中央卸売市場を特徴づける仲卸が生き残り、発展していくには、保護と規制に守られた従来の中央卸売市場での商売から脱皮して、改正後の卸売市場法や食品流通法に適応した経営が必要です。

都としても、卸売市場の公益性が「適正な取引ルール」となって公正取引委員会がその監視を担当するようになったこと、卸売市場を整備する仕組みも国の支援もなくなったこと、国の支援は食品流通法によることになったこと等に対応し、かつ、中小企業支援のノウハウを活用すべく、中央卸売市場を解体し、産業労働局の下に担当課を置き、各市場を指揮監督することとする組織改革を行うことが適当です。

斜陽産業からの脱却の経営戦略

中央卸売市場は、施設設置と管理は東京都ですが、東京都は食品流通事業を行っているわけではありません。これが、都立病院経営や交通局などと異なる重要なポイントです。

中央卸売市場は、斜陽産業の特徴を備えています。斜陽産業であるとの認識がなければ、それから脱却するための経営戦略もたてられません。

第一に、取り扱う生鮮食料品全体の需要が傾向的に減少しています。生鮮食料品、特に水産物の需要は減少しており、この減少傾向は、人口の減少、少子高齢化の進行、単身世帯の増加、食習慣の変化などにより、引き続き継続します。

第二に、市場外流通や外国からの食料品の輸入が増加して、卸売市場の役割が減少しています。卸売市場全体、中央卸売市場の取扱量は減少の一途をたどっており、この減少傾向は、輸入品の増加や産地直送・大規模小売店などによる市場を通さない生鮮食料品の増加により、引き続き継続します。

第三に、中央卸売市場は、戦後の一時期までは大きな役割を果たしていた産業としての成熟期を経験し、現在では衰退期にあります。また、築地ブランドを形成してきた仲卸売業者の数は減少しており、この減少傾向は、市場取扱量の減少、仲卸業者の経営困難や後継者不足等により、引き続き継続します。生鮮食料品を扱う中央卸売市場の特徴は、目利きの技などと称される仲卸業者など卸業者と料理屋・レストランなどの間で魚などを流通する人々の存在です。流通革命が進んでも問屋機能がなくなることはなく、資本力のある卸売業者は生き残っていくでしょうが、資本力が弱く利益率も低い仲卸売業者は厳しい状況に直面しています。仲卸業者が衰退した中央卸売市場は、ＩＴ化による取引と生鮮食料品の流通配送拠点としての問屋機能を果たす場所へと変化していきます。

産業には成長期、停滞期、衰退期があります。日本が経験した斜陽産業には、石炭から石油への転換によって衰退した石炭産業、外国との競争力を失って衰退した繊維産業などの経験があります。

一般に、斜陽産業に対する産業政策としては、次の二つがありえます。

第一、税金（補助金等）を投入して延命するが、早晩市場から退場する。

第二、新規事業を取り込むなどビジネスモデルを変化させて、再生する。

第一の例が石炭産業であり、第二の例が繊維産業です。

「名前は知ってるけど」という犬のコマーシャルを流していた「日清紡」は、「日清紡績株式会社」という繊維会社でしたが、今日ではエレクトロニクスや精密機器、化学品などの事業を行っています。「帝人」は、「帝国人造絹絲株式会社」という化学繊維メーカーでしたが、今日では炭素繊維の開発のほか、マテリアル事業やヘルスケア等の事業を行っています。斜陽産業と言われた繊維産業は、本業であった繊維事業のイノベーションに取り組み、更に新しい事業に進出することによって企業発展を遂げています。

東京都の市場会計は、豊洲市場の開場により毎年度大赤字となることが必至です。卸売市場法の改正は、現実の生鮮食料品の流通の変化を追認したにすぎません。今、卸売市場は、税金に頼って延命するか、新しいビジネスモデルへと脱皮するかの岐路にあります。

卸売市場法及び食品流通構造改善促進法の改正のポイント

卸売市場法及び食品流通構造改善促進法の一部を改正する法律が、二〇一八年六月一五日に成立し、六月二二日に公布され、二〇二〇年六月から施行されることになりました。その内容を、農水省の担当者は、次のように説明しています。

○農林水産省食料産業局食品流通課卸売市場室長武田裕紀氏の話

https://vegetable.alic.go.jp/yasaijoho/nourinkara/1811/norinsuisankara-01.html

（一）法律改正の趣旨

食品流通においては、昭和四六年に卸売市場法が制定された当時と比較して、加工食品や外食の需要が拡大するとともに、通信販売、産地直売等の流通の多様化が進んでいます。こうした状況の変化に対応して、生産者の所得の向上と消費者ニーズへの的確な対応を図るため、卸売市場について、取引の実態に応じて創意工夫を生かした取組を促進するとともに、食品流通全体について、物流コストの削減や情報通信技術の導入、品質・衛生管理の強化などの流通の合理化と、その取引の適正化を図ることが必要です。このため、公正な取引環境の確保と、卸売市場を含む食品流通の合理化とを一体的に促進する観点から、卸売市場法と食品流通構造改善促進法を改正することとしたものです。

(二) 改正のポイントは次のとおりです。

第一に、法律の目的改正です。

卸売市場法の改正においては、目的規定を改正し、卸売市場が食品等の流通において生鮮食料品等の公正な取引の場として重要な役割を果たしていることと、そのことに鑑み、卸売市場の認定に関する措置等を講ずることを明記しています。

第二に、中央卸売市場を認定制としたことです。

卸売市場の開設に関しては、公正な取引の場としての一定の要件を満たす卸売市場について、今後ともその機能を発揮できるよう活性化を図るとの観点から、これまでの許認可制から認定制に移行しました。農林水産大臣又は都道府県知事は、生鮮食料品等の公正な取引の場として、差別的取扱いの禁止、受託拒否の禁止(中央卸売市場のみ)、売買取引の条件や結果の公表等の共通の取引ルールを遵守し、適正かつ健全な運営を行うことができる卸売市場を、基本方針等に即して中央卸売市場又は地方卸売市場として認定します。

差別的取扱いの禁止等の共通の遵守事項以外の遵守事項、すなわち第三者販売や直荷引き、商物分離、自己買付等についてのルールについては、品目や地域の実情に合わせて、卸売市場ごとに設定できることとしています。また、地方卸売市場においては受託拒否の禁止を共通の遵守事項とはしていないため、地方卸売市場において受託拒否の禁止を遵守事項とする場合には、この共通の遵守事項以外の遵守事項として設定することとなります。

共通の遵守事項以外の遵守事項を定める際、その遵守事項が共通の遵守事項の内容に反するものでないこと、出荷者、卸売業者や仲卸業者、売買参加者や買出人など取引参加者の意見を聴いて定められていること、その遵守事項と遵守事項が定められた理由が公表されていることを満たしている必要があります。

(三) 卸売市場法改正により期待されるビジネスモデル

柔軟な取引ルールを設定できる制度を活用して各卸売市場において期待される取組としては、まず、生鮮食料品等においても規格化が進んでいることを踏まえ、商物分離を認める取引ルールを設定することが考えられます(産地直送)。この場合、卸売市場取引でありながら、物流は直送することにより、出荷者の物流コストを削減するとともに、食品の鮮度を保って消費者まで届けることができるようになります。また、仲卸業者が産地から直接集荷できる直荷引きを認める取引ルールを設定した場合には、小ロットになりがちな有機農産物や地場野菜等を仲卸業者が直接仕入れることが可能となり、消費者ニーズに合った品揃えを充実し、地域の生産者に販路拡大の機会を提供することができます(輸出促進)。

第三者販売を認めるルール設定をした場合には、開設者の個別の許可等の手続なく、別の卸売市場の卸売業者や仲卸業者への販売を通じて、迅速かつ円滑に農産物の過不足を調整することや卸売業者が直接加工業者や外食事業者に販売することが可能となりますし、また、各卸売市場の需給状況を踏まえて市場間での転配送も円滑に行うことができます(市場間ネットワーク)。

このような取組によって卸売市場の取引が活性化し、卸売市場の役割・機能を十全に発揮することを期待していますが、各卸売市場において、卸売市場の将来像を描きながら、開設者と取引参加者とが十分に議論していくことが何よりも重要であると考えております。農林水産省としても、全国の卸売市場や他の食品の流通の状況に関する情報提供なども含め、各卸売市場における議論・検討を積極的に支援していく考えです。

(四) 改正食品流通構造改善促進法の内容

(1) 食品等の取引の適正化

農林水産大臣は、食品等の取引の適正化を図るため、食品等の取引の状況等に関する調査を行い、当該調査の結果に基づき、指導・助言等の措置を講ずるとともに、不公正な取引方法に該当する事実があると思料するときは、公正取引委員会に対し、その事実を通知することとしています。

(2) 食品流通の合理化

農林水産大臣は、食品等の流通の合理化を図る事業を実施しようとする者が講ずべき食品等の流通の効率化、品質・衛生管理の高度化、情報通信技術等の利用等の措置を明らかにするため、食品等の流通の合理化に関する基本方針を定めることとしています。

この基本方針等に即して、農林水産大臣は食品等流通合理化事業に関する計画を認定することとし、認定を受けた者は、その計画の実施に当たり、株式会社農林漁業成長産業化支援機構(A―FIVE)による出資、株式会社日本政策金融公庫による資金の貸付け等、食品等流通合理化促進機構(現食品流通構造改善促進機構)による債務保障等の支援を受けることができます。

経営感覚の導入は必須

築地市場は、東京の食文化を担ってきた中核的施設です。しかし、生鮮食料品の流通形態は大きく変化し、従来の取引方法は、完全に情報革命・流通革命に乗り遅れています。取扱量も取扱金額も減少の一途をたどっており、将来とも市場業者の使用料で市場会計を賄うことは不可能で、巨額の税金投入によってのみ営業が継続可能であるという状態が続きます。

少子高齢化に対応した行政ニーズや社会インフラの更新需要を賄う地方自治体の財政は、東京都を除いては決して豊かではありません。このような事態に対応するため、国では、中央卸売市場を整備するという方針を転換し、公益性を「適正な取引ルール」に求め、その取り締まりは公正取引委員会に委ねることにしました。それが、卸売市場法及び食品流通構造改善促進法の改正です。

斜陽産業となっていた中央卸売市場再生のための国の処方箋は示されました。東京都として、これまでの慣行通りの市場運営を維持し、引き続き巨額の税金をつぎ込んでいく姿勢を改めずに「東京富裕論」を更に加速させていくのか、今後は、東京都が、経営的感覚を明確に持って、経営戦略を立て、それを実行できる体制を作り上げることができるかが求められています。

8　卸売市場法改正に対応した市場経営の具体的取組

新しい革袋の中の古い酒

豊洲市場は、高コストという致命的欠陥はありますが、設計思想としては令和の時代にふさわしい施設であり、改正後の卸売市場法のビジネスモデルを実現する条件がそろっています。閉鎖系で温度管理が行き届いた施設、他の市場とのネットワークが可能となる施設、さらに消費者のニーズに対応する加工施設などが設置され、業者の使用指定スペースは築地市場と変わらないものの、広い通路スペースなどが確保され、流通のＩＣＴ化も進められるよう設計されています。ただし、ランニングコストを考慮していないために、設計機能をフルに発揮した場合、いくらかかるのか計算されていません。商売を行う場所なのですから、コスト感覚の欠如は致命的な問題です。

令和の時代にふさわしい施設でありながら、業者の事業実態に即して設計されていないという問題もあります。結果として、施設の使い方は昭和のままとなっていることが、事故の多発を引き起こしています。豊洲市場では、開業後約半年の間に二件の死亡事故が起こるなど重大な人身事故が起きています。また、豊洲市場では、使用料を徴収していない場所を、業者が勝手に荷物置場等に使っている実態があります。これを放置しておくことは、業者間の不公平感が増すだけでなく、通路として設定された場所が荷物によって塞がれるために人の通行スペースがなくなり、ターレとの接触事故が起こりやすくなります。

かつての年末年始の築地のように豊洲の仲卸スペースなどに一般客を入れることも今後の検討課題となりますが、業者自身が施設管理者である東京都が設定したルールを遵守していない状態では、一般人の安全の確保ができません。一般人が入った場合に事故が起きれば、事故を起こした者は損害賠償責任を負うのは当然ですが、施設管理者の東京都の責任も問われる可能性があります。一般人の立ち入りは、ルールの遵守、コンプライアンスの徹底が大前提です。

改正市場法に対応した市場ごとの取引ルールの設定

生鮮食料品の流通の変化に対応して食品等流通法・卸売市場法が改正され、農林水産省では、今後、消費者である都民の食品等へのアクセスを確保し、持続的に食品等が供給されるための「持続可能な農業・漁業」に貢献するための政策が推進されます。

改正卸売市場法の条文数はわずか一九条しかなく、民間企業も中央卸売市場を開設できる認定制が採用されたことにより、従来の地方公共団体だけが中央卸売市場の設置者であることを前提とした「必要的条例事項」は皆無となっています。また、「時代遅れの規制は撤廃」という考えもあり、法律で定める取引ルールは限定的です。自由主義経済の下では営業や商取引に関わる規制は最小限にすべきであるとした上で、各市場開設者が取引参加者の意見を聞いて、法律で義務としているルール以外の事項について定めることができるとしています。しかし、それらは、法律では「時代遅れの規制」と考えられたものであり、それにこだわっていては、競争的環境に中で生き残り、飛躍を遂げることはできません。

改正卸売市場法では、卸売市場の「公益性」は「適正な取引ルール」に置かれており。「地域への安定的な生鮮食料品の供給」ではありません。このように公益性は適正な取引ルールにあるので、市場取引の適正性への規制は、「公正取引委員会」が担当することになっています。

中央卸売市場の整備の時代は終わり、流通構造の改善の時代へ

改正卸売市場法では、「卸売市場整備基本方針」、「中央卸売市場整備計画」、「都道府県卸売市場整備計画」、「都道府県卸売市場審議会」に関する規定は削除されています。

農林水産省は、中央卸売市場を整備する時代は過ぎ去ったとして、その規定を削除し、整備促進のための財政的な支援も行わないこととしました。中央卸売市場の地域への食料供給機能は「公益」ではなくなったのです。その代わり、「適正な取引ルール」を新たな「公益」として提起し、その遵守を公正取引委員会に委ねることとしたのです。

農林水産省は、中央卸売市場に対しても、今後の財政的・金融的支援は、卸売市場法とともに改正された「食品流通法」の仕組みに譲ることとしました。東京都も、この法律の変化に対応しなければなりません。

食品流通構造改善促進への取組

東京都の組織は縦割りであり、中央卸売市場という組織は、一一の中央卸売市場のことしか考えません。しかし、国の法改正は、卸売市場法の改正と食品流通構造改善促進法の改正とがワンセットとなっているのです。食品流通に対する支援の仕組みも変わっており、市場業者についても、食品流通構造改善促進法に基づく「食品等流通合理化計画」の作成を促すことが重要です。この計画について農林水産大臣の認定を受けることで、融資、債務保障等の支援を受けることができます。

また、農林水産省の令和元年度の予算をみると、「食品流通合理化事業」として「物流業務効率化モデル形成」や「輸出拠点・流通新技術導入モデル事業」に三・七八億円、「水産バリューチェーン」事業として「バリューチェーン連携推進事業」、「流通促進・消費等拡大対策事業」や「水産物輸出倍増環境整備対策事業」に一三・七八億円などの予算をつけています。

また、情報通信技術の導入について、「卸売市場流通では、産地からの生産情報も、小売りからの消費者情報も、流通過程で途切れてしまう」（生鮮食料品流通における新たな情報通信技術等の活用可能性等調査業務報告書　二〇一八年三月公益財団法人流通経済研究所）と言われています。中央卸売市場のＩＣＴ化は喫緊の課題です。

中央卸売市場の卸売業者及び仲卸業者は、これらの金融・財政支援を活用して食品流通合理化などに取り組むことによって、新たな展開を図ることができます。

新しい法律に即した東京都の行政組織改革

改正された食品流通法と卸売市場法に対応するには、生産者から消費者までの食品等の流通合理化政策を担当する行政組織が不可欠です。中央卸売市場だけを見ていては時代の変化に対応できません。

また、中央卸売市場という組織は、これまで市場内での違法建築の使用、条例に基づく土壌汚染調査の懈怠、解体工事における不法投棄に関する法令への無関心、自ら設定した使用許可を業者に遵守させることができない管理能力の無さなど法令順守意識の希薄さに加え、土地を切り売りする経営で良いとする経営感覚のなさは致命的な組織的欠陥を持っています。解体的な組織改編は不可避です。

具体的には、産業労働局の農林水産部を、「農林水産食品流通部」（仮称）とし、そこに「食品流通企画課」と「食品流通管理課」、「中央卸売市場指導課」の三課を置き、中央卸売市場指導課の下に一一の各中央卸売市場を置き、各市場の権限を強化して、それぞれの中央卸売市場の個性を活かした「経営戦略・経営計画」を策定することとも一案です。

今後は、食品流通法による支援措置が中心になりますので、中小企業支援のノウハウを熟知した産業労働局が仲卸業者に対する支援策を強化することが適切です。

各市場での「経営戦略・経営計画」の策定と実行能力の確保

東京都の中央卸売市場は一一あり、それぞれの市場には個性があります。市場改革において最も重要なことは、一一の市場が画一的ではなく、一つ一つの中央卸売市場が、「経営戦略、経営計画」を策定すること、そして、それだけでなく、実行する能力を有することです。

例えば、民間のイオンモールやパルコなどのショッピングセンター事業では、ショッピングセンターの設置者とテナントが契約し、設置者が施設への集客・販売促進活動を行い、テナントがお客様に対する販売活動を担当しています。これを「イコールパートナー」と言い、設置者もテナントも事業者であり、お互いに収益を上げるため努力しています。また、設置者は収益を確保し、ショッピングセンターの魅力を増すためにテナントの入れ替えなども行っています。

中央卸売市場では、公営企業体として、設置者は収益を上げる必要はありませんが、減価償却を含めて事業収入で経営を維持する責任があります。税金依存体質は改めなければなりません。ところが、これまでの東京都の中央卸売市場は、施設管理や市場の経営戦略・経営計画を立て、それを実施し、事業収支を均衡させるという考えもなく、その能力もありませんでした。その結果が、有償所管換えという名目での一兆円に上る市場会計への税金投入です。これでは「イコールパートナー」とは言えません。卸売市場法の改正により、中央卸売市場の公益性は、「適正な取引ルール」の確保にあり、「都民の台所の維持」ではないことが明らかになっています。これ以上の税金投入を行うことはできません。

今後の施設整備は、従来のような施設更新ではなく、時代の変化に即応した流通合理化を促進できるものとなります。それぞれの中央卸売市場の競争力を高めることができるよう、改正された食品流通法と卸売市場法に対応する「経営戦略、経営計画」を適切に評価し、これに沿った施設整備を促進するというメリハリのある政策を実施することへと変化しなければならないのです。

9　築地再開発

築地再開発の基本的な考え方

築地再開発は、東京都が費用を投入して施設を建設し、「都営繁華街」を作ることではありません。市場機能にしても、それは、従来の保護と規制に守られた経営スタイルではなく、競争力と集客力への意欲にあふれた経営スタイルの業者が活躍する場です。

築地再開発は、都有地を売却するのではなく定期借地権を設定し、民間事業者に開発を促すことが基本です。国では、民間活力の導入のために多様な仕組みを作っており、外国でも多くの事例があります。そのため、民間の知恵を活かしてどのように新しい築地を作っていくか、柔軟な姿勢で多様な意見を聞きながら街づくりの基本的な構想を作っていくかが大切です。

「方針」は、その内容を充実させ、具体化し、必要な変更を加えていくことを内包しているのですから、内容において変化があったとしても、「知事の方針」は全く変わっているものではありません。都議会では、「知事の方針が変わったのは大問題だ」などの議論がありましたが、都民にとっては「都民のために最も良い再開発となること」が重要であり、衆知を集めてフレキシブルに考えてより良い再開発にしていけば良いのです。

地方自治体が中央卸売市場を新設する時代は終わった

保護と規制に守られたこれまでの中央卸売市場の商売は、長期低落傾向にあり、そのままでは低落傾向が加速し、発展の余地はありません。卸売市場法の改正は、生鮮食料品流通の競争的現実を法律が追認したものです。

現在でも、「東京都が」築地に中央卸売市場を作るべきだと主張する人がいます。しかし、少なくとも東京都に限らず地方自治体が新規に中央卸売市場を作ることは考えられません。それが新しい卸売市場法であり、卸売市場を整備する「整備方針」や「審議会」の規定を改正法で削除した趣旨です。街の八百屋さんや魚屋さんが激減し、少子高齢化の進行、単身世帯の増加の中で、魚を家で調理する人も激減しています。消費者の嗜好の変化、生鮮食料品の流通ルートの変化、社会と経済の変化は昔に戻りません。既に設置された中央卸売市場をどう活用していくかが、中央卸売市場の課題です。

築地市場用地の売却は無策の策

小池知事より前の東京都では、築地市場用地について、何らの計画もなく、ただただ売却するということしかありませんでした。これは政策ではなく、あえて言えば「無策」という策です。

東京都の財政運営は、基金や都債を有効に活用しながら行うものであり、資産を現金に変えなければならないほど逼迫していません。

仮に、都有地を現金化する必要があるとしても、神田市場跡地の際には、都有地の売却価格は有償所管換えの価格の一〇分の一であったことの反省が必要です。また、晴海のオリンピック選手村の都有地は、都市再開発法第一種再開発事業の手法を適用して、東京都が権利床を放棄して金銭補償としたことで、民間企業は「ＨＡＲＵＭＩ　ＦＬＡＧ」の用地約一三・四haの都有地を約一三〇億円で取得することとなりました。適正価格での売却という考えもありますが、これらの事例を見ると売れば良いというものではありません。これらの「都有地売却」の検証無くして、安易な都有地売却には慎重にならなければなりません。

また、都市運営として、「何らの都市計画もなく売却する」などという方針はありません。都心の大規模な一等地を、都市計画上どのような位置づけをして開発していくのかは極めて重要です。まずは、どのような開発をするのかの構想を立て、それを行政プロセスに乗せていくことが大切です。

築地再開発とその要素としての「食のテーマパーク機能」

新たな築地の街づくりは、「東京都が施設を建設し、都営繁華街を作ること」ではありません。東京都はグランドデザインを作り、具体的な街づくりは民間のアイデアと活力によって行うのです。その際、築地の歴史を踏まえることは築地の魅力を発揮する有効な方法です。

築地には、魚河岸だけでなく様々な歴史があります。築地は寛政の改革を行った老中松平定信の屋敷があった場所で「浴恩園《よくおんえん》」という庭園がありました。また、明治以降は、外国人居留地となり日本最初の洋風ホテルの「築地ホテル館」が建てられました。さらに、海軍用地として軍医学校があり、それが移転した用地に現在の国立がん研究センター中央病院が建っています。戦後はＧＨＱに接収され、クリーニング工場が建設され、溶剤による土壌汚染が懸念される原因になっています。

築地の再開発に当たっては、これらの歴史を踏まえて、浜離宮と連携しての公園機能、医療と料理を共に充足する医食同源の医療機関とレストランの連携、伝統と格式のある高級なホテルや事務所棟の建設、そして魚河岸からの伝統を受け継ぐ市場《いちば》の設置などが考えられます。

人々が食を楽しむ「食のテーマパーク」機能についても、これらの築地の歴史を踏まえ、築地の食文化を活かそうとする競争力のある新しい経営スタイルを志向する卸や仲卸のノウハウを持った業者が作り上げていくものです。

例えば、「セリ」は取引手段としての主役の座を降りていますが、観光客にとっては極めて魅力的なものであり、どのように継続していくかの工夫が必要です。また、仲卸が培ってきた目利きの力は、料理屋やレストランには欠かせないものですが、あわせて一般消費者向けとしても「質の高い」生鮮食料品を提供する場として考えることができます。そのためには、「これまでの築地市場の旧い慣行にとらわれない新しい経営スタイルを創造する」ことや、「さらに新しい価値を付加する」ことなどが必要となります。これは、組合でまとまって行動するという「護送船団方式」では実現できません。意欲ある、そして、競争力のある個々の業者が集まって作り上げていくことで、はじめて可能となります。

さらに、外食、スポーツ、芸術などとコラボして、個人客相手のビジネスを転換することなどが考えられます。東京都としては、これらのビジネスにチャレンジする市場業者、特に仲卸業者について「経営支援措置」も検討するとともに、「街づくり」について場外市場の方々とともに相談することが考えられます。

築地市場用地の文化財調査・土壌汚染調査

築地市場用地は、江戸時代の大名屋敷があり、また、戦後アメリカ軍に接収され、クリーニング工場が設置されていたことも分かっています。よって、築地市場用地の文化財調査、土壌汚染調査は、再開発の前提となります。また、仮に、土地を売却するにしても、この調査を行っておかなければ土地の価値は正しく評価できません。

築地再開発については、「築地市場を、五年後を目途に再開発する」としていますが、法律上の要請である築地市場用地の文化財調査・土壌汚染調査は開発事業の常識としての不確定要因であり、これが長期にわたる場合は着工が伸びます。例えば、「環状二号線」についても二〇二二年にトンネル工事も終了して本格開通するとしていますが、予定通り工事ができるかどうかは、文化財調査や土壌汚染調査の状況によるという、留保をつけています。当然のことです。

よって、再開発の着工についても、文化財調査や土壌汚染調査の状況如何によることになるため、できるだけ早くその調査に着手してデータを取ることが必要です。これは、再開発の時期だけでなく、再開発の内容にもかかわる重要事項です。

10 環状二号線と東京二〇二〇大会

東京二〇二〇大会とは関係ない、とされていた環状二号線建設

オリンピックの関係で、「大会関係者の駐車場を確保しなければならない」、「環状二号線ができないと交通マネジメントができず、オリンピックができない」というような議論もありました。

オリンピック立候補ファイルで、どう書かれていたか確認してみましょう。

「東京では、この世界有数の輸送システムの更なる強化を目指し、新たな都市戦略である『二〇二〇年の東京』やその他の各種計画を策定し、様々な主要な輸送インフラの整備を進めている。こうした整備は二〇二〇年東京大会とは関係なく、都市の戦略的な計画の一環として実行されるものであるが、二〇二〇東京大会の計画及び基準はこれに沿ったものとしているため、二〇二〇大会に必要なすべての輸送インフラ・サービスが効果的に提供される」。

「計画されている輸送インフラ」として、「オリンピック競技大会時に利用する輸送インフラについては、既存の輸送インフラに加え、『二〇二〇年の東京』などの計画に定められ、これら計画の達成で完成する輸送インフラにより、大会だけのための新設のインフラ整備を行うことなく、二〇二〇年東京大会の成功を保障する十分な規模になる」。

ちなみに、「整備中の三環状道路」と記述された道路については、首都高速中央環状線は二〇一三年度に完成する予定であるとされていたものが二〇一五年三月に完成、首都高速晴海線は二〇一五年度に完成す

る予定であるとされていたものが二〇一八年三月に完成しています。計画通りにはいかないものです。

独裁的な国家では、オリンピック開催を名分にして、住民の立ち退き等を伴う強権的な公共工事を進めることがありますが、東京二〇二〇大会では、環状二号線を含む道路は、「二〇二〇年東京大会とは関係なく、都市の戦略的な計画の一環として実行されるもの」と位置付けられています。しかし、舛添知事は、環状二号線を、「二〇二〇年東京大会とは関係なく、都市の戦略的な計画の一環として実行されるもの」ではなく、「二〇二〇年東京大会」のために築地市場の豊洲移転を急ぎ、拙速にも、土壌汚染対策工事の効果を見極めることなく、また、工事が完了しているかどうかを自らの目で確かめることもなく、移転の日を二〇一六年一一月としたのではないでしょうか。

検証データが無い環状二号線の時間短縮効果

立候補ファイルでは、「環状二号線は、二〇二〇年までに完成し、オリンピックスタジアムパーク、選手村、ＩＯＣホテル間を結ぶ大動脈で、大会開催時には、オリンピック・レーンも設置することにより、移動時間を大幅に短縮させる。例えば、選手村からオリンピックスタジアムまでの所要時間は一五分短縮し、一〇分となる。」と説明されています。

立候補ファイルによれば、選手村からオリンピックスタジアムまでの所要時間は、環状二号線が完成していない状態では「二五分」かかることが前提です。

しかし、国の想定では、選手村から新国立競技場までの所要時間は平日の渋滞時に「約八〇分」、二〇一九年八月二五日の日曜日に実施された実証実験でも「四〇分」を想定しています。

八月二五日の実証実験では、「一般道で専用車線を設定して右折車線を一時的に二車線とするなど大型バスを優先的に走行させた。選手村付近では午後六時ごろから同七時三〇分ごろまで新国立競技場周辺では午後六時三〇分ごろから同一〇時三〇分ごろまでが規制された。首都高速の外苑出入口も午後六時三〇分ごろから同一〇時三〇分ごろまで閉鎖された。」という条件のもとで、三コースに分けて実験したところ、「四〇分」かかると想定されていたものが、最短で「二八分」で到達したとされています。

この実証実験を見ても、何らの規制も行わない条件の下で、環状二号線がない場合の所要時間が「二五分」という前提が何の根拠もないフィクションであることは明白です。

次に、環状二号線ができると「一五分短縮し、一〇分となるのです」ということに至っては、どのような交通条件を想定してそうなるのか、何のデータも、根拠もありません。

三環状さえできれば「選手村からオリンピックスタジアムまで一〇分」というのは、何の根拠もない、招致をするためのフィクションです。さらに、フィクションを根拠に、「環状二号線が完成しなかったから厳しい規制が必要になる」というのは、何ら実証的な裏付けのない更なるフィクションにすぎません。データに基づかない議論です。

立候補ファイルでは、さらに、「一般市民への影響については、会場等を半径八㎞というコンパクトなエリアに集中的に配置することにより、輸送効率を高めることが可能であり、大会にかかわる輸送需要が市民生活に与える影響を相対的に小さなものとしている。さらに、輸送需要別に重要度や代替手段の有無等を踏まえつつ、交通需要マネジメントを実施し、大会開催時に適宜一般市民へ交通情報を提供する。」としています。これも招致のためのセールストークです。

現時点では、大会招致のためのセールストークはそれとして、一般道ではなく首都高速道路を使うこととし、オリンピックの交通混雑解消のため、交通規制を検討しています。一般市民や事業活動への影響も避けられませんが、これを契機に、ロードプライシングや公共交通の優先レーンの設定、サテライトワークや時差ビズ等の働き方における移動時間改革を進めることによって混雑を解消できれば、大きなレガシーとなります。

立候補ファイルは招致を獲得するためのセールストークが多すぎます。大会開催経費は七三〇〇億円であるとか、選手村のレガシーとして国際交流拠点を作るとか、「コンパクトなオリンピック」だから多くは既存施設で賄えるという触れ込みでした。今後、ＩＯＣにおいても、各都市の立候補ファイルは第三者の監査を行い、本当にそれでできるのかを検証したうえで、審査すべきでしょう。

第八章

東京二〇二〇大会レガシーを活かした改革の第二段階へ

1　東京二〇二〇大会を契機とした人権と共生社会の東京大改革の推進

大きく前進した人権と共生社会の政策

都民を第一に考える都政、都民ファーストの都政の具体的な方向は、明確になっています。都議会の会派の中で、ひとり都議会自民党が反対した受動喫煙条例やＬＧＢＴ、ヘイトスピーチに関するオリンピック憲章条例、インクルーシブ教育やインクルーシブ公園、性教育の進展や夫婦別姓制度への対応などの制度作り、トイレの洋式化や駅などのバリアフリー化の整備などの施設整備などは大きく進展しています。

また、「八〇五〇」問題などの「引きこもり」の問題にも、所管を福祉保健局に移管するなどの速やかな対応をしています。、このように、東京二〇二〇大会を契機とした、人権政策や共生社会の進展は、都議会自民党が議会の多数を占めていた時代と比べれば、顕著です。

オリンピックを契機とした人権施策の前進

近代オリンピックを提唱したクーベルタンが提唱したオリンピックのあるべき姿（オリンピズム）は、「スポーツを通して心身を向上させ、さらには文化・国籍など様々な差異を超え、友情、連帯感、フェアプレーの精神をもって理解し合うことで、平和でよりよい世界の実現に貢献する」ということであり、また、「オリンピックで重要なことは、勝つことではなく参加することである」という言葉は、ロンドン大会（一九〇八年）での英米両チームのあからさまな対立を緩和するために発せられた言葉であると言われています。

この精神は、累次にわたる改正を重ねてきたオリンピック憲章の「オリンピズムの根本原則」に規定され、現在は「オリンピズムの目的は、人間の尊厳の保持に重きを置く平和な社会の推進を目指すために、人類の調和のとれた発展にスポーツを役立てることである」ことや、「このオリンピック憲章の定める権利および自由は人種、肌の色、性別、性的指向、言語、宗教、政治的またはその他の意見、国あるいは社会のルーツ、財産、出自やその他の身分などの理由による、いかなる種類の差別も受けることなく、確実に享受されなければならない」ことなどが定められています。

しかし、オリンピックは、ナチスドイツのベルリンオリンピックのように、「国威発揚の場」や戦争を準備しつつ平和を訴える「政治的宣伝の場」として利用されてきた事実もあります。

一九六八年のメキシコ大会で、陸上男子二〇〇ｍの金メダリストと銅メダリストの二人のアメリカの黒人選手が、表彰台でアメリカ国旗から顔を背けて黒い手袋をはめた拳を高く突き上げる黒人差別に抗議する「ブラックパワー・サリュート」を行いました。ブランデージＩＯＣ会長はメダルをはく奪しようとしましたが、選手の抵抗にあい、メダルは今も選手の手元にあるそうです。この事件は、オリンピック史上余りにも有名な事件ですが、この時のオーストラリアの銀メダリストも「私はあなたとともに、立ち上がる（I will stand with you）」と言って表彰台で黒人選手とともに人種差別への抵抗のしるしの白いバッジをつけて共感の意を表し、そして、当時「白豪主義」を掲げていたオーストラリアでは再び代表選手に選ばれることはなかったというエピソードがあります。

また、ロシアの同性愛禁止の法律をめぐって、アメリカやフランス、ドイツなどの首脳が二〇一四年ソチ冬季オリンピック開会式を欠席したことは、記憶に新しいところです。

東京二〇二〇大会にも、難民選手団や南北統一選手団としての参加が予定されているようですが、それが「平和な社会の推進」を目指す場となるのか、「政治的宣伝の場」となるのかは、ＩＯＣの判断と選手を参加させる国次第です。

オリンピック憲章には、「オリンピック・ムーブメントの一員となるには、オリンピック憲章の遵守およびＩＯＣによる承認が必要である」とあり、オリンピックをホストする都市としては、オリンピック憲章にふさわしい制度を備えた都市となることが求められます。オリンピック開催には多額の予算がかかりますが、「いかなる種類の差別も受けることがない東京」を作り上げることが、日本選手がメダルをいくつ取るかよりも、都民にとっては大切な意義であり、レガシーだと考えます。

受動喫煙対策の深化

ＷＨＯとＩＯＣ（国際オリンピック委員会）は、二〇一〇年に、「たばこのないオリンピック」を内容とする合意をしており、近年のオリンピック・パラリンピック開催都市では、法律や条例で、屋内を全面禁煙とし、罰則を伴う受動喫煙防止対策を講じています。受動喫煙防止のための法整備は、まさに東京二〇二〇大会を契機に前進した対策です。

他人のたばこの煙にさらされる受動喫煙は、健康に悪影響を与えることは科学的に明らかにされており、肺がん、虚血性心疾患、脳卒中、乳幼児突然死症候群等のリスクを高めるとされています。平成二八年国立がん研究センター発表によれば、受動喫煙による年間の超過死亡者数は、少なくとも一万五〇〇〇人と推計され、受動喫煙を受けなければ一万五〇〇〇人がこれらの疾患で死亡せずに済んだと推計されています。また、厚生労働科学研究班による推計によれば、受動喫煙による超過医療費は約三二〇〇億円と推計されています。

受動喫煙防止については、自ら環境を選択できない子どもを受動喫煙から守るための「東京都子どもを受動喫煙から守る条例」が二〇一七年の都議会第三回定例会で成立しました。

都議会各会派が賛成する中で、都議会自民党だけが、「法は家庭に入らず」などと主張し、この条例に反対しました。「家庭内のことについて法律は立ち入らない」というのは、刑法第二四四条第一項のように「配偶者、直系血族または同居の親族間」で窃盗の罪を犯したものは、「その刑を免除する」というものので、財産罪についての規定であって、生命・身体の侵害に関わる行為については当てはまりません。特に、児童虐待などは積極的に関与しなければ子どもが死んでしまいます。タバコの煙も児童にとっては健康を害するものです。都議会自民党の子どもの人権についての認識が明らかになり、自民党が多数派を占めていた議会ではこの条例が成立しなかったことが浮き彫りになりました。

また、二〇一八年（平成三〇年）の都議会第二回定例会には、東京都受動喫煙防止条例案が提案され、可決されました。国の健康増進法では、規制対象となる都内の飲食店は四五％にとどまるのに対して、東京二〇二〇大会のホストシティである東京都の受動喫煙防止条例では、屋内施設を原則禁煙化し、都内飲食店の八四％が罰則付きの規制対象となっています。この条例に対しても、都議会各会派が賛成する中で、ひとり都議会自民党だけが反対しました。

これらの受動喫煙防止条例の成立は東京大改革の一つの大きな成果です。これを契機として、受動喫煙の防止が社会の常識となり、他の都市にも広って、条例の成立に反対した都議会自民党もこれらの条例が成立して良かったと言うまでに社会の共感を得て浸透するよう、更に努力とキャンペーンを続けていく必要があります。

東京都オリンピック憲章条例の制定

「東京都子どもを受動喫煙から守る条例」を成立させ、二〇一七年の衆議院選挙の嵐が過ぎ去った後、ＬＧＢＴとヘイトスピーチを中心とした「東京都オリンピック憲章条例」に取り掛かりました。都民ファーストの会の都議の中にも様々な意見を持つ人がいますが、ＬＧＢＴは女性議員を中心に、ヘイトスピーチは弁護士議員を中心に積極的な意見を持つ人がおり、東京二〇二〇大会を契機に東京の人権制度整備の一環として、取り組むこととなりました。

東京都は、既に「東京都人権施策推進指針」を作っており、そこで取り上げられている人権課題は、①女性、②子供、③高齢者、④障害者、⑤同和問題、⑥アイヌの人々、⑦外国人、⑧ＨＩＶ感染者・ハンセン病患者等、⑨犯罪被害者やその家族、⑩インターネットによる人権侵害、⑪北朝鮮による拉致問題、⑫災害に伴う人権問題、⑬ハラスメント、⑭性同一性障害者、⑮性的指向、⑯路上生活者、⑰様々な人権課題（刑を終えて出所した人、個人情報の流出やプライバシー侵害、親子関係・国籍、人身取引等）と広範囲にわたっています。

条例では、立ち遅れているＬＧＢＴとヘイトスピーチを取り上げ、さらに続いて必要な人権施策を講じていく姿勢を示すこととして、オリンピック憲章にある「いかなる種類の差別も受けることない」東京を作る決意を謳う構成にすることとしました。この条例はＬＧＢＴの方々への多岐にわたる差別的取り扱いの解消が必要であり、また、ヘイトスピーチは憲法の表現の自由との関係を執行機関がどうマネジメントするかという課題を含んでいますので、知事提案が適切であると考え、議会での質問を通じて知事に検討を求め、積極的な回答を得ました。

そして、二〇一八年（平成三〇年）の都議会第三回定例会で「東京都オリンピック憲章にうたわれる人権尊重の理念の実現を目指す条例案」が提案され、可決されました。この条例案についても、都議会各会派が賛成する中で、ひとり都議会自民党だけが反対をしました。

東京都では、オリンピック憲章条例に引き続き、「犯罪被害者条例」、「ソーシャルファーム条例」など、これら人権課題に関する施策を更に整備していくこととしています。

東京都障害者差別解消条例の制定

障害者差別解消条例は、既に他の地方自治体でも制定されており、東京都の条例制定作業はいささか遅ればせ感がありました。しかし、東京都は障害者の方々とじっくり話し合いをしながら条例をまとめあげ、二〇一八年（平成三〇年）の都議会第三回定例会に「東京都障害者差別解消条例案」を提出し、可決されました。

この条例の特徴は、障害者差別解消法では民間事業者の「合理的配慮の提供」は努力義務であるのに対して、東京都障害者差別解消条例では義務としたことです。提供する配慮が「合理的」なものであればそれを義務化することには合理性がありますが、何が「合理的配慮」なのかは、提供する事業者と提供を受ける障害者の間に社会的なコンセンサスがなければなりません。社会的なコンセンサスづくりのための普及啓発活動が欠かせないことは、法律の努力義務であっても同じことです。

東京都障害者差別解消条例の施行後、相談件数が二・六倍になったことに、障害者差別解消への関心が高まったことがうかがえます。

手話及び障害者の情報保障に関する条例案の検討

東京都障害者差別解消条例では、手話等について、障害者に配慮した方法による情報の提供の普及、独自の文法を持つ手話は一つの言語であること、障害、障害者及び障害の社会モデルに関する正しい知識を持つための教育の普及等を定めています。

東京二〇二〇大会を控え、障害者が円滑に情報を取得し意思疎通ができるようになることは障害者だけでなく都民及び事業者にとっても必要です。そこで、このような認識に基づき、手話に関する認識の拡大、普及推進、調査研究などの措置を講じ、及び手話、筆談、点字、拡大文字、読み上げ、情報通信機器の活用などの障害者に配慮した方法による意思疎通の促進、教育の普及及び事業者への支援のための施策を講じるなど、ユニバーサルデザインや様々な障害特性等に配慮した情報バリアフリーに向けた取組を一層充実することを内容とした条例を制定し、あわせて、国に対して手話及び障害者の情報保障に関する法制度の制定を求めることは時宜を得たことです。

また、パラリンピック大会への関心が高まっていますが、障害者スポーツはパラリンピックだけではありません。ろうあ者のスポーツ大会として「デフリンピック」があり、聴覚障害者団体は二〇二五年のデフリンピックの東京開催を求めています。また、知的障害者のスポーツ大会として、「スペシャルオリンピックス」があります。これらの大会は商業主義に染まっておらず、「勝つことではなく参加すること」に意義があるという近代オリンピック創設当時の精神が生きています。

引きこもり対策の充実

「引きこもり」が行政課題として取り上げられたのは、平成一六年厚生労働科学研究「こころの健康についての疫学調査に関する研究」において、長期間にわたって自宅に引きこもって社会参加しない状態が持続している「引きこもり」が約三二万世帯存在するとの調査結果によるものです。

当初は、子どもや若者の問題として平成二二年の「子ども・若者育成支援推進法」により対策が講じられてきましたが、その後、そのまま年齢が持ち上がって、現在では、四〇代、五〇代の人が増えてきています。親が七〇代、子が四〇代の「七〇四〇問題」や親が八〇代、子が五〇代の「八〇五〇」問題です。これに対応する法律としては、平成二五年の「生活困窮者自立支援法」、平成二九年の社会福祉法の改正における「我が事・丸ごと」の包括的支援があります。

東京都では旧青少年・治安対策本部が主として対応してきましたが、引きこもりの方々の年齢が四〇歳以上を超えてきている現状にそぐわなくなっていました。他方、福祉保健局では、自立支援法などにより対応の法的枠組はあるものの、引きこもり対策窓口が示されておらず、精神疾患がある場合にその部署で対応しているという現状にとどまっていました。こうした状況の中で、親御さんには、自分が死んだ後どうなるだろうという心配がある中で、行政から見捨てられているという受け止めをされている方もいらっしゃいました。

そこで、都民ファーストの会の都議は、青少年・治安対策本部と福祉保健局に対して、法律的に四〇歳以上の引きこもりの方々に対してはどこの部署も対応しておらず、行政の縦割りの中でぽっかりと大きな穴が開いている状態であると指摘し、シームレスな引きこもり対策を行うために所管を福祉保健局に移管することを求めました。青少年・治安対策本部の引きこもり対策は、「代弁者機能」を重視する「東京都引きこもりサポートネット」に集まる民間団体が政策の実施部隊となっていましたが、福祉保健局に移管すれば、本人の意思を尊重する「Nothing About Us Without Us（私たちのことを、私たち抜きに決めるな）」という原則を理解している団体が引きこもりの実施部隊となることを期待してのことでした。「当事者」は、引きこもりとその家族であり、その意見を聞くことにより政策を転換すべきだと考えたからです。

都の行政組織としては大きな変更ではありませんが、それでも当事者である青少年・治安対策本部と福祉保健局の間では話がつきません。国だと内閣官房があり、政治主導の行政改革も行われますが、東京都には内閣官房に相当する局の壁を超えて行政を改革する組織がありません。これは、東京都の大きな課題です。

二〇一九年（平成三一年）の都議会第一回定例会で、小池知事の判断により二〇一九年四月から「引きこもり」対策の所管が福祉保健局に移管され、青少年・治安対策本部は「都民安全推進本部」と名称を変えて新たな出発をすることが表明されました。二〇一九年三月に、内閣府が、四〇歳から六四歳の「引きこもり」が全国で推計六一万三〇〇〇人いるとの調査結果を発表し、さらにカリタス小学校の児童らを襲撃した事件や農林水産事務次官を経験した父が長男を殺害した事件により「引きこもり」問題に関心が寄せられました。

これまで政策の光があてられてこなかった「引きこもり」については、福祉保健局に移管したからといって自動的に政策が進展するわけではありません、まずは引きこもりの当事者と相談しつつ、また、他の地方自治体の調査方法も参考にしながら、東京都における実態を把握するために、年齢制限を行わない「引きこもり実態調査」を行って、実態を明らかにしなければなりません。あわせて、「当事者」の声をよく聞いて、これまでの「東京都引きこもりサポートネット」の活動を検証し、かつ、「まず仕事による自立」ではなく「居場所づくり」に注力することが大切です。

児童福祉法の放課後等デイサービス事業の児童指導員等加配加算

放課後等デイサービスは、障害のある子どもたちの放課後の居場所として、大切な役割を果たしており、放課後等デイサービスの充実を図るため、平成三〇年四月から専門性を高めるための報酬の改正が行われています。

具体的に、利用定員が一〇人以下の放課後デイサービス事業所における、「障害児（重症心身障害児を除く。）を支援する場合」の加配加算について見てみます。

改正前の「児童指導員等」とは「児童指導員、保育士若しくは別に厚生労働大臣が定める基準に適合する者」とされ、「児童指導員等を配置する場合は、一九五単位、その他の従業者を配置する場合は一八三単位」となっています。改正後は、「理学療法士等」のカテゴリーが設けられ、「理学療法士、作業療法士、言語聴覚士、保育士もしくは別に厚生労働大臣が定める基準に適合する専門職員」とされ、「児童指導員等」とは「児童指導員若しくは別に厚生労働大臣が定める基準に適合する者」とされています。加算単位は、「理学療法士等を配置する場合は二〇九単位、児童指導員等を配置する場合は一五五単位、その他の従業者を配置する場合は九一単位」となっています。

改正前の「児童指導員等」を二つに分け、保育士などの専門職員の「理学療法士等」は一九五単位ではなく二〇九単位と高くし、新しい「児童指導員等」は一九五単位から一五五単位と少し低くし、その他の従業員は一八三単位から九一単位へと半減しています。これを見ると、この改正は、できるだけ専門職員を配置するようインセンティブを与える趣旨であると理解できます。

東京都では、「加配加算」について、改正前に「児童指導員等」とされていた「別に厚生労働大臣が定める基準に適合する者」の適用にあたり、従来、「児童指導員等」のカテゴリーに入っていた「基礎研修を修了した指導員」の単位数が、一九五単位から一五五単位にではなく、「その他の従業員」と同じ九一単位としてしまいました。これは、経営者にとって大きな問題でした。

東京都の「児童指導員等加配加算に関する届出書」では、加配加算される「児童指導員等」は、「基礎研修を修了した障害福祉サービス経験者」としていますが、愛知県、福岡県、広島県など他の地方自治体では「基礎研修を修了した指導員」とされ、「経験者」であることは要件になっていません。

また、厚生労働省の告示、通知を見ると、改正前の平成二九年四月三日の厚労省通知「放課後等デイサービス事業所の質の向上のための取り組みについて」では、「指導員加配加算については、これまで通り児童指導員、保育士又は障害福祉サービス経験者以外の職員であっても算定できる」としています。また、平成三〇年三月二二日の「厚生労働省告示第一〇九号」の「一の二」の「厚生労働大臣が定める基準に適合する者」とは、「基礎研修の過程を終了し、当該研修の事業を行ったものから当該研修の過程を終了した旨の証明書を受けた者」とされています。

この問題は法令の適用問題であり、政策の問題ではありません。しかし、官僚の常として、官僚は自らの誤りを認めたがりません。そこで、都民ファーストの会の都議は、東京都の法令の適用が誤りであることを指摘するだけでなく、事務的に、それを論理的に丁寧に指摘し、更に東京都が誤りを訂正するために厚生労働省に紹介するアクションを取らせ、自ら納得して訂正するようにしていきました。

それには時間もかかりましたが、最終的には、東京都の担当局では、適用の誤りを認めて四月に遡及して訂正をしました。このような地道な作業も都民ファーストの会の都議の仕事の成果です。

共生社会の形成に向けたインクルーシブ政策

都民ファーストの会には、スペシャルニーズのある子どもを受け入れ、ともに暮らすことができる東京にしていくという強い意志をもって、政策実現に努力されている都議がいます。

「障害者の権利に関する条約」第二四条によれば、「インクルーシブ教育システム」(inclusive education system、包容する教育制度)とは、人間の多様性の尊重等の強化、障害者が精神的及び身体的な能力等を可能な最大限度まで発達させ、自由な社会に効果的に参加することを可能とするとの目的の下、障害のある者と障害のない者が共に学ぶ仕組みであり、障害のある者が「general education system」（教育制度一般）から排除されないこと、自己の生活する地域において初等中等教育の機会が与えられること、個人に必要な「合理的配慮」が提供される等が必要とされています。

日本では、「インクルーシブ教育システム」においては、同じ場で共に学ぶことを追求するとともに、個別の教育的ニーズのある幼児児童生徒に対して、自立と社会参加を見据えて、その時点で教育的ニーズに最も的確に応える指導を提供できる、多様で柔軟な仕組みを整備することが重要である。小・中学校における通常の学級、通級による指導、特別支援学級、特別支援学校といった、連続性のある「多様な学びの場」を用意しておくことが必要であるとされています。「同じ場で共に学ぶこと」は追求の対象で、現実には「多様な学びの場」を用意することとして、特別支援学校、特別支援学級を充実するという政策が取られています。

この基本的な考えにより、日本では、「合理的配慮」とは、「障害のある子どもが、他の子どもと平等に『教育を受ける権利』を享有・行使することを確保するために、学校の設置者及び学校が必要かつ適当な変更・調整を行うことであり、障害のある子どもに対し、その状況に応じて、学校教育を受ける場合に個別に必要とされるもの」であり、「学校の設置者及び学校に対して、体制面、財政面において、均衡を失した又は過度の負担を課さないもの」と整理しています。

日本では「同じ場で共に学ぶこと」は追求の対象ですが、特別支援学校の整備に力が注がれています。また、現実的な政策として、生活する中で医療的ケアを必要とする子ども、「医療的ケア児」の対策の充実が急がれています。医療的ケアには、気管に溜まったたんを吸引する「たん吸引」、チューブを使って鼻やお腹の皮膚を通じて胃に直接や栄養を送る「経管栄養」や「酸素吸入」等があり、学校などへの送り迎えの自動車の柔軟な運行や看護師などの専門職の付き添いなどが課題となっています。

子どもの遊び場の確保も大切な課題です。二〇一九年三月の都民ファーストの会の議員の「日本にもインクルーシブ公園が必要ではないか」との質問に対応して、東京都にも二〇一九年度末までに世田谷区の砧《きぬた》公園と府中市の府中の森公園にインクルーシブ施設が整備されることになりました。

セクハラ・パワハラ対策

男女共同参画が謳われてからセクハラ・パワハラ対策は進みましたが、セクハラ・パワハラは依然としてなくなっていません。「東京都男女共同参画基本条例」は、法律より進んだ規定があります。セクハラや家庭内暴力について「してはならない」とする禁止条項です。しかし、禁止している事項を遵守させる手段が規定されていません。

そこで、セクハラ・パワハラについても、東京都障害者差別禁止条例や東京都オリンピック憲章条例と同様に調査・判断を行う第三者機関を設置すること、ワンストップ相談窓口の設置を明記すること、都議会内、都庁内、教育委員会、産業労働局その他の関係部局においてセクハラ防止規範を策定し、被害者救済のための組織・手続を定めるなどの規定を設けるなどの条例改正をする時期に来ていると考えます。

子どもの問題でもあり、親の問題でもある

胎児性水俣病の問題は、胎児性の子らの問題であると同時に、「自分が死んだらこの子はどうなるだ

ろう」と考える親の問題でもありました。引きこもり、障害、難病様々な状況にある人々の心配は、お子さんの現在と将来です。それは、お子さんの問題であるとともに老いていく親御さんの問題でもあります。基本的人権を認められ、ともに生きていける社会を作ることは容易ではありません。

社会には、この他にも女性に対する差別、シングルマザーに対する差別などがあります。違いを無視した「同じ扱い」はそれ自体差別となりかねません。それぞれの人が持っている個性、求められるニーズの違いをそれぞれの「スペシャルニーズ」として考え、それらへの「合理的配慮」を提供していく必要があります。また、子どもの問題も、シームレスかつトータルに考え、東京が持っている様々な社会資源や社会組織を活用して対処していく必要があります。

バリアには、物理的バリアも制度的バリアもあり、人々の心の中のバリアもあります。これらを一つ一つほぐして、東京二〇二〇大会を契機に、共生社会を作り上げていくこと、これが、もう一段バージョンアップした東京大改革です。

2　少子化・子ども対策

結婚しなくても子どもを産み、育てられる社会

日本の少子化は深刻です。統計によれば、出生数は平成二八年が九七万六九七八人、平成二九年は九四万六〇六〇人と減少の一途をたどっています。また、日本産婦人科医会によると二〇代から三〇

代始めが「妊娠適齢年令」であるとされていますが、結婚年齢も出産年齢も高くなっている傾向を示しています。結婚件数も減少し、生涯未婚率は二〇一五年の国勢調査によれば女性一四・一%、男性二三・四%です。また、出生数の減少の一方で平成二九年の人工妊娠中絶数は一六万四六二一件を数えています。

出生数に占める婚外子の割合は、平成二七年半厚生労働白書によれば、二〇〇六年のデータですが、日本二・一一%、イギリス四三・六六%、フランス四九・五一%、ドイツ二九・九六%、アメリカ三八・五〇%とされています。文化も生活習慣も異なる外国人を大量に受け入れる社会への転換を国策として進めるのであれば、「結婚しなくても安心して子どもを産める社会」へと日本社会を転換させる政策も進めるべきではないでしょうか。

非嫡出子をめぐる平成二五年九月の最高裁大法廷決定では、時代の変化に対応して、相続にあたって嫡出子と同じ法的地位を与えないのは憲法違反であるとの判断が出ています。

シングルマザー・ファーザー対策

「結婚しないと子どもが産めない社会」の中で未婚の人の数が増えていますから、結婚したくても結婚できない原因を、ひとつずつ解決していかなければなりません。昔は、農村社会で子どもも労働力でしたから、「貧乏人の子だくさん」ということもありましたが、現在では、貧乏だと結婚もできません。

また、結婚しても、離婚したり死別したりして、シングルマザー・シングルファーザーとなる人も増えています。かつての大家族の時代は、「実家に子どもを預けて働く」ということがありましたが、親と子どもの生活拠点が離れている現代では、それもままなりません。かつての「実家」の役割を果たす「子どもの預かり施設」、「子どもへの食事提供施設」などが必要になります。共働き夫婦でもこのような施設が必要な中で、シングルマザー・ファーザーはより不利な状況に置かれており、優先的な施策を講じなければなりません。

中絶対策・性教育の充実

出生者数が百万人を切る中で、人工妊娠中絶は一六万件もあります。望まない妊娠などもありますが、産みたくても産めない環境の中で人工妊娠中絶をする人もいます。

望まない妊娠を防ぐには、学校教育の場で、役に立つ正しい知識を提供することが大切です。医師や看護婦などの専門的知識を有する者との連携が必要であり、また、親の虐待を受けている場合には保護者の承諾を条件とするとかえって障害となりますので、一律な対応では十分ではありません。

二〇一八年三月、都議会自民党の都議が、足立区の区立中学校での性教育の授業を批判する事件がありました。都民ファーストの会の都議は、これに対して、中学生や高校生の望まない妊娠を防ぎ、また、子どもが性犯罪に巻き込まれないためには、専門家による性教育が必要であると考えて、先進的な性教育を行っている秋田県の視察などを行いました。政治によって委縮させられるのではなく、児童・生徒のために適切な性教育を実施するよう提案し、外部の専門家によるモデル事業を、平成三〇年度中には中学校五校、令和元年度はモデル事業を中学校一〇校に拡大するという成果を挙げています。

さらに、経済的理由による妊娠中絶を減らす方策として、希望すれば出産し、育てられる条件を整備し、社会的養育や里親制度・養子縁組の制度を改善し、活用するための政策も推進することとしています。

子どもの権利条例の検討

子どもは一人の人格であり、その生活圏が家庭であったり、学校であったり、放課後であったりしているだけです。しかし、行政施策になると、福祉保健・教育・青少年対策という「縦割り」行政になり、子どもはバラバラに分解されてしまいます。

児童虐待においても、「学校におけるいじめ」と「家庭における児童虐待」には共通点があります。社会では刑法犯や少年犯罪として扱われる行為が、家庭での親子関係、学校での教育関係という一種の特別権力関係の中で見過ごされ、重大な結果を及ぼしています。

子どもに権利を認めると子どもが増長するなどと言わんばかりの意見もありますが、当事者である子どもの意見や有識者の意見を聞きながら、子どもの視点から、局で縦割りになっている施策をとらえ直して、総合的な子ども条例の検討を開始すべきです。

学校運営改革によるいじめ対策

せっかく生まれた子どもが、いじめや悩み事で命を落とす事件が見られます。子どもを大切に育てるため、自殺を減らしていく対策を強化する必要があります。

また、学校でもいじめが後を絶ちません。学校の中であっても暴行、傷害、恐喝、窃盗は許されません。教育的配慮も必要ですが、これらへの対策についてはケースワーカーなどの専門家の方が対応に適しています。

教諭が授業に専念し、「生活指導」と言われている部分はそれぞれの専門家に任せる体制を作っていったらどうでしょうか。また、教員だけの閉ざされた世界で運営されているから、いじめがあっても隠ぺいやかばい合いが疑われるのではないでしょうか。

「地方教育行政の組織及び運営に関する法律」が改正され、地方公共団体の長と教育委員会によって構成される「総合教育会議」が設置されることになりました。東京都でも設置されていますが、ポイントはその事務局をどちらがするかです。東京都は教育委員会が事務局になっており、大阪府は教育委員会と知事部局が協同して事務局となっています。「総合教育会議」を活かしていくためには、東京都も少なくとも共同事務局とするよう改革すべきです。

また、学校運営の改革も必要です。

これまで学校運営は先生（教員）だけによって行われてきました。しかし、いじめなどの不祥事は一向になくなりません。学校を教員だけで運営する時代は過ぎています。名古屋市は「なごや子ども応援委員会」として先進的に取り組んでいます。
(1) 学校での「いじめ」や子どもの自殺・不登校などへの対策に、メンタルヘルスやカウンセリング、治安の専門家によるチームで対応すること。
(2) この専門家チームを、学校に常勤として配置して学校運営の会議にも参加すること。
(3) 「いじめ」等の調査機関として、「独立した恒常設的な第三者機関」を設置すること。
(4) 「いじめ」について「独立した恒常的な第三者機関」を設置し、公立学校も私立学校も対象として、相談、調査、勧告の業務を行うこととすること。

東京都では、教員の働き方改革の一環として、スクールサポートスタッフが増員され、平成三〇年度は四三三の小中学校、令和元年度は一〇〇〇校と全体の五〇%規模となります。これは大きな前進ですが、人数を増やすだけではなく、学校運営に関与していくことによって、学校運営を質的にバージョンアップしていくこと、これが東京大改革の次のステージです。

多様な生き方・働き方の提示

高度経済成長期のような「一億総中流」意識が消え、格差社会の現実が進行しています。これを受けて、国は平成二五年に「生活困窮者自立支援法」(平成二七年四月一日施行)を公布しました。この法律では、支援の対象となる「生活困窮者」とは、「就労の状況、心身の状況、地域社会との関係性その他の事情により、現に経済的に困窮し、最低限度の生活を維持することができなくなるおそれのある者をいう。」とされています。

また「自立」については「障害者自立支援法」がありましたが、平成二四年にこの法律は「障害者総合支援法(障害者の日常生活及び社会生活を総合的に支援するための法律)」に改正されました。この法律では、支援の対象が身体障害者、知的障害者、精神障害者(発達障害者を含む)に、「難治性疾患克服研究事業」の対象である一三〇疾患と関節リウマチの難病患者が加えられました。

旧来の「自立」は、「働かざる者食うべからず」的な不労所得を戒める社会主義的な認識や、新自由主義的な自己責任論的な認識もありました。多様な生き方や共生社会を目指す今日では、「自立」は、個々人の違いに応じたニーズを満たしていくことができるようにすることがポイントです。例えば、「引きこもり」問題では、「就労ありき」で直ちに「働いて稼ぐ」ことにつなげるのではなく、まずは「居場所」を作り、自己決定と行動ができるようになることが課題です。

直線的な進路の設定ではなく、様々な生き方ができるいくつもの人生のトラック（路線）を作り、人々に提供することが、教育を含めた政策課題です。

3　高齢化対策

人生一〇〇年時代への対策

平成三一年一月段階で、東京都の老齢人口（六五歳以上）は三、一〇三、七一四人（人口総数比二二・五九％）で日本人は三、〇七九、七九四人（同二二・四一％）、外国人は二三、八二〇人（同〇・一七％）、特に、多摩地区、島嶼部は、二五％以上となっています。既に高齢者問題は、都政の喫緊の課題です。

東京都の高齢者割合は、二〇二五年に三二六万人（二三・三％）、二〇三〇年に三三九万人（二四・三％）、二〇四〇年に三九四万人（三五・三％）と推定されており、他の都道府県に比べ、割合の増加は緩やかであっても、絶対数が大きいことが特徴です。また、高齢者のうち、後期高齢者（七五歳以上）の人数は二〇二五年一九一万人（五八・六％）、二〇三〇年に一九三万人（五六・九％）、二〇四〇年一九六万人（四九・七％）となると推計されています。

高齢者夫婦世帯と単身世帯は、それぞれ、二〇二五年に六二万世帯（九・一％）・八九万世帯（一三・一％）、二〇三〇年に六四万世帯（九・四％）・九五万世帯（一四・一％）、二〇三五年に六七万世帯（一〇・二％）・一〇四万世帯（一五・八％）と推計されています。

人生一〇〇年時代の対策を、本格的に進めなければ、なりません。

高齢者の住まい

高齢者夫婦世帯の持ち家率は七五・二％、高齢者単身世帯の持ち家率は五四・四％で、現在の高齢者の持ち家率は高く、高齢者夫婦の一方が死亡するなどにより単身世帯となると借家の比率が高まります。

他方で、高齢者単身世帯が家を借りようとする場合、入居制限にあうことがあります。特に「家賃の支払いに対する不安」がその理由として大きく、信用保障の仕組みを整備する必要があります。

高齢者が介護を必要とするようになった場合、「現在の住宅に住み続けたい」とする人は、持ち家では六〇・〇％、借家では二〇・四％で、持ち家の四〇・〇％、借家の七九・六％が、ケア付きの住宅・施設を望んでいます。その場合、在宅高齢者が生活することができるよう「地域包括ケアシステム」によるサービスの充実が課題となります。

高齢者向けの住宅には、①介護老人福祉施設（特養）、②介護老人保健施設（老健）、③介護療養型医療施設、④認知症高齢者グループホーム、⑤養護老人ホーム、⑥軽費老人ホーム、⑦有料老人ホーム、⑧サービス付き高齢者向け住宅など多様な高齢者向け住まいなどがあります。

介護予防・フレイル対策の充実

「元気で長生き」は、誰もが望む生活です。このため、東京都医師会・地域包括ケアシステムなどと連携した介護予防・フレイル対策の充実が必要です。

まずは、虚弱状態の「可逆性」に注目し、高齢者保健事業と介護予防都の一体的実施を図ること、都の重要施策として、介護予防・フレイル対策を位置づけ、連携体制を整備することにより、高齢者保健事業と介護予防の一体的実施を行うことが課題です。

都民ファーストの会東京都議団は、東京都医師会や歯科医師会と連携して、フレイル対策に取り組んでいますが、未だ浸透していません。この現状に鑑み、事業者と連携して、定年退職後の人生設計にフレイル対策を盛り込むよう周知することや、フレイル対策のための「場」を整備することが必要です。

その方法には、就労、ボランティア、生涯学習、社会人入学システムの充実、趣味機会の創出（カラオケ・囲碁将棋など）などの社会参加を進めること、都の体育施設に民間の知恵を導入し、高齢者が楽しんで運動できるプログラムを展開すること、メタボ対策に引き続き、フレイル診断を健康指導に取り入れるなどの栄養対策があります。

首都大学東京は、二〇二〇年四月から東京都立大学に名称変更をしますが、二〇一九年四月に開校した「生涯学べる一〇〇歳大学、プレミアムカレッジ」は倍率が六・二倍と好調です。

認知症予防・認知症支援態勢の強化

高齢者世帯では、一人暮らし世帯、夫婦のみ世帯、配偶者がいない子との同居世帯が多く、そのような世帯の認知症の人への支援は不可欠です。例えば、認知症であっても外出やイベントを楽しんだり、普通に生活できるようなサポート体制を地域で、またはマンツーマンで行う仕組みも考えられます。社会との交わりを絶やさないようにすることも、共生社会づくりのひとつです。

また、医療・介護・地域における支援体制の周知と理解を深め、サービスを最大限活用できる体制を作らなければなりません。東京都では、各地域において認知症の人とその家族を支援する体制を構築するために、都内五二カ所に「認知症疾患医療センター」を指定して、医療機関相互や医療と介護の連携を推進しています。

また、認知症の人の財産管理の成年後見制度を活用しやすくするため、裁判所の判断が適正に行われるよう医師・弁護士などの支援態勢を構築することも必要です。

介護サービスの一層の充実・活用

介護が必要になった場合の介護サービスには、①老人居宅生活支援事業、②居宅サービス事業、③地域密着型サービス事業、④居宅介護支援事業、⑤介護予防サービス事業、⑥地域密着型介護予防サービス事業、⑦介護予防支援など様々なメニューが用意されています。

しかし、いざ、介護に直面した場合に適切な対応ができるよう「事業包括ケアシステム」を活用した高齢者の介護体制の充実を図ることが課題です。また、育児と介護のダブルケア、引きこもりの八〇五〇対策など高齢者が抱える課題解決へのサービス提供も、地域包括ケアセンターの仕事です。

現状では、実際に、介護が必要になり、これらの施設を申し込んでも直ちに入れるわけではありません。多くの人が困っています。一つにはマッチングの問題もありますが、まだまだ施設がニーズに追いついてないのが現状です。

生前整理と死後整理（遺産整理）

元気な時に将来に備えることは、安心な生活を送る上でも有用です。その対策メニューとして次のものがあります。

第一に、生前整理については、エンディングノート作成、「片づけ術」などについて市区長村で行う講習会を行う支援する施策が必要です。生前整理は、残された人の負担を軽減するとともに、生前整理を行った人にとっても、新しい気持ちで残りの人生を生きることができるようになります。大変重要な施策です。

第二に、死後整理・遺産整理としては、様々な届出の説明などの周知という市民サービスや、「空き家発生予防」という公共政策目的の一環として区市町村が行う事業について支援が有効です。

第三に、不動産処理対策として専門家・民間企業との連携システムを構築し、東京都の空き家の防止だけでなく、地方に残された家が空き家となることの防止は他の地方自治体の助けにもなることから、共存共栄の一環としてその支援についての制度構築が必要です。

4　日本の稼ぐ力、東京の稼ぐ力

日本の経済力と人口減少

経済力は、所得面から計算すれば一人当たり所得と人口の積です。日本は既に人口減少のトレンドに入っています。人口が減少していく中で経済力を維持するには、一人当たり所得を増やしていかなければなりません。ところが、日本の一人当たり所得は、世界で二三番目とふるいません。

もちろん、一人当たり所得は、給料などの「雇用者報酬」、利子や配当などの「財産所得」、企業の収入の「企業所得」の合計である「国民所得」を人口で割ったものですから、国民個々人の平均所得を示す指標ではありません。特に、給料が上がらず企業の内部留保が大きくなっている時代では、一人当たり所得という指標は個々人の実感からかけ離れていきます。それでも企業を含めた全体の所得の人口割ですから、各国の経済力を図る指標となるでしょう。

日本は、まだ、世界第三位の経済力を維持していますが、一人当たり所得を見れば、経済大国とは言い難い状況になっています。人口減少社会においては、人口減少のペースを上回る生産性の向上、付加価値の高い産業へのシフトが不可欠です。

労働力対策としての外国人労働者

国では、日本の労働者不足を補うために、「出入国管理及び難民認定法及び法務省設置法の一部を改正する法律」が成立し、大勢の外国人労働者の受け入れが始まろうとしています。

外国人労働者は、労働力ではなく「人」です。人は、基本的人権を有し、生活する主体であり、労働力だけを提供する生き物ではありません。多数の外国人を受け容れるという政策決断を実行に移していくには、言葉のバリア、生活習慣のバリアなどの様々なバリアを除去し、日本社会を多文化共生・ダイバーシティ社会へと変化させていく覚悟と投資が必要です。

また、人である外国人労働者に「単身赴任で働け」というのは、日本人でも通用しなくなっています。外国人も家族と暮らすことが良いに決まっていますし、子どもを呼び寄せたり、子どもが生まれたりすることもあります。その場合、外国人労働者本人だけでなく、子どもの教育や保健医療制度の適用をどうするかという課題への対応も整備しておかなければなりません。そのための投資も外国人労働者の受け入れに当たっては考えておく必要があります。

日本・東京から世界へ

高度経済成長の時代は工業の時代であり、日本から世界的な企業が育っていきました。例えば、自動車産業は世界のトップクラスの企業ですし、ソニー、ホンダ、パナソニックという中小企業から世界企業へと躍進を遂げた企業もありました。一九八〇年代は、日本株式会社と言われる終身雇用制度や国民皆保険・皆年金制度の充実の中で「一億総中流社会」という格差の小さい社会、治安の良さなど、社会の安定、経済に集中できる様々な要因がありました。

しかし、現在では、成長産業が情報通信産業やＡＩを駆使した流通産業などへと移行し、ＧＡＦＡと言われる巨大企業が世界を席巻しています。残念ながら、日本の強みであった製造業は、利益率では情報通信産業や著作権ビジネスに及びませんし、コモディティ化した製造業は人件費などのコストが安い国へと移転していきます。金融ビジネスも、店舗業務よりもＡＩなど情報通信技術を使ったビジネスに移行しつつあります。

このような中で、政府が打ち出したのは「武器輸出三原則」の見直しによる兵器産業、国内で進まない「原発の海外輸出」、そして「カジノ産業の誘致」です。いずれも、仮にうまくいったとしても、人々の生活の向上に役立つ産業ではありませんし、日本経済の持続的成長に役立つ産業ではありません。

GAFAもベンチャー企業の中から生まれました。アメリカにはベンチャー企業を育てる投資システムがあります。高度経済成長時代の「日本株式会社」的な産業政策が持っていた利点は、中国の国家資本主義的な国策民間企業が活かしています。今の日本では、高度経済成長期に効果を発揮した産業政策や金融システムしかなく、知的なチャレンジやプライスレスな価値に投資し、その企業を育成する産業政策や金融システムがありません。国や地方自治体の政府が企業を立ち上げることはできません。役所ビジネスでは成功しませんが、国や地方自治体が民間が起業できる環境を整えることによって、創造的な事業を立ち上げる手助けをすることは可能でしょう。

世界から東京へ、東京都の芸術文化力向上の戦略的展開

都市力の判断基準の一つは、文化・交流力です。東京都内での「こと消費」は東京の「稼ぐ力」を高めることになります。この分野は、ロンドン、ニューヨークに大きく引き離されている分野です。

現在、東京二〇二〇大会に向けて巨額の予算を費やして文化プログラムが行われていますが、誰に対して、どのような効果を得るかを意識した東京の魅力発信の広報戦略が見えません。都民の認知度を高め、東京の成長戦略として東京の魅力を高める文化力をレガシーとして残す戦略が必要です。

東京は、ニューヨークやロンドンなどの都市と比べて、文化力で大きく引き離されています。このことは、東京の文化力を高める施策を講じれば、その効果の「伸びしろ」が大きいとも言えます。

第一に、直ちに可能な施策として、既存の観光資源の更なる活用があります。

世界で最も観光客に喜ばれる「東京パス」の創出を検討すべきでしょう。世界の都市では、ロンドンパス、パリミュージアムパス、ベルリンパス、ベルリンウェルカムカードなどがあります。これらと東京都の「ぐるっとパス」等を比較検討し、東京都と民間企業が協力し、東京を訪れる人々のニーズに合わせて三種類程度の「東京パス」を設定することが考えられます。まだまだ改良の余地があります。

第二は、公共施設などの夜間開放です。

東京には、庭園公園や博物館、更には民間が運営する美術館などの文化施設があります。これらを季節に応じ、又は期間を限定するなどにより様々な形のナイトライフを提供することができます。

第三は、東京のエンターテインメント拠点を創出することです。

ロンドンのウエストエンド、ニューヨークのブロードウエイのようなエンターテインメントの集積地区を創出するのです。その方法として、「特定区域」を指定し、この区域に立地する「特定施設」について、「集積区域協議会」を設置して、エンターテインメントの集積と利便性の向上を図る民間業者に対して、二〇年程度の固定資産税減免措置を講じることが考えられます。

「特定区域」の候補として、有楽町から東銀座区域、渋谷・下北沢区域（サブカルチャー区域）、浅草区域などがあります。「特定施設」の候補として、演劇、芝居、寄席、劇場、コンサート会場、ライブハウス、映画館などがあります。また、「集積区域協議会の事業」として、共通のボックスオフィスの設置と発券ルール設定、共通の広報活動、たばこ対策やインクルーシブ対応などのルール設定等があります。
もちろん、スマートフォンを活用しての情報戦略は不可欠です。

舟運の活用

江戸の運搬手段は水路でした。現在も縦横に張り巡らされた運河があり、水門で水位をコントロールしています。一九六四年の東京オリンピックの際に、首都高速道路の建設のため、水路は埋め立てられるなどされましたが、都市景観の復活や、観光手段としての舟運の価値は高いものがあります。

第一に、観光舟運の活性化が課題です。

観光舟運における観光スポットとしては、隅田川両岸及び支流等の小河川（日本橋など）、運河ルネサンスの五区域、東京湾クルーズ、多摩地域の河川などがあります。また、観光舟運における観光コンテンツの開発としては、ナイトクルーズ、ライトアップ・プロジェクションマッピング、都心小河川歴史観光、花火大会（屋形船営業）、多摩地区ラフティングの可能性があります。

第二に、移動手段としての舟運の活性化が課題です。

このため、移動手段としての舟運と陸上交通機関との比較による「優位性（魅力）」と「劣位点」を検討すること、舟運活性化における政策的強化ポイントを明確化すること、「政策目標」（稼ぐ力など）、「実施スケジュール」、「費用・予算」を明確にすること等の作業が必要です。

第三に、舟運事業の近代化と支援方策が課題です。

移動手段としての舟運の活用範囲（未利用の範囲）と限界の明確化、船着き場のアクセス・表示の充実、利便性と清潔感向上への整備、航路の安全性の確保措置、環境保全措置（規制、取り締まり体制整備）の検討が必要です。また、舟運会社には定期航路と不定期観光があり、船を利用する人々が情報を得られるような情報戦略や事業の透明化、近代化が必要です。

舟運の分野については、舟運事業、水路、船着き場、乗船所、乗船所へのアクセスなど、従前の権利関係を整理し、乗り心地が良くきれいな船を就航させ、さらに、し尿処理や水路の清潔維持に関する規制等などの環境規制を徹底させる必要があります。現在は、東京都公園協会の「水辺ライン」がありますが、東京都交通局の可能性も検討すべきでしょう。

5　環境先進都市

地球温暖化対策

地球温暖化対策には、二酸化炭素などの温室効果ガスを削減する緩和策と、温暖化の状況に対応するための適応策があります。

最近の「命の危険がある暑さ」、「豪雨の恒常化」等を経験するにつれ、既に、地球温暖化は現実となり、本格的に適応策を講じる段階に至っています。洪水対策においても、ダムや堤防で命を守られていると安心するのではなく、自分の命は自分で守る「マイタイムライン」の考え方が浸透しつつあります。

東京都としては、これら気象災害への備えを急ぐとともに、エネルギーの大消費地として温室効果ガスの削減対策を先駆けて推進しなければなりません。

このため、第一に、都庁舎の一〇〇％再生エネルギーの使用を実現するとともに、都営住宅や都営地下鉄などの関連の施設や事業の使用電力の再生エネルギー化に向けた「実行計画」をたて、進行管理をしながら、一歩一歩実現していく政策を推進しなければなりません。

また、化石燃料に代わるエネルギー源としての水素エネルギーの活用についても、政策を緩めてはなりません。

第二に、東京都の独自制度である、キャップ＆トレード制度の段階的な強化を図ることです。国や他の地方自治体では制度化されていませんが、世界に目を転ずればキャップ＆トレード制度を採用している都市もあります。温室効果ガスの削減は世界的な課題ですから、大都市の間での制度間取引も検討課題です。

また、省エネルギーも重要な対策です。都議会自民党は否定的でしたが、都のＬＥＤ省エネムーブメント促進事業により、七四万個のＬＥＤが配布されました、これは年間約三万トンの二酸化炭素削減効果、一般家庭約二万世帯分の年間電気使用量に相当する削減効果です。都有施設のＬＥＤ化率も二〇一六年度が四・六％であったのに対し、二〇一八年度では四七％となる見込みです。この削減効果は五一二三トン、一般家庭約三五〇〇世帯分の節約量です。

今後とも、ビルの省エネルギー対策等、可能なところから積極的に推進していく必要があります。

また、気候変動枠組条約の会議に合わせて、都市の会議やＮＧＯや研究者の成果発表などがあります。都庁職員も積極的に参加し、世界の流れを東京に呼びこんでいくべきです。

プラスチック対策

プラスチック対策は、３Rの原則に従って、発生抑制、再利用、リサイクルの対策を推進することが、今や世界の潮流となっています。

発生抑制については、多くの企業がプラスチック代替品を使用しつつありますが、まずは、都庁の率先行動によって示すことが効果的です。また、特別区清掃一部事務組合との意見交換を通じて、特別区におけるプラスチック回収・リサイクル率を上げることも重要な課題です。さらに都民の意識改革を進めるには、飲み歩きのプラスチック容器の回収費用を販売者に負担していただく仕組みも検討すべきです。

これらを含めて、都民・消費者の消費・生活パターンを変革するキャンペーンも効果的です。

エシカル消費

フードロスについては、事業者とのラウンドテーブルを重ねていますが、消費者の側からも環境に配慮した消費を進めることが効果的です。エシカルには人権の要素もあり、フェアトレード活動も活発に行われています。これらの裾野を拡大して、民間のキャンペーンを応援していくことは、廃プラスチック対策にも効果的です。消費パターンを変革するという大きなくくりで、様々な環境課題に取り組むキャンペーンの展開を検討すべきです。

大変化の時代に対応する東京の大改革

一九八九年一二月のマルタ会談における東西冷戦終結により世界に平和が訪れ、軍備に回されていた技術や資金が人々の生活の向上に使われるという期待がありました。いわゆる「平和の配当」です。世界の国々が自由主義経済市場に参加することにより、政治の民主化が進むという期待もありました。それから三〇年、世界は平和には程遠く、内戦や自爆テロが起こり、多くの難民を産みだしています。また、世界第二位の経済力を得て、アメリカを追い抜こうという国家戦略を持った中国が、中国共産党一党独裁を強固にしながら、民主主義国が人権を問題視している国々に対してその影響力を伸ばしています。それは、自由と民主主義の中で暮らしたい人々にとって大きな脅威です。

今世紀半ば、二〇五〇年までの二〇年、三〇年の経済社会の変化は大きく、情報通信技術が、自動車や家庭電化製品などの製造技術、モノの流通や金融など至る所に進出して、「経済の神経」の役割を果たすようになります。キャッシュレス経済、自動運転技術、スマートハウスなど、プライバシーを自発的に提供することを引き換えに、生活の利便性が向上します。情報通信技術とテクノロジーの発達により、「鉄腕アトム」の未来都市が近未来に到来する勢いです。これは、避けられない変化であり、スマートフォンなしの生活は考えられなくなっています。

他方で、軍事技術もミサイルやステルス戦闘機なども情報通信技術を駆使できるかどうか、あるいはそれを妨害し、遮断できるかが鍵になっています。情報通信技術は「軍事の神経」になっています。さらに、国内や世界に広がる情報通信技術は、監視カメラや個人がアップする情報は「為政者の目や耳」となって、国民を監視するためにも使われます。

未来にあっても、「自分のことは自分で決められる」、「差別のないそれぞれの個性が尊重される」、そんな自由で寛容な共生社会を作り上げていくには、政治への民主的コントロールを行える仕組み、後戻りしない制度や社会の様々な自発的な活動や組織を支援していく仕組みづくりが必要です。

ここに掲げた課題は、東京大改革の政策の一部ですが、為すべきことはたくさんあります。今のままでは、これからの大変化に対応できません。広範な分野にわたり、大改革が必要な所以です。

おわりに

環境省を辞してから一〇年、青山学院大学で学生と接し、名古屋市、愛知県、東京都と、執行機関側と議会側の双方から地方自治の現場を見ることができました。その経験の中から、国における政治家と官僚や内閣と国会の関係と、地方自治体のそれとは大きく違っていることを痛感しました。特に、霞が関での三五年の経験から、領域が近い地方自治体の官僚に対しては厳しい目を向けてしまいます。

官僚の仕事の一つは政策の企画立案です。意思決定を行うのは、国では総理大臣や各省大臣であり、地方自治体では知事や市町村長です。企画立案の段階では、意思決定者がより良い決定ができるように、データをそろえ、考えられる限りの案を考え、そのメリット・デメリットを検証して、二つか、三つくらいの案に絞りこんでいく作業をします。これは、国では当たり前なのですが、地方自治体ではそうではなく、案は一つに決め打ちしないと心が休まらないようです。

政策決定には、「無理が通れば道理が引っ込む」という側面があります。法令は冷たいものかもしれませんが、無理なことは無理といえる、強者も弱者も対等に戦える武器です。そのためには、暗闇で議論するのではなく、誰もが見ているところで議論することが大切です。暗闇では、力のあるものが勝ちます。ですから、アジェンダは何か、どのような資料があるか等について、誰もが同じ資料を入手できるようにする透明化は大切なことです。その先は、それぞれが判断をすることになりますが、それは各人の頭の中のプロセスです。

官僚の仕事のもう一つは、行政執行です。官僚は、法令を執行することを通じて権力を行使していま す。比ゆ的に言えば、人をも傷つける抜き身の刀を振り回しているわけですが、その自覚がなければ多くの人を傷つけてしまいます。刀の正しい使い方を理解するのが、法律の習熟です。地方自治体には厳しく法律をチェックする内閣法制局に相当するものがありません。独自条例を作ることがあまりないからかもしれませんが、剣術指南役の役目を果たす内閣法制局に準ずるものがあれば、法律による行政が徹底するのではないかと思います。誰しも自分が可愛く、自分の利益の最大化を求めます、官僚もその例外ではありません。しかし、強いものが利益を追求すれば、弱い人はますます困ります。官僚としての節度が大切です。

また、官僚は選挙を戦って、有権者にその権力の行使を認められているわけではありません。あくまで、制度があって、それを執行しているだけです。官僚は、国では選挙で選ばれた国会議員が選んだ内閣総理大臣が組織する内閣の下で日々の仕事を行っており、地方自治体では選挙で選ばれた首長の補助機関として仕事を行っています。それを成り立たせているのは選挙であり、民主主義です。国では官僚と大臣や国会議員との関係、地方自治体では官僚と知事・市町村長や議会の議員との関係を正しく規律しておかなければなりません。

人はそれぞれの立場で、それぞれの思いがあります。私のような団塊の世代は、先輩方のように戦争を知っているわけではありませんが、戦後を知っている世代です。国連機関で働き、国際会議等にも多く出席して、世界も見させてもらいました。「自分のことを自分で決められる」ということ、少なくともその機会があることは素晴らしいことです。それが、民主主義の価値なのですが、それが揺らいでいるのが気がかりです。

オリンピックについては、一九六四年の記憶があるためか、東京二〇二〇大会について違和感があります。

第一に、組織委員会です。

オリンピック・パラリンピックは、成功裏に成功させることが開催都市の責任です。しかし、東京都は開催都市であるにもかかわらず、オリンピック・パラリンピックの運営はすべて「公益財団法人東京オリンピック・パラリンピック競技大会組織委員会」が仕切っていて、その内容について東京都は権限を持っていませんし、権限がないところに責任を持つことができません。東京都は多額の資金を投入しているにもかかわらず、権限も責任もないというこの形態は、都民にも理解できません。これはＩＯＣの常識かもしれませんが、多くの都民にとって非常識です。

また、招致委員会もそうですが、組織委員会も時限的な組織であり、東京二〇二〇大会が終了すれば解散します。その際、費用面などでの問題が生じたときに備えて、書類をしっかりと保管しておくことが必要です。

第二は、開催時期です。東京オリンピックは七月二二日から八月九日まで、パラリンピックは八月二五日から九月六日まで行われます。

気象リスクは暑さだけではありません。トライアスロン競技のように、大雨の後の水質汚濁により競技ができない場合もあります。また、集中豪雨、雷、台風があれば、競技そのものが中止になったり、屋内競技の場合も、交通機関が止まって観客らが会場に来ることができなくなったりします。

オリンピック・パラリンピックの開催がこの時期になっているのは、欧米のテレビ局がアメリカンフットボールやサッカーなどのコンテンツの谷間の時間にオリンピック映像を流すことにして、多額の放送権料をＩＯＣに支払っているからです。オリンピックは選手ファーストではなく、テレビ局ファーストになっているのです。次回のパリやロサンゼルスも同じ時期に開催されますが、このようなテレビ局優先のスポーツ興業に多額の税金をつぎ込むことが果たして適当か、真剣に考えるべきでしょう。

第三は、ショー化した開会式・閉会式です。

一九六四年の東京オリンピックの開会式と閉会式は簡素で感動的でした。東京二〇二〇大会では、誰のために一三〇億円もの予算をかけて、花火や踊りとプロジェクションマッピングのショーをするのでしょうか。イベント会社にとっては腕の見せどころかもしれませんが、一三〇億円も使うなら、難民チームも出場するそうですから、難民支援基金に寄附する方が余程気が利いているように思います。

第四は、新設施設の運営です。

東京二〇二〇大会のために新設した施設の大会後の運営は、指定管理者によって行われますが、トータルで毎年約七億円の赤字となります。

オリンピック施設の維持管理が、大会開催都市の大きな負担となっている現実があります。「東京都は富裕自治体であるから多少の赤字は大丈夫」という姿勢ではなく、施設の赤字を無くす努力を不断に行うべきです。また、赤字であるとしても、どのように都民が裨益しているかを示す必要があります。

第五は、選手村です。

一九六四年の東京オリンピックでは、選手村として活用するということでアメリカ軍将校家族宿舎ワシントンハイツが日本に返還されました。そして、オリンピック後は代々木公園として整備され、青少年オリンピックセンターも設置されました。一九六四年の東京オリンピックの際の選手村建設が戦後からの日本の復活をアピールすることに大いに役立ち、レガシーとして都民に親しまれています。

東京二〇二〇大会の立候補ファイルを見れば、選手村跡地は「国際交流拠点」としてのレガシーを実現することとなっています。選手村がマンションとして売り出されている中で、国際交流拠点が英会話教室などでお茶を濁していることは残念です。

ここに書いたことがらは、三五年の官僚生活と、この一〇年の大学や地方自治体での経験を踏まえての率直な考えを整理したものです。学術論文ではなく、随想に近いものですが、少しでも、国と地方自治体の政治と官僚についての理解が深まれば幸いです。

小島　敏郎

二〇一九年九月

小島 敏郎（こじま としろう）
1949年生まれ。岐阜県出身。
愛知県立旭丘高校卒業、東大法学部卒業。環境庁（現・環境省）入庁。環境アセスメント法、環境基本法などの法律の立案、村山政権での水俣病の政治解決、地球温暖化の国際交渉、クールビズ等の温室効果ガス削減チーム・マイナス6％プロジェクト等に携わる。国際連合アジア太平洋経済社会委員会での勤務、イギリス王立国際問題研究所での研究生活も経験。地球環境局長、地球環境審議官を歴任し、2008年の洞爺湖サミットを最後に退官。青山学院大学国際政治経済学部教授、東京都顧問などを経て、現在、早稲田リーガルコモンズ法律事務所顧問・弁護士、名古屋市経営アドバイザー、愛知県政策顧問、都民ファーストの会東京都議団政務調査会事務総長。著書に「霞が関から35年を考える」、「教育の10年　国連持続可能開発教育の10年を考えるヒント」などがある。

これだけは知っておきたい日本の政治
国と地方自治体の政治家と官僚

2019年10月1日　初版第1刷

著　者　小島敏郎
発行人　中井健人
発行所　株式会社ウェイツ
〒160-0006
東京都新宿区舟町11番地
松川ビル2階
電　話　03-3351-1874
FAX　03-3351-1974
http://www.wayts.net/
装　幀　株式会社ウェイツ
印　刷　株式会社シナノパブリッシングプレス
乱丁・落丁本はお取り替えいたします。
恐れ入りますが直接小社までお送り下さい。

Printed in Japan
ISBN978-4-904979-28-0　C0031